전략적 조달관리:

공급망을 통한 가치 창출

카를로스 메나 · 렘코 반 훅 · 마틴 크리스토퍼 저
김대진 · 김연권 · 임세헌 역

Leading Procurement Strategy:
Driving value through the supply chain(2nd ed.)

도서출판 청람

| 서문 |

나는 35년 전 처음으로 회사에서 전략적 가치와 관련성의 원천으로 조달(procurement)을 접했다. 1983년 '하버드 비즈니스 리뷰(*Harvard Business Review*)'에 조달에 관한 글을 기고하였는데, 공급자 세분화 방안에 대한 것으로 실무에서 보편적으로 받아들이던 내용이다. 그 후로 많은 경험을 쌓으면서 나는 한 가지 확신을 갖게 되었다. 바로 조달이 기업의 성과 향상에 있어서 핵심적인 역할을 한다는 것이다. 조달은 본질적으로 영리적인 성격을 띠며, 조달활동에 따른 경제적인 성과에 의해 그 위상이 결정된다. 조달 실무자에게 최고의 재무적 역량이 요구되는 이유가 여기에 있다. 하지만 이러한 내용을 담아내기에 '조달(procurement)'이라는 단어는 의미가 너무나 지엽적인 면이 있다. '공급망(supply chain)'이 더 적합한 용어라는 것이 나의 생각이다.

조달의 위상은 경제적 성과에 따라 달라진다. 대부분 기업에서 '최고조달책임자(CPO: Chief Procurement Officer)'가 경영진에게 직접 보고를 하고 있으며, 조달 팀은 비즈니스 전반에 영향을 미치고 있다. 영향력의 범위는 가격 경쟁력을 비롯해 지속 가능성, 혁신, 위기관리 그리고 현금관리에 이르기까지 매우 넓다. 따라서 현재뿐만 아니라 향후 조달 전공자들에게 많은 기회가 주어질 것이다. 현대의 기업은 실적이나 ROI뿐만 아니라 여러 비즈니스 프로세스에서 동시에 성과를 내야 한다. 이러한 상황에서 조달 부문은 매우 중요한 영역으로 성장하고 있다.

이 책을 알게 되어 기쁘다. 특히 미래의 리더를 키우고 리더십 이론을 실무에 적용하는 데 중점을 두는 것이 인상적이다. 향후 35년간 우리에게 필요한 바로 그것 말이다!

피터 크랄직(Peter Kraljic)
맥킨지&컴퍼니, 명예이사

| 역자 서문 |

이 책을 접하면서 느꼈던 점은 조달(procurement)에 대한 의미를 다시 생각해 보게 되었다는 것이다. 기업 경영의 하위 프로세스 역할 이상의 의미에 대해서 고려하지 못하였던 역자에게 조달이 기업의 성과 향상에 핵심적인 역할을 한다는 저자의 의견은 의아함을 제기하였다. 그러나 책의 내용을 살펴보면서 조달의 영리적인 성격, 조달활동에 따른 경영 성과 향상 등의 내용을 통해 그 중요성을 이해할 수 있었다. 저자는 조달의 본질을 잘 파악하려면 실무자의 재무적 역량을 강조하면서 사례를 기반으로 다양한 재무적 성과와 조달과의 관계를 설명하고 있다. 또한 조달에 대한 전략적 접근 및 지속가능성 등의 중요성을 강조하였다.

현재 국내에는 물류, 유통, 공급망 관리 등과 관련된 다양한 서적이 출판되고 있다. 그러나 조달을 중심으로 다양한 관점을 담은 서적은 아직 부족한 실정이다. 조달 전략, 공급망과의 관계, 조달 성과 및 위험관리, 지속가능성 등을 다룬 이 책이 조달에 관심을 갖는 다양한 독자들에게 유용한 내용을 전달할 수 있을 것으로 기대한다.

역자들은 번역에 있어서 어려운 부분은 본문에 부연설명을 하였으며, 추가적으로 의역을 통해 의미를 쉽게 전달하고자 노력하였다. 번역이 매끄럽지 못해 의미를 파악하기 어려운 부분이 있을 수 있는데, 이는 역자들의 부족함이므로 이에 대해 양해를 구하고자 한다. 마지막으로 이 책을 번역하는 데 예상보다 많은 시간이 소요되었다. 그럼에도 끝까지 배려해주신 도서출판 청람의 이수영 사장님 및 편집부 직원 여러분께 감사의 말씀을 드린다. 본서가 조달에 대한 관심을 갈는 새로운 계기가 되길 바라며, 공부하는 학생들과 기업 실무자들에게 도움이 되기를 바란다.

2022년 3월

역자 일동

| 차례 |

PART 01 | 조달전략

Chapter 01 서론: 조달의 전략적 역할

Chapter 02 조달과 조직: 미래를 위한 조직설계

Chapter 03 전략적 조달주기

PART 02 | 조달과 공급망

Chapter 04 공급자 관계관리

Chapter 05 글로벌 소싱

PART 01

조달전략

제1장 | 서론: 조달의 전략적 역할

제2장 | 조달과 조직: 미래를 위한 조직설계

제3장 | 전략적 조달주기

Leading Procurement Strategy

Chapter 01

서론: 조달의 전략적 역할

카를로스 메나 박사(DR CARLOS MENA)

조직의 중요한 전략적 사안은 경영진 회의에서 논의된다. 여기에 조달 책임자가 참석하는 경우는 매우 드물다. 보통 최고조달책임자(CPO)나 구매 책임자는 회계, 운영 또는 공급망 등 업무적으로 연관된 부서와만 소통하기 때문이다.

이번 장에서는 먼저 조달이 조직의 경쟁우위를 창출하는 방법과 장기적으로 조직 전반에 기여하는 방법을 알아보고자 한다. 그런 다음 조직의 이해관계자를 만족시키는 전략을 개발함으로써 조달의 효과를 극대화할 수 있는 방안을 도출할 것이다. 마지막으로 조달조직 및 공급 기반의 모든 부문에서 발휘할 수 있는 리더십의 역할에 대해 살펴볼 것이다. 1장의 목적은 조달 책임자가 경영진 회의에 참석해야 할 만큼 조직에서 매우 중요한 역할을 맡고 있음을 설명하고자 한다.

조달과 수익

조달과 수익의 연관성은 오래전부터 주요 관심 대상이었다. 조직들은 평균적으로 판매수익의 약 40%를 재화와 서비스를 구매하는 데 지출하고 있다(CAPS, 2017). 때로는 이 수치가 훨씬 높게 나타나기도 하는데, 예를 들어 소매업체인 월마트의 경우, 매출의 약 75%를 판매할 제품을 외부에서 조달하는 데 사용하고 있다. 이는 약 4달러의 매출에서 외부 조달을 위한 지출을 제외하면 1달러밖에 수익이 남지 않는다는 얘기다.

그림 1-1 매출 대비 조달지출 비율: 산업 간 비교(2017)

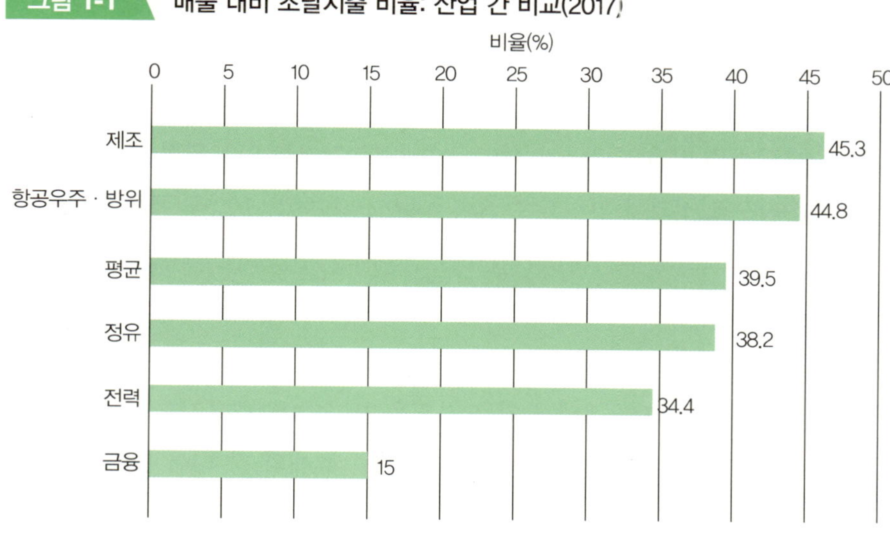

출처: CAPS(2017)

[그림 1-1]은 산업 간 매출 대비 조달 지출비율을 비교한 것이다. 제조와 항공우주 · 방위산업에서는 수익의 약 45%를 원자재와 서비스에 지출하고 있음을 알 수 있다. 이는 해당 산업에서 조달 부문의 비중이 매우 크다는 것을 의미한다. 다른 산업에서는 이 비율이 상당히 낮은 편이며, 특히 금융의 경우에는 15%에 불과하다.

조달과 지속가능한 경쟁우위

앞에서 살펴보았듯이 조달은 수익에 상당한 영향을 미친다. 종종 조달 전문가들은 대규모 거래를 협상하고 비용 절감을 달성하는 것을 자랑스럽게 생각한다. (하지만 조달 전문가들은 종종 업무를 안일하게 처리할 때가 있다. 대규모 협상이나 비용 절감처럼 중요한 사안에서도 말이다.) 조달은 모든 공급 기반의 관문으로서 혁신, 품질 및 기술관리 그리고 새로운 시장 개척 등에서 전략적으로 중요한 역할을 수행해야 한다. 이를 간과한 근시안적인 업무 처리는 장기적으로 경쟁우위를 확보하는 데 치명적일 수 있다.

조직은 주어진 환경 속에서 자원을 적절히 분배함으로써 경쟁우위를 차지할 수 있다. 이렇게 투입된 자원을 바탕으로 기회를 포착하거나 위협을 제거하고, 나아가 지속적으로 성과를 달성할 수 있다(Barney, 1991, 1995). 투입되는 자원에는 물적자원(예 토지, 원자재), 인적자원, 노하우, 기술자원, 재정 그리고 무형자원(예 평판) 등이 있다. 이들은 조직이 지속적으로 경쟁우위를 점유하는 발판이 된다.

이러한 측면에서 조직은 경쟁력 있는 자원을 찾기 위해 내부적으로 많은 노력을 기울여야 한다. 하지만 여기에는 몇몇 과제들(네 개의 장벽)이 있다. 그래서 최근 조직들은 이를 극복하기 위한 방안으로 외부와의 협력을 적극 활용하고 있다. 타 조직과 적절한 관계를 수립함으로써 자원 활용의 폭을 넓힐 뿐 아니라 시너지 효과와 새로운 보완재의 개발 가능성까지 기대할 수 있다(Dyer and Singh, 1998: Lavie, 2006). 이렇게 조직이 경쟁우위를 확보해가는 과정에서 조달은 핵심적인 전략 수행자로서의 입지를 다지기 시작한다.

[그림 1-2]는 조직이 시장에서 차별성을 유지할 수 있는 독창적인 가치창출전략을 구축하고자 할 때, ① 조직의 내부 자원과 ② 외부 공급 자원이 어떻게 ③ 단기 경쟁우위로 이어지는지를 보여준다. 결국 이들 자원 중 모방하거나 대체하기 어려운 자원이 미래에도 ④ 지속가능한 경쟁우위로 이어진다.

조직의 자원은 마케팅, 생산, R&D, 조달 등 여러 부처에 분산되어 있다. 이렇게 분산된 자원이 조직의 경쟁우위 확보에 기여하기 위해서는 쉽게 구할 수 없는(유용성 자원) 자신만의 자원(희소성 자원)으로 조직에 효율성과 성과(가치 자원)를 제공한다.

그림 1-2 조달과 지속가능한 경쟁우위

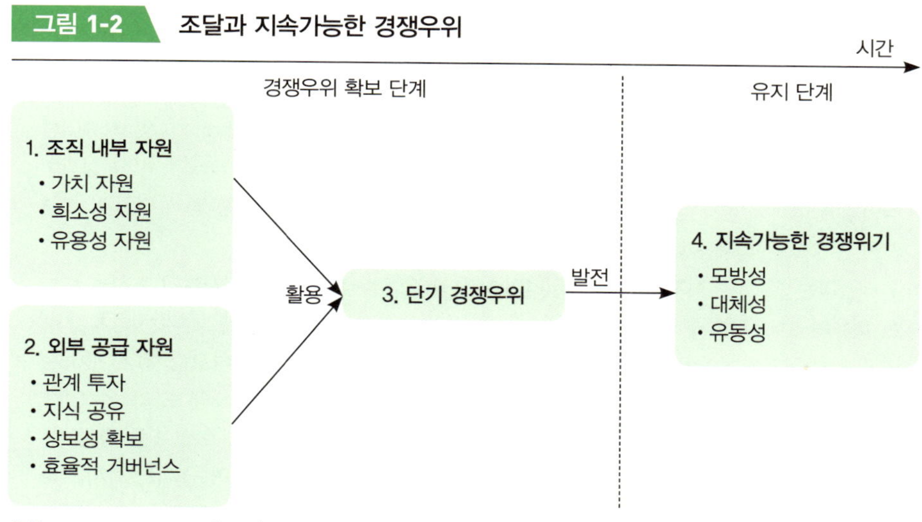

출처: Wade and Hulland(2004)

조달은 주로 공급시장(예 상품 구매 및 계약)과 기술(예 글로벌 소싱, 협상, 품질개발)에 대한 지식을 바탕으로 조직의 자원에 가치를 제공한다. 이러한 자원은 조직에게 매우 유용하며, 때로는 시장에서 희소성을 갖기도 한다. 예를 들어, 조달 관련 인재가 부족한 시장 환경에서는 최고의 조달 전문가를 유치, 개발, 보유할 수 있는 기업이 경쟁력을 발휘할 수 있다. 그러나 조달이 경쟁우위를 확보함에 있어서 가장 큰 역할을 하는 부분은 공급망을 이용해 외부의 자원을 개발하는 것이다. 조달은 다음 네 가지 방식으로 외부 자원 개발을 촉진할 수 있다(Dyer and Singh, 1998).

1. 관계 투자

조직은 공급업체와 협력하여 관계별 자산에 공동으로 투자할 수 있다. 대표적인 관계별 자산에는 생산공장과 핵심 설비가 있다. 관계 투자는 신뢰를 바탕으로 성사되기 때문에, 조직은 공급업체의 투자를 이끌어내기 위해 세이프가드(safeguard)와 대량 수주를 약속하는 것이 일반적이다.

MINI-CASE | 테슬라(Tesla)의 공급망 혁신

자동차산업이 100년 만에 혁명기를 맞고 있다. 전기 자동차 및 자율 주행 자동차 분야에서 비약적인 기술 혁신이 일어나고 있으며, 이와 함께 라이드셰어링(ridesharing) 및 카셰어링(car sharing) 개념이 등장함으로써 비즈니스 모델도 크게 변하고 있다. 이렇듯 시장 상황이 격변함에 따라 신생 기업들이 기존 회사에 도전할 수 있는 절호의 기회를 얻게 되었다. 그중 단연 눈에 띄는 업체는 테슬라다.

테슬라는 2003년 전기 자동차 엔지니어들이 설립했다. 테슬라의 창업자들이 회사를 설립한 이유는 전기 자동차에 대한 기존의 인식을 깨기 위한 것이었다. 이들은 전기 자동차가 휘발유 차량 못지않게 빠르며 운전자에게 즐거움을 선사할 수 있음을 증명하고자 했다. 2008년 출시한 세단 '모델 S'는 출발 후 단 2.28초 만에 60mph(약 96km/h)의 속도에 도달할 수 있다. 2015년에는 SUV(모델 X)를 공개했으며, 2017년에는 저가의 대형 모델인 '모델 3'를 생산하기 시작했다. 2017년 9월까지 테슬라의 글로벌 판매량은 250,000대에 이르며, 2020년까지 매해 100만 대 이상을 생산할 계획이다. 테슬라 성공의 주역은 CEO 일론 머스크(Elon Musk)이다. 머스크는 야심가로 매우 잘 알려져 있다. 때로는 제때 납품을 하지 않는다는 비난을 받기도 하지만, 그의 야심과 결단력은 동료 직원과 협력업체에게 강력한 영감을 불어넣는다. 테슬라의 협력업체 중 하나는 "테슬라는 매우 공격적이지만 우리에게 기술 혁신을 이끌어 낸다"고 언급한 바 있다(Early, 2017).

테슬라는 공급망 운영관리를 강조하였다. 먼저 테슬라는 캘리포니아 프리몬트(Fremont)에 있는 NUMMI(General Motors와 Toyota의 합작회사)의 낡은 조립공장을 인수한 다음, 자체 공정을 구축하고 각 공정을 직접 관리하기로 했다. 이는 아웃소싱(outsourcing)을 강화하던 업계의 트렌드에 반하는 결정이었다. 그리고 외부 조달은 공급의 유연성을 확보하기 위해 거래마다 단기계약을 맺었다. 하지만 유일한 배터리 공급업체이자 독보적인 노하우를 가지고 있는 파나소닉(Panasonic)과는 핵심 파트너십을 구축해야 혁신을 이어갈 수 있다는 것도 알고 있었다. 테슬라는 파나소닉과 공동으로 네바다(Nevada)에 대규모 리튬 배터리 공장인 기가팩토리1(Gigafactory1)을 세웠다. 이로써 배터리 비용이 30% 이상 줄어들 것으로 예상된다. 2017년 1월부터 생산을 시작한 기가팩토리1은 전체 가동률의 25%만 운용했음에도 불구하고, 그해 8월에 이미 세계에서 가장 많은 배터리를 생산했다. 최근 두 기업은 뉴욕 버팔로에 태양전지를 생산할 기가팩토리2를 건설하기로 합의했다.

딜로이트(Deloitte)의 최근 조사에 따르면 자동차 부품공급업체는 혁신을 장려하는 기업과의 협업을 선호하는 것으로 나타났다. 응답업체의 절반 이상이 "협업관계를 구축하지 않는 회사와는 자사의 혁신제품을 거래하는 것을 보류할 것"이라고 대답했다. 이러한 면에서 테슬라는 보수적이고 소통이 부재한 경쟁사보다 좀 더 우위를 점하고 있음을 알 수 있다.

출처: Early(2017); Hogg(2016); Tesla(2014, 2017); Wernle(2015)

2. 지식 공유

시장 경쟁력의 핵심은 혁신이다. 특히 공급업체와의 제품 · 서비스 공조능력이 경쟁력을 평가하는 기준으로 인식되고 있다. 하지만 여기에는 높은 수준의 지식 공유와 학습능력이 필요하다. 조직과 공급업체가 혁신 역량을 키우기 위해서는 지식 공유에 투자하고, 인센티브를 통해 투명성과 상호관계를 증진하며, 무임승차를 지양해야 한다.

3. 상호 보완성 확보

조직과 공급업체는 서로 필요한 자원을 교류함으로써 경쟁우위를 확보할 수 있다. 이를 상호 보완성이라고 한다. 상호 보완성을 활용하면 각자에게 어려웠던 목표가 공동의 노력으로 달성 가능해진다. 상호 보완성을 확보하는 과정에서는 조달의 역량이 중요하다. 첫째, 공급업체 선정-조달은 조직에 필요한 자원을 보유한 업체를 발굴할 수 있어야 한다. 둘째, 공급업체 개발 및 관계관리-조달은 조직과 공급업체 간의 시스템, 업무 프로세스, 조직문화 등을 조정함으로써 자원 교류의 효과를 극대화하는 메커니즘을 수립해야 한다.

4. 거버넌스 구축

효율적인 거버넌스(governance) 구조는 거래비용을 줄이고 공급망 속에 잠재하는 위험을 완화할 수 있다. 이를 위해서는 상호 신뢰를 바탕으로 한 계약과 내부 정책이 필요하며, 여기서 핵심은 공급업체와의 관계성과 거래 프로세스를 거버넌스 구조에 맞춰 조정하는 것이다. 거버넌스를 구축할 때 고려해야 할 중요한 사항 중 하나는 공급업체와의 관계에서 발생할 수 있는 위험으로부터 어떻게 조직을 보호할 것인가이다. 글로벌 공급망은 자연재해, 지적재산권(IPR: Intellectual Property Right) 침해, 윤리적 문제, 공급업체의 이탈 등 여러 사건에 취약하다.

이러한 위험을 관리할 적절한 거버넌스 구조를 갖추지 못한다면 조직의 명성과 성과에 큰 타격을 입을 것이다.

조직이 지속가능한 경쟁우위를 확보하기 위해서는 공급망에서 필요한 자원을 발굴하고 활용할 뿐만 아니라 경쟁업체가 모방하기 어려운 방식으로 자원을 활용해야 한다.

조달의 역할 변화

지난 30년간, 조달의 역할은 구매 중심적인 성격에서 전략적인 측면으로 바뀌었다. 1980년대에 들어서면서 일상적인 구매 업무에서 벗어나 공급관리로서의 역할 전환이 필요하다는 요구가 커지기 시작했다. 기업은 조직 내 · 외부의 요구사항을 철저히 이해하고, 다양한 공급망 구조 속에서 전략적인 포지셔닝을 수립해야 했다. 여기에는 조달의 참여가 필수였다(Kraljic, 1983).

1990년대에는 아웃소싱과 글로벌 소싱이 업계의 트렌드로 떠오르면서 조달이 조직 내에서 더욱 두드러지고 전략적인 역할을 해야 한다는 요구가 증가했다. 그러나 캠미시와 키오프(Cammish & Keough, 1991)의 연구에 따르면 이때 조달의 기능은 오히려 축소되었으며, 인사에서는 불리해지거나 의사결정권은 더욱 약화된 것으로 나타났다. 게다가 조달 관리자는 다른 직무에 비해 급여가 낮았고, 조직의 성과에 거의 기여하지 않는 것으로 인식되었다. 이러한 상황을 바꾸기 위해서는 조달이 단순히 단가를 관리한다는 시각에서 벗어나야 하며, 시스템 전체의 비용을 절감하기 위한 목적으로 단위 간 조정과 구매활동에 대한 보다 중앙집중적인 관리가 필요하다.

21세기 초, 공급망이 조직에 미치는 영향은 더 장기적이고, 세분화되고, 복잡해졌다. 이러한 공급망의 변화는 조직의 위험성을 증가시키고 운영에 지장을 주었다. 전 세계적으로 상호 연결성이 확대되면서 자연재해, 테러, 정치적 불안정성, 팬데믹과 같은 유행병은 점점 더 세계화되어가고 있다. 따라서 조달의 의사결정은 공급망 전체의 위험성과 취약성을 고려해야 한다.

2000년대 또 하나의 중요한 이슈는 지속가능성과 기업의 사회적 책임이다. 온실가스 배출, 폐기물, 오염, 천연자원 부족, 노동자의 권리 및 아동노동은 조달에 영향을 미치는 지속가능성과 관련 있다. 공급망의 위험도가 증가하고 지속가능성의 중요성이 커짐에 따라 조달 전문가의 역할과 기술력에 대한 새로운 변화가 요구되고 있다.

2010년대는 1929년 대공황 이후 최악의 경기침체 속에서 시작되었다. 이러한 상황으로 인해 많은 기업이 위험, 지속가능성 및 전반적인 비즈니스 가치와 같은 중요한 요소를 희생하면서 비용 중심으로 회귀한 것은 조달기능의 발전에 해가 되었다. 조달은 공급업체에 압력을 가해 가격을 낮춤으로써 단기적으로는 비용을 줄일 수 있지만 이에 따른 효과는 짧으며, 때로는 오랜 기간 쌓아온 공급업체와의 신뢰관계를 손상시킬 수 있다.

이와는 반대로 조달은 공급망의 리더로서 경기침체를 기회로 삼아 혁신을 주도하여 공급 네트워크 전체의 효율성을 촉진시킬 수도 있다. 이를 통해 기업은 견고하고 지속가능한 경쟁우위를 확보하게 된다.

조달의 역할은 시간이 지나면서 더욱 전략적으로 변하고 있지만, 일부 기업은 전체 산업에 비해 다소 뒤처져 있다. [표 1-1]의 성숙도 모델(maturity model)은 조달의 개발 단계별 기능을 보여준다. 성숙도 모델은 조달기능의 네 가지 주요 개발 단계를 제시한다.

1. 거래 중심 조달

이 단계에서는 조달의 전략적 참여가 거의 또는 전혀 없으며, 조직 차원에서 조달기능이 전략적으로 중요하지 않다. 조달의 기능은 분산되어 있으며, 조직의 재화 및 서비스에 대한 최소한의 요구를 충족하는 데 초점을 맞춘다. 조달의 주요 활동으로는 주문 처리와 공급업체를 상대하는 데 국한되어 있으며, 조달 의사결정은 단기적인 영향을 미칠 뿐이다. 업무는 구매가격 인하에 초점을 맞추고 있으며, 조직의 성과에 대한 조달의 기여는 매우 제한적이다.

▌표 1-1 ▌조달 성숙도 모델

구분	거래 중심성	비용 중심성	통합성	리더
조직전략과의 통일성	• 전략성 부재	• 조직의 전략과 분리	• 조직의 전략을 지원 • 조직의 전략에 근접	• 조직의 전략 수립에 개입 • 전략과 가치 제공
활동 범위	• 업무 지향적 • 일회성 거래 협상 • 주문 처리 • 입찰 미비	• 상업적 활동 • 입찰 활성화 • 협상 • 거래 달성!	• 구매 결정에 적극적 • 아웃소싱 • 글로벌 소싱 • 전략적 조달에 초점 • 공급자 관계관리와 개발	• 전체 공급망 관리 • 외부 지출 최소화 • 공급자 관계관리와 개발
관계관리 (내 · 외부)	• 공급자 관계관리(SRM) 부재 • 내부 기능과의 연결성 부재	• 제한적 SRM • 내부 기능과의 적절한 통합	• 관계에 대한 포트폴리오 접근 • 강한 SRM • 광범위한 내부 기능 통합	• 공급업체가 선정한 고객으로서의 태도 인식 • 이해관계자와의 협력 • 내부 통합성 근접
기술 활용	• IT 활용 미흡 • 스프레드시트 활용	• 비용 절감을 위한 사무 자동화	• ICT 투자 • e-조달	• e-조달 + IT 적극 활용
기술 역량과 인재관리	• 사무적 • 기술 격차 • 교육 제공에 소극적	• 기술 역량 • 협상과 거래기술 • 일반적 교육 제공	• 전문성 • 높은 기술 수준 • 프로젝트 관리 • 체계적 · 통합적 교육	• 전문성 • 높은 기술 수준 • 혁신 · 리더십기술 • 지속적 개발 • 뛰어난 인재 유치

성과관리 (핵심성과 지표; KPIs)	• 체계성 부재 • 처리해야 할 주문의 수량과 부피, 프로세스 준수에 초점	• 재무 성과에 초점을 맞춘 목표와 검토 • 가격 인하 협상과 계약 범위에 초점	• 균형성과표 • 총소유비용(TCO)과 비즈니스 통합성에 초점	• 종합균형성과표 • 지속적인 성과 모니터링 • TCO, 혁신 지속가능성, 지속적인 개선에 초점
조달이 얼마나 눈에 띄는가?	• 잘 드러나지 않음	• 비용 절감 면에서 조금 드러남	• 내 · 외부에서 잘 드러남	• 내부 조달을 경쟁우위의 원동력으로 간주 • 공급망 챔피언

출처: Burt and Doyle(1993); Cousins et al.(2006); Freeman and Cavinato(1990); Reck and Long(1988); Schiele(2007)

성숙기에 접어든 조직의 조달 담당자는 내부 고객 및 공급업체와 상호작용할 수 있는 사무적이고 기본적인 IT기술이 필요하다. 전문성 개발을 강조하기에는 아직 한계가 있다.

다음 개발 단계로 넘어가기 위해서는 조직 내에서 조달 예산을 늘리고, 큰 폭의 비용 절감 효과를 가져올 수 있는 보다 중앙집중화된 기능이 필요하다. 구매비용뿐만 아니라 총비용에 대한 폭넓은 관점을 갖추면, 조직 내에서 더 나은 결과와 더 큰 영향력을 발휘할 수 있다.

2. 비용 중심 조달

조달활동이 전략적 의도가 있지만, 조직의 전략과 일치하는 것은 아니다. 이 단계에서 조직은 조달의 기능을 비용 최소화에 중점을 둔 분석적 접근방식을 택한다. 여기서는 공급업체로부터 더 나은 거래를 맺고 비즈니스 프로세스를 간소화하는 것을 목표로 한다. 이 단계의 상위 조직에서는 비용 분석 및 총소유비용(TCO: Total Cost of Ownership)과 같은 도구를 이용하여 비용과 자산을 전반적으로 잘 파악할 수 있다. 조직의 성과에 대한 조달의 기여는 주로 비용 절감 측면에 있다.

이 단계의 조달 전문가는 고도의 분석기술을 사용하여 다양한 방식으로 지출을 분석하고 다양한 계획의 투자수익을 평가할 수 있다. 또한 공급업체로부터 최상의 거래를 성사시킬 수 있는 훌륭한 협상력과 계약기술을 보유하고 있다.

앞에서 논의한 바와 같이, 조달이 순이익에 미치는 영향을 과소평가해서는 안 된다. 그러나 조직이 다음 성숙 단계로 나아가기 위해서는 사고의 전환이 필요하다. 비용에 치중한 편협한 관점에서 벗어나 위험, 가치, 혁신 및 성장 등 비재무적인 것을 아우르는 폭넓은 시야를 가져야 한다. 이는 조달의 영향력을 비용 절감에서 가치 창출로 전환시킬 것이다.

3. 통합적 조달

조달은 조직의 전략에 잘 부합하는 명확한 전략이 있다. 이 단계의 주안점은 공급업체뿐만 아니라 내 · 외부 고객을 포함한 공급망 전반의 이해관계자와 전략 및 프로세스를 통합하고 조정하는 것이다. 이를 위해 조직은 여러 이해관계자와의 관계 포트폴리오를 수립하고 관리한다. 조달은 주로 고객을 위한 가치 창출과 조직을 위한 추가 수익 창출에 기여한다.

이 단계에서 조직의 조달 전문가는 복잡도 관리에 숙련되어 있어야 하며, 분석 및 협상기술뿐만 아니라 조직 내 · 외부의 인원들에게 영향을 줄 수 있는 감정 및 관계기술을 갖춰야 한다.

조달 리더십(procurement leadership)으로 전환하기 위해서는 조직 내 조달 역할의 급진적 변화와 더불어 공급업체에 대한 역할의 큰 변화가 수반되어야 한다. 조달은 다른 핵심 기능과 연계하여 전략을 수립해야 한다.

4. 조달 리더십

이 단계에서 조달기능은 전략 수립, 조직 혁신, 지속가능한 경쟁우위 모색에 있어 공급망 기반을 주도하는 데 적극적으로 참여한다. 조달 리더는 전략을 조직 전체와 연계할 뿐 아니라, 조직과 전체 공급망의 성공을 위해 비전과 전략을 수립한다(플렉스 MINI-CASE 참조).

MINI-CASE | 플렉스(Flex)의 LIVING 공급망

플렉스(Flex)는 애플(Apple), 구글(Google), 포드(Ford), 나이키(Nike) 등 고객사의 제품을 디자인, 제조 및 유통하는 다국적 기술 제조업체이다. 이 기업은 약 20만 명의 직원을 고용하고 있으며, 40여 개국에 제조공장을 가동하고 있다. 또한 14,000개 이상의 공급업체로 구성된 글로벌 네트워크를 관리한다.

플렉스는 복잡한 공급망을 관리하기 위해 Pulse라는 소프트웨어 시스템을 개발하는 데 많은 투자를 했다. Pulse는 내부(예 재고, 제조, 운송)와 외부(예 뉴스 피드, 트위터 등) 데이터 소스에서 50개가 넘는 유형의 정보를 취합한다. 플렉스의 직원은 Pulse를 활용하여 자신의 휴대전화 앱을 통해 공급망을 모니터링하고 '빅데이터'를 분석할 수 있다.

많은 기업이 공급망을 중앙집중적으로 관리할 수 있는 컨트롤타워를 구축하길 원한다. 하지만 플렉스의 접근방식은 달랐다. 모든 직원이 업무와 관련된 정보를 사용할 수 있도록 허용하고, 잠재적인 위험에 신속하게 대응할 수 있도록 했다.

플렉스의 조달 및 공급망 책임자인 톰 린튼(Tom Linton)은 다음과 같이 이야기한다. "Pulse를 사용하기 전에는, 자동차 도로를 운전하면서 어제의 속도 정보를 바탕으로 지금의 속도를 파악하고 가속하려는 것과 같았다." 변화의 속도가 빨라지고 있다는 말은 이미 진부한 말이 되었지만, 그것은 명백한 사실임을 알아야 한다. 디지털은 공급망의 속도를 유지하거나 높일 수 있도록 돕는다(Henderson, 2017).

린튼(Linton)은 자신만의 공급망 운영 철학이 있다. 그는 그것을 'LIVING 공급망'이라고 부른다.

- 실시간성(Live): 실시간 정보의 투명성
- 양방향성(Interactive): 공급망에서 정보의 양방향성
- 신속성(Velocity): 신속한 자산 이동과 운전자본(working capital) 보호
- 지능적(Intelligent): 서술적이고 예측적인 분석 제공
- 네트워크성(Networked): 함께 발전하고 혁신할 네트워크 파트너 연결
- 균형성(Good): 경제적, 환경적, 사회적 요인의 균형을 맞추는 공급망 구축

Pulse 시스템은 이미 성공적인 결과를 내고 있다. 플렉스의 공급망은 빨라졌다. 이로 인해 재고 처리기간을 5일 단축하여 현금흐름을 개선하고 영업 마진을 높였으며, 고객 서비스를 개선하게 되었다.

출처: Handfield and Linton(2017)

이 단계의 조달 전문가, 특히 최고 수준의 조달 전문가는 변화, 비전을 만들 수 있는 폭넓은 기술적 역량을 갖춰야 한다. 그들은 내부 동료들에게 조달의 효과를 잘 이해할 수 있게 설명해야 하고, 공급업체가 더 견고한 공급망을 구축할 수 있도록 조력자 역할을 해야 한다.

이 네 단계는 조직에 경쟁우위를 제공할 수 있는 보다 효율적이고 효과적인 조달기능의 방향을 제시한다. 하지만 성숙도 모델은 많은 부분을 일반화한 것으로서 산업의 성숙도, 조직의 규모, 고객 및 공급업체 간의 균형과 같은 많은 상황적 요인을 고려해야 한다. 그리고 경제 전반의 상황과 각 조직에서 조달의 역할과 영향력도 조달기능의 개발 성숙도를 판단하는 중요한 요소이다.

전략적 조달의 흐름

전략적 조달은 조직의 전략을 통상적인 조달 운영과 연결하는 프로세스이다. 전략적 조달의 목적은 공급망을 개발하고 주도함으로써 조직의 전략에 기여하고 경쟁우위를 성공적으로 달성하는 것이다. 문제는 조직의 전략과 일치하면서도 조달이 직면한 상황에 맞는 조달전략을 개발하는 것이다.

[그림 1-3]은 3주기 프로세스의 일부로 조달전략을 수립하고 이행하는 활동을 보여준다. 비즈니스 전략주기는 조직의 비전, 목표, 전략을 수립 및 구현하고 이를 학습하는 프로세스이다. 본서의 핵심인 전략적 조달주기는 조달전략을 개발하고 구현하는 프로세스로 구성되어 있다. 그리고 조달 하위 프로세스는 공급을 전술적, 운영적으로 활성화하고 공급업체와의 관계 및 주문주기를 관리하는 활동으로 이루어져 있다. 이 세 가지 프로세스는 모두 지속적인 개선을 위한 피드백 구조를 사용하며, 이는 조직 전반에 일관성을 제공한다.

[그림 1-3]은 다이어그램의 화살표가 비즈니스 전략에서 조달전략을 거쳐 구매로 이어지는 일반적인 흐름을 나타내지만, 구매 프로세스의 실제 상황이 피드

그림 1-3 전략적 조달 상황

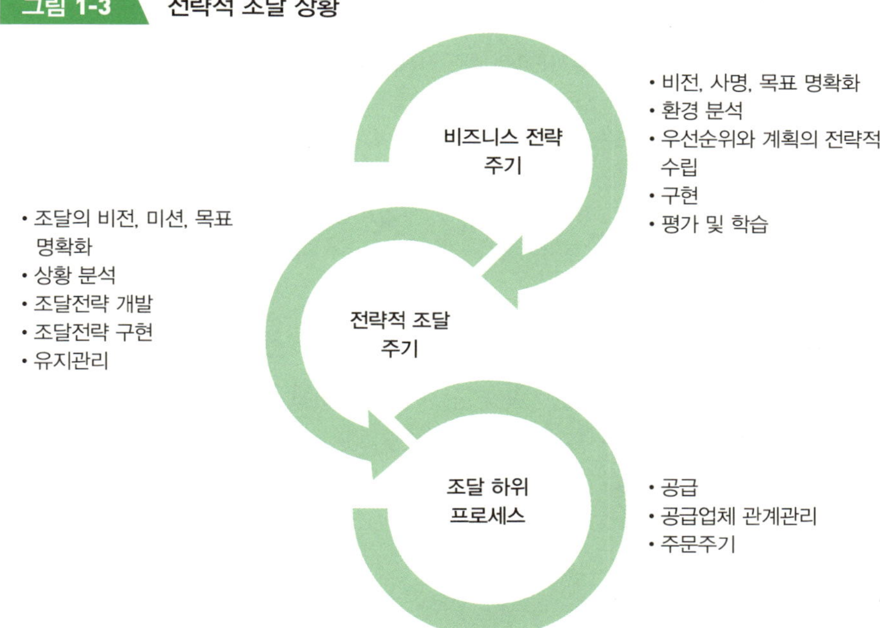

백 구조를 통해 조달전략에 영향을 미칠 수 있고, 결국 조달전략이 비즈니스 전략에 영향을 줄 수 있음을 의미한다.

MINI-CASE | IKEA의 공급망 문제 대응

IKEA의 원자재 공급전략은 공급망에서 발생할 수 있는 문제에 대응하는 좋은 사례이다. IKEA는 세계에서 목재를 가장 많이 소비하는 기업이며, 2016년에는 1,575만㎥의 나무를 사용했다. 이는 전 세계 공급의 약 1%에 이르는 양이다.

목재는 재생이 가능하지만 재생 속도가 소비를 쫓아가지는 못한다. 그러므로 IKEA와 공급업체들은 환경과 경제적인 측면에서 문제에 직면할 수밖에 없다. 이에 대응하여 그들은 명확한 목표와 책임을 가진 지속가능한 전략을 개발했다.

이들의 목표는 2020년까지 목재를 삼림 파괴 없이 지속가능한 방식으로 100% 공급받는 것이다. 이를 통해 산업 전반에 지속가능한 임업방식을 보급하고 삼림 파괴를 끝내는 데 기여하고자 한다. IKEA는 2016년을 기준으로, 목재의 61%를 삼림 파괴 없는 지속가능한 방식으로 공급받고 있다.

이러한 전략의 일환으로 삼림 유지관리에 투자하고, 명확한 임업 요건을 확립했다. 또한 주 공급업체인 IWAY가 지켜야 할 행동 규범을 개발했으며, 공급망 전체에 걸쳐 포괄적인 감사 및 투명한 절차를 구현했다. 또한 그들은 산림관리협의회(FSC)와 세계자연기금(WWF)과 같은 이해관계자들을 참여시켜 합법성을 확보하고 보다 광범위한 문제를 다룰 수 있도록 했다.

출처: Gorman(2013); IKEA(2016); Kelly(2012)

비즈니스 전략 수립과 구매 프로세스를 주제로 하는 책은 많이 나와 있다. 하지만 프로세스의 핵심인 톱니, 즉 전략적 조달주기의 중요성은 간과되어왔다. 본서는 전략적 조달의 다양한 측면을 심층적으로 다룸으로써 이러한 빈틈을 메우는 것이 목표이다.

책의 구성

본서는 [그림 1-4]와 같이 4부로 구성되어 있다. 1장이 포함된 1부에서는 조달전략 및 구조를 설명한다. 1장에서는 조달의 현황과 함께 조달이 인식되는 것보다 더 중요하고, 그것이 어떻게 지속가능한 경쟁우위로 이어질 수 있는지를 설명한다. 2장에서는 조달을 조직의 구조에 맞게 편성하는 방법과 조달의 목표와 프로세스를 조직과 공급업체 그리고 고객을 포함한 전체 공급망의 프로세스와 통합하는 방법을 설명한다. 3장에서는 전략적 조달주기에 초점을 맞춰 프로세스의 전 단계에 대해 논의하고, 공급시장 정보(supply market intelligence), 지출분석 및 포트폴리오 분석 등 각 단계에서 유용하게 사용할 수 있는 도구(tools)와 기법(techniques)을 소개한다.

2부에서는 공급망에서의 조달의 역할을 살펴본다. 4장에서는 공급업체와 적절한 관계를 구축하는 방법과 공급업체로부터 최상의 성과를 얻을 수 있는 방법을 살펴본다. 5장에서는 글로벌 소싱 현상에 대해 논의한다. 글로벌 소싱의 장점

그림 1-4 책의 구성

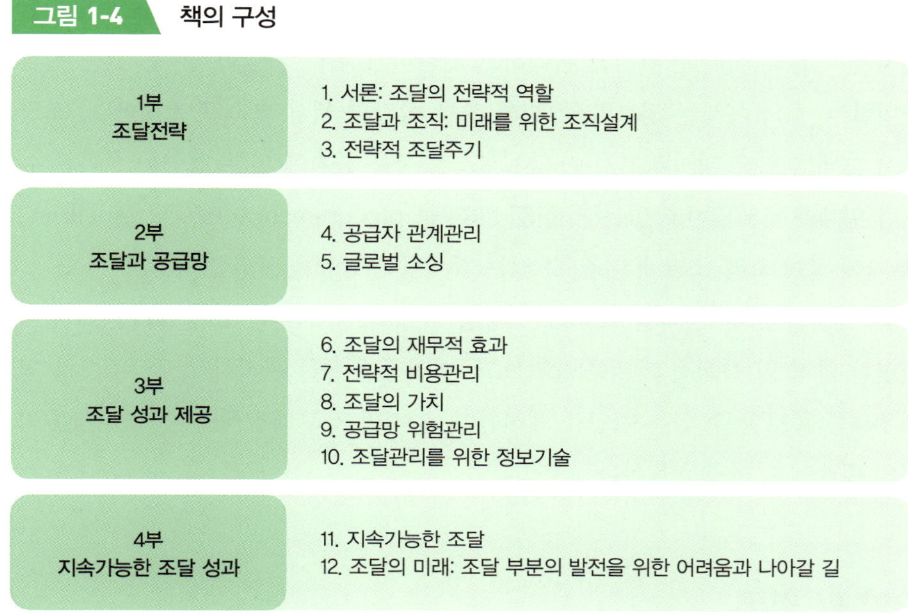

과 위험을 살펴보고, 글로벌 공급망의 구축 및 관리 방법에 대한 통찰력을 제공한다.

3부에서는 조달 성과의 다양한 측면을 알아본다. 6장에서는 조달 의사결정과 조직의 재무성과 간의 관계를 살펴보고, 조달이 순자산수익률(RONA), 주주가치(SV), 자산 과세 후 이자 및 세금 차감전 이익(EAC) 등 기업의 성과를 측정하는 데 사용되는 다양한 분석 방법에 어떠한 영향을 미치는지 살펴본다. 7장에서는 전략적 비용관리에 대해 알아보고, 비용관리가 어떻게 전략적 무기가 될 수 있는지 살펴본다. 여기서는 비용을 이해하고 관리하는 데 유용한 도구들도 함께 소개한다. 8장에서는 고객의 니즈(needs)를 잘 이해하고 조직에 혁신을 제공할 수 있는 공급업체와의 긴밀한 참여를 통해 조달이 조직에 가치를 제공하는 방법을 살펴봄으로써 성과관리의 다음 단계로 넘어간다. 또한 이 장에서는 비용 이외의 성과 측정 및 관리에 대해서도 다룬다.

9장에서는 조달 성과의 또 다른 측면, 즉 위험관리를 살펴본다. 공급망이 위험해지는 이유와 이러한 위험을 관리하고 완화하기 위해 기업이 할 수 있는 일을 설명한다. 10장에서는 정보기술(IT)을 조달 성과의 핵심 요소로 소개한다. 조달에서 IT의 역할을 평가하고, e-SCM 시스템 사용 증가에 따른 영향을 살펴본다. 또한 업계에서 도입하고 있는 기술(예 ERP, e-procurement, eRFx, e-Auctions)에 대해 알아보고, 조달에 미칠 수 있는 잠재적인 영향을 설명한다.

4부에서는 조달 성과를 유지하는 방법에 대해 알아본다. 11장에서는 조달이 직면한 환경 및 사회적 과제를 살펴보고, 이러한 문제를 관리하고 궁극적으로 경쟁우위를 확보할 수 있는 방안을 제시한다. 마지막으로 12장에서는 조달 관련 직업의 미래에 대해 통찰해본다.

요약 및 결론

조달은 조직의 성과에 핵심이다. 비용 절감뿐만 아니라 유연성, 품질, 안정성, 탄력성, 지속가능성 및 혁신과 같은 다른 중요한 성과 영역에도 기여할 수 있다. 하지만 이는 조달기능의 성숙도 수준에 달려있다. 이번 장에서 소개한 4단계 조달 성숙도 모델은 조달 전문가가 영향력을 확보할 수 있는 조달기능을 개발하는 데 필요한 가이드라인을 제시했다.

조달전략은 조직의 전략 및 조직 전체 프로세스와 조화를 이루어야 한다. 이 장에서는 조달이 공급망에서 전략적이고 영향력 있는 구매 약속을 이행하기 위해 조달전략을 수립, 구현, 평가하는 방법을 설명하는 모델을 제시하였다.

조달 책임자가 조직의 주요 의사결정에 참여하기 위해서는 조달이 조직에 가치를 제공할 때 미칠 수 있는 영향을 이해하고 이를 증명해야 하며, 내 · 외부 협력을 이끌어 상호 유익한 결과를 제공할 수 있음을 보여야 한다.

- car sharing(카셰어링) 공유경제 서비스의 하나로, 차량을 여러 사람이 공유하여 여러 지점에서 필요한 시간만큼 빌려 사용하는 제도
- FSC(Forest Stewardship Council, 국제산림관리협의회) 목재를 채취, 가공, 유통하는 전 과정을 추적하고 관리하는 친환경 인증단체
- outsourcing(아웃소싱) 기업 업무의 일부 프로세스를 경영 효과 및 효율의 극대화를 위한 방안으로 제3자에게 위탁해 처리
- ridesharing(라이드셰어링) 목적지가 같은 사람끼리 한 대의 차량에 탑승하는 등 차량을 공유
- safeguard(세이프가드) 특정 품목 수입이 급증해 자국 기업이나 산업에 심각한 피해가 우려되는 경우 관세 인상, 수입 물량 제한 등을 통해 규제하는 무역장벽
- TCO(Total Cost of Ownership, 총소유비용) 기업에서 사용하는 정보화 비용에 투자 효과를 고려하는 개념으로, 단순히 초기 투자비용만이 아니라 도입 후의 운영이나 유지보수비용까지 고려
- WWF(World Wide Fund for Nature, 세계자연기금) 국제비정부기구로서 자연의 보존과 회복을 위해 각국의 민간이 협력하는 단체

참 • 고 • 문 • 헌

Barney, J B (1991) Firm resources and sustained competitive advantage, *Journal of Management*, 17, pp 99–120

Barney, J B (1995) Looking inside for competitive advantage, *Academy of Management Executive*, 9 (4), pp 49–61

Burt, D N and Doyle, M F (1993) *The American Keiretsu: A strategic weapon for global competitiveness*, Irwin, Homewood, IL

Cammish, R and Keough, M (1991) A strategic role for purchasing, *The McKinsey Quarterly*, 3, pp 22–39

CAPS (2017) *Cross–Industry Report of Standard Benchmarks–2017*, CAPS Research, Tempe, AZ

Cousins, P D, Lawson, B and Squire, B (2006) An empirical taxonomy of purchasing functions, *International Journal of Operations and Production Management*, 26 (7), pp 775–94

Dyer, J H and Singh, H (1998) The relational view: cooperative strategy and sources of interorganizational competitive advantage, *Academy of Management Review*, 23, pp 660–79

Early, J (2017) Without supplier innovation Tesla would have built another Camry, *Supplier Innovation* [*online*]. Available at: https://supplierinnovation.com/without–supplier–innovation–tesla–would–have–built–another–camry–510fddc9dd5f [accessed 27 December 2017]

Freeman, V T and Cavinato, J L (1990) Fitting purchasing to the strategic firm: frameworks, processes, and values, *Journal of Purchasing and Materials Management*, 26 (4), pp 6–10

Gorman, R (2013) IKEA uses a staggering 1% of the world's wood every year, *Daily Mail*, 6 July

Handfield, R and Linton, T (2017) *The LIVING Supply Chain: The involving imperative of operating in real time*, John Wiley & Sons, Hoboken, NJ

Henderson, J (2017) Interview: Flex's Tom Linton and the digital supply chain, *Supply Chain Digital* [*online*]. Available at: www.supplychaindigital.com/technology/interview-flexs-tom-linton-and-digital-supply-chain [accessed 12 February 2018]

Hogg, R (2016) Tesla's supply chain set for a surge, *Automotive Logistics* [*online*]. Available at: http://automotivelogistics.media/intelligence/teslas-supply-chain- set-surge [accessed 27 December 2017]

IKEA (2016) *IKEA Group Sustainability Report FY16* [*online*]. Available at: www.ikea. com/ms/en_US/img/ad_content/2015_IKEA_sustainability_report.pdf [accessed 26 December 2017]

Kelly, A (2012) Ikea to go 'forest positive' – but serious challenges lie ahead, *Guardian*, 14 December

Kraljic, P (1983) Purchasing must become supply management, *Harvard Business Review*, 61 (5), pp 109-17

Lavie, D (2006) The competitive advantage of interconnected firms: an extension of the resource-based view, *Academy of Management Review*, 31, pp 638-58

Reck, R F and Long, B G (1988) Purchasing: a competitive weapon, *Journal of Purchasing and Materials Management*, 24 (3), pp 2-8

Schiele, H (2007) Supply-management maturity, cost savings and purchasing absorptive capacity: testing the procurement-performance link, *Journal of Purchasing and Supply Management*, 13, pp 274-93

Tesla (2014) Panasonic and Tesla sign agreement for the Gigafactory [online]. Available at: www.tesla.com/blog/panasonic-and-tesla-sign-agreement-gigafactory [accessed 27 December 2017]

Tesla (2017) About Tesla [online]. Available at: www.tesla.com/about [accessed 27 December 2017]

Wade, M and Hulland, J (2004) The resource-based view and information systems research: review, extension, and suggestions for future research, *MIS Quarterly*, 28 (1), pp 107-42

Wernle, B (2015) Suppliers give Tesla high praise for innovation, *Automotive News* [*online*]. Available at: www.autonews.com/article/20151109/OEM10/311099941/suppliers-give-tesla-high-praise-for-innovation [accessed 27 December 2017]

Chapter

02

조달과 조직:

미래를 위한 조직설계

렘코 반 훅 박사(DR REMKO VAN HOEK)

이론적으로 모든 유형의 조직구조가 조달에 적합할 수 있지만, 조직설계에는 몇 가지 주의해야 할 점이 있다. 예를 들어, 조달 팀은 고립된 채 일해선 안 된다. 조달은 업무의 특성상 조직 내 다른 부서의 도움 없이는 효과적으로 기능을 발휘할 수 없기 때문이다. 이는 조직이 협업을 원활히 할 수 있는 구조를 갖추어야 함을 의미한다. 먼저 조직구조 내에서 조달 보고 라인의 유무는 매우 중요하다. 이는 비즈니스와의 연계뿐만 아니라 목표설정 및 주요 이해관계자와의 협업에 상당한 영향을 미친다(예를 들어, 조달에 초점을 맞출 수 있도록 사업부 내에 보고 라인을 두는 것은 도움이 된다). 조달 하위 프로세스를 담당하는 직원의 역량은 조달기능의 성숙도를 나타내는 지표이다. 마지막으로 조달 팀을 구성하는 인적자원이 변하고 있다. 즉, 조달기능에 영향을 미치는 '조달 DNA'에 중대한 변화가 일어나고 있다.

2장은 다음과 같이 구성되어 있다. 먼저 조달조직의 기본 조직구조를 소개하며, 조달의 핵심 하위 프로세스를 전반적으로 살펴볼 것이다. 조달 하위 프로세스는 각 하위 프로세스를 전담하는 팀이 일반적으로 수행하는 일종의 연동 프로세스이다. 이러한 조달 하위 프로세스의 수준은 조달 부서의 성숙도에 따라 다르므로 1장에서 소개한 성숙도 모델을 다시 참고할 것이다. 이 모델을 기본으로 조달기능의 주요 내 · 외부를 연결하고 기능을 통합할 프레임워크를 소개한다. 이러한 통합은 조달기능의 효율성을 높이고 '조직구조를 작동'시키는 핵심 요소이다. 마지막으로 인재상의 변화를 살펴볼 것이다. 조달의 성숙도에 따라 필요한 인재상은 무엇이며, 그에 맞게 조직을 설계하고 업무를 일관성 있게 조정하는 방법을 찾고자 한다. 또한 조달을 둘러싼 전반적인 상황을 고려해봤을 때 최근 조달이 인재시장에서 얼마나 주목받고 있는지 살펴본다. 조달은 인재시장에서 매우 활발한 분야이며, 미래 관리자급 인재들을 배출하는 화수분이 될 것이다.

조달의 조직 적합성

조직에 따라 다르겠지만, 10~30년 전으로 거슬러 올라가면 조직 내에서 조달의 역할은 크게 부각되지 않았다. 조달은 물자확보, 구매주문처리 및 할인협상 등 주로 관리와 비즈니스 지원기능을 맡아왔다. 조달 구매자는 일반적으로 공장이나 행정조직의 뒤에 배치되어 있었으며, 실제 업무에서도 체계를 제대로 갖추지 못하고 있었다.

하지만 조달에 대한 인식이 변화하기 시작했다. 조달이 외부 지출에 전략적으로 기여하고, 공장과 기업 전반의 지출을 조정 및 통합하며, 비용을 지불하는 데 도움이 되는 기능을 수행해왔기 때문이다. 대부분의 중견기업 및 대기업에서는 조달능력과 리더십을 강화하고, 관련 기능 및 부서 개발에 투자하는 사례가 지속적으로 증가하고 있다. 이에 대한 사례를 살펴보면, 조직은 조달을 통해 외부 지출을 체계화하고, 계약 역량과 협상력을 개선하며, 공급망에서 적절한 조율을 이끌어내 이해관계자 간에 원만한 관계를 형성하는 경우가 많다.

MINI-CASE | 존디어(John Deere)

미국의 농기구 제조업체인 존디어(John Deere)의 사례는 글로벌 네트워크로 운영되는 공장에서 얼마나 다양한 장갑이 사용되는지를 보여준다. 모든 장갑이 기준에 맞는 일정 수준의 품질을 유지하고는 있었다. 하지만 구매과정은 그렇지 못했다. 시간제 구매담당자는 불규칙적으로 여러 번 구매함으로써 많은 시간을 소모하고 있었다. 이 사례는 간단하다. 한 명의 유능한 구매담당자가 구매를 일괄처리해 시간을 절약하고, 품질기준을 맞추고, 공급업체와의 상호작용을 효율화하여, 더 나은 거래로 물품을 공급하면 어떨까? 경영진이 수십 개의 다른 중요한 분야를 발굴하고 이와 비슷한 개선사항을 적용하는 것은 그리 어려운 일이 아니다.

이러한 조달에 대한 인식 변화와 함께 조달을 기능 및 부서로 체계화할 필요성과 기회가 생겼다. 1980년대 후반부터 조달 관리자와 최고조달책임자를 채용하고, 최고경영진(C-level executives)에 직접 보고를 보장받는 등 그 흐름이 지속되고 있다. 또한 조달 부서의 구조와 규모의 결정은 많은 벤치마킹을 통해 진행된다. 일반적으로 고려되는 사항은 구매자당 외부 지출 규모, 특정 재화나 서비스 구매 요구가 있는 사업체의 수 또는 공급시장 역학관계가 다른 범주의 수가 포함된다(종종 구매자는 지출 또는 사업 영역에 배치된다. 그로 인해 지출과 사업 영역의 다양성이 구매의 복잡성을 증가시킨다).

조달 보고 라인

조달 책임자와 팀원들은 타 부서의 최고경영진(C-suite)에게 보고하기도 한다. 이때 공통 보고 라인은 최고재무책임자(CFO)이다. 그 이유는 조달기능이 재무적인 측면에서 비용을 절감하고 손익(P&L)을 개선하는 데 뛰어나기 때문이다. CFO에게 보고하는 것은 조달 업무에도 도움이 되며, CFO는 비즈니스가 예산 내에서 목표를 달성할 수 있도록 조달 인력을 참여시켜 이를 지원할 수 있다. 조달은 또한 공급망이나 운영 부서에 보고하기도 한다. 이는 공급업체를 중심으로 운영 부문에 중점을 두는 조직에게 효과가 있다. 특히 높은 구매가치, 납품 정확도 및 효율성을 보장하는 것이 중요한 공급업체에 유용하다. 흔치 않은 일이지만 최고경영자(CEO)에게 보고할 수도 있다. 이는 CEO의 큰 목표와 전체적인 관점에서 유용하며, 조달이 여러 전략적 우선순위에 대한 기여도를 넓히는 데 도움이 될 수 있다.

MINI-CASE | 저자(렘코 반 훅)의 경험

나는 완전히 다른 산업에서 세 차례에 걸쳐 최고조달책임자(CPO)와 조달 관리자를 역임한 적이 있으며, CFO와 CEO에게 보고한 경험이 있다. 두 최고경영진 사이에는 지시 방향과 관점에서 현격한 차이를 보이며, 이는 조달 부서와 CPO에 요구하는 사항에 영향을 미친다. CFO에 보고하는 것은 조달 부서가 비용 절감과 전략적 조달을 주도하고, 조달 업무에 대한 비즈니스 사례를 만드는 데 도움이 된다. CFO는 지출 및 예산 집행이 원활하게 진행되도록 관련 업무 제안 및 위임 등 일부 예산 프로세스에 관대한 편이다. CEO에게 보고하면 조달 관리자 및 CPO는 보다 광범위하게 의제를 제안할 수 있다. 특히 비용 절감에 대한 조달의 효과가 입증되고, 조달이 전략적 조달 이상의 역할을 수행할 준비가 되어 있는 경우에 가장 효과적이다. 따라서 CEO에게 보고하는 것은 조달의 범위와 영향력을 넓힐 수 있는 반면, 전략적 역량이 필요하다.

조달조직의 구조

[그림 2-1]은 조달조직의 네 가지 기본 조직구조를 비교한다. 맨 위에 있는 분산구조는 과거에 가장 보편화된 형태로서, 조달기능이 실제로 구성되지 않은 조직에서 사용한다. 그 결과 전반적으로 비즈니스에 대한 영향력이 없으며, 지출 영역을 관리할 수 있는 실질적인 능력이 없다. 조달조직의 규모가 작고, 구매자 및 조달 팀을 개발하기 위한 투자가 적기 때문에 지역 비즈니스를 지원하는 데 초점을 맞춘다. 분산구조의 장점은 지역 비즈니스 이슈 파악 및 시장과의 근접성이 좋다는 것이다.

다음 조직적 구조는 분산구조의 장점을 그대로 유지한다. 조달의 규모는 여전히 작으며, 조달은 기업 간에 협력할 수 있는 분야가 어디인지 파악하기 위해 서로 다른 업체의 구매자들 사이를 조정하는 것을 목표로 한다. 이는 일부 개발을 시도하면서 조직에 거의 변화를 가져오지 못하는 저-투자 옵션이며, 실제로 매우 유능한 코디네이터가 있지 않는 한 일반적으로 하이브리드 구조에 비해 성공 가능성이 낮은 다소 복잡한 구조이다.

하이브리드 구조는 지역의 조달 팀에 본사의 조달 팀을 파견하는 유형이다. 이렇게 조성된 팀은 지출 영역과 범위를 재조정하고, 새로 조정된 지출 범위와 주요 공급업체의 관계를 고려하여 조달전략 및 계획을 세운다. 이러한 노력이 가능한 이유는 조직 차원에서 조달기능을 개발하고자 하는 확고한 의지가 있기 때문

그림 2-1 조달조직구조의 유형(PwC 제공)

조직의 유형	정의	장점	단점	중앙의 구매 통제력	비즈니스의 손익(P&L) 책임
'분산구조' 비즈니스 A – 구매 담당 비즈니스 B – 구매 담당	조직에서 역할이 없는 분산된 조달조직	• 분산 통제의 '평면' 조직구조 – 책임의 명확성 • 최적의 현지 공급망과 서비스	• 조직의 도움 없음 • 모범 사례/접근법 공유하지 않음 • '전사적' 평가 측정 및 모니터링 없음	낮음	높음
'조직적 구조' 비즈니스 A – 조달 관리자 비즈니스 B – 조달 관리자 기업 구매	분산된 조직, 중앙집중적 전략, 비즈니스 부문 전반의 자발적인 전략적 협력	• 분산 통제 • 모범 사례와 조달전략 공유	• 조직의 자원 최소 활용 • 조달 관리자의 약하고 불명확한 통제력	↓	↑
'하이브리드 구조' 비즈니스 A – 구매 담당 – 조달 관리자 비즈니스 B – 구매 담당 – 조달 관리자 기업 구매	분산된 구매, 중앙집중적 전략과 조달 통제	• 조직의 자원 활용 • 모범 사례 개발 • 조달 경력 개발 • 제품 전문 지식 구축	• 조직에 계층 추가 • 인적자원 추가 고용 • 복잡한 보고체계	↓	↑
'중앙집중적 구조' 비즈니스 A 비즈니스 B 기업 구매 – 조달 관리자	모든 구매에 대한 단일 상향식 보고체계를 구축한 중앙집중적 조달조직	• 조직의 자원을 최대한 활용 • 조달조직 합리화 • 조달 전문 지식 구축	• 운영에서 원격 구매 • 현지 대응력 저하 • 현지의 너무 낮은 조달 통제력	높음	낮음

이다. 조직은 지역 조달의 수익 창출 역량을 키우기 위해 재정적 투자와 현지 지출을 더 많이 활용할 수 있도록 본사 팀을 포함하여 현지 팀에 여러 혜택을 제공하는 조달기능을 개발하기 위해 노력한다. 한편 하이브리드 모델은 현지 사업부에 조달 팀이 존재하는 조직에서 활용하는 방법이다. 그렇기 때문에 비록 조달에 대한 추가적인 투자가 이사회의 계획에 따른 것이라 할지라도 어느 정도 긴장감을 내재할 수밖에 없다. 지역에 최적화된 매입이 세계적으로 최적화된 매입과 100% 일치하지 않을 수 있기 때문이다. 특히 지역 비즈니스가 압박을 받고 본사에서 새로 합류한 인력을 현지의 인력처럼 대할 경우, '현지에서 오랫동안 탁월한 실적을 낸 영웅'과 '정말 우수하지만 곧 사라질 본사에서 파견한 인력' 사이에는 긴장이 감돌게 된다.

이러한 긴장감은 경영진이 조달에 투자하기로 하고, CPO가 모든 구매자들의 실적을 중앙집중적으로 관리하고자 하는 데서 온다. 이를 통해 조직 내 여러 부문의 구매자 간에 강력한 조정과 함께 조달 효과를 극대화하기 위한 일원화된 접근방식을 구축할 수 있다. 물론 구매자들은 현지 구매와 운영 업무에서 제외되는 위험이 따른다. 따라서 중앙집중식 구조가 '기업의 수원(corporate waterhead)'으로 회귀하지 않기 위해서는 파견된 구매자가 비즈니스 현장에 머물면서, 함께 일하는 이해관계자와의 관계를 유지하고, 구매자 스스로도 현장에 적응하기 위해 노력해야 한다.

세 가지 유형의 조달 팀과 성숙도

만약 조달 프로세스의 목적이 '공급망'에서 '공급'을 원활히 하는 것이라면, 어떻게 달성할 수 있을까? [그림 2-2]와 같이 기본적으로 고려해야 할 세 가지 주요 하위 프로세스가 있다. 먼저 공급 관련 요구사항을 세분화한 후, 요구사항을 충족하는 공급시장을 조사한다. 그런 다음 구매할 물자와 공급업체를 선정한다.

이후 공급업체와 계약을 맺었지만, 아직 물자를 받지 못한 상태이다. 이를 위해 조직은 물자를 주문하고 받는 운영 절차를 가지고 있으며, 공급자들은 제공 서비스에 대한 대가를 받는다.

[그림 2-2]를 보면 조달 하위 프로세스는 서로 연계된 순환 프로세스임을 알 수 있다. 오른쪽은 운영 조달활동이 위치하며, 주문, 물품 수령, 송장 처리로 구성되어 있다. 이러한 프로세스가 원활하게 실행되려면 전사적 자원관리(ERP: Enterprise Resource Planning)나 e-조달과 같은 자동화 도구가 유용하다. 그러나 '구매' 측면의 주문 시스템과 '공급' 측면의 배송 시스템을 연계하여 조달 프로세스를 통합하는 것이 훨씬 더 효과적이다. 따라서 전자문서교환(EDI: Electronic Data Interchange)을 활용하면 오류를 줄이고, 신속한 발송이 가능하며, 거래비용을 절감하는 데 도움이 된다. 이처럼 통합관리를 하면 훨씬 더 많은 이점을 얻을 수 있다. 비록 통합과정에는 많은 시간과 노력 그리고 투자가 필요하지만, 결과적으로 공급업체와 함께 모두 윈-윈(win-win) 할 수 있다. 따라서 중점 기업(forcal firm)은 선택된 공급업체와 계약을 맺고 구매할 제품과 서비스를 카탈로그에서 선택하면([그림 2-2] 중앙) 자동화된 프로세스를 통해 거래가 발생할 때마다 똑같은 절차를 매번 반복할 필요가 없다. 구매자가 사전에 선별된 공급업체에게 주문만 하면 되므로 주문할 때마다 공급업체를 찾고 새로운 협상을 할 필요가 없다.

계약 및 카탈로그 관리를 효과적으로 조정한다는 것은 [그림 2-2]의 왼쪽, 즉 전략적 조달이 필요하다는 것을 의미한다. 특정 지출 영역에서 공급업체를 선정할 때는 장기적인 관계를 고려하여 계약해야 한다. 하지만 구매가 이루어지기 전에 먼저 구매할 제품과 서비스의 필요성을 조직의 관점에서 심층적으로 평가할 필요가 있다. 각 분야별 공급업체의 현재 지출을 평가하고, 공급자 시장을 연구하며, 조달전략을 통해 비즈니스 요구사항을 충족하는 전략을 수립해야 한다. 일반적으로 전략은 구매자로 구성된 팀이 개발하지만, 비즈니스 사용자와 제조와 같은 이해관계자가 참여하기도 한다. 고위 경영진은 종종 전략을 지원하고 승인

그림 2-2 조달의 세 가지 주요 하위 프로세스

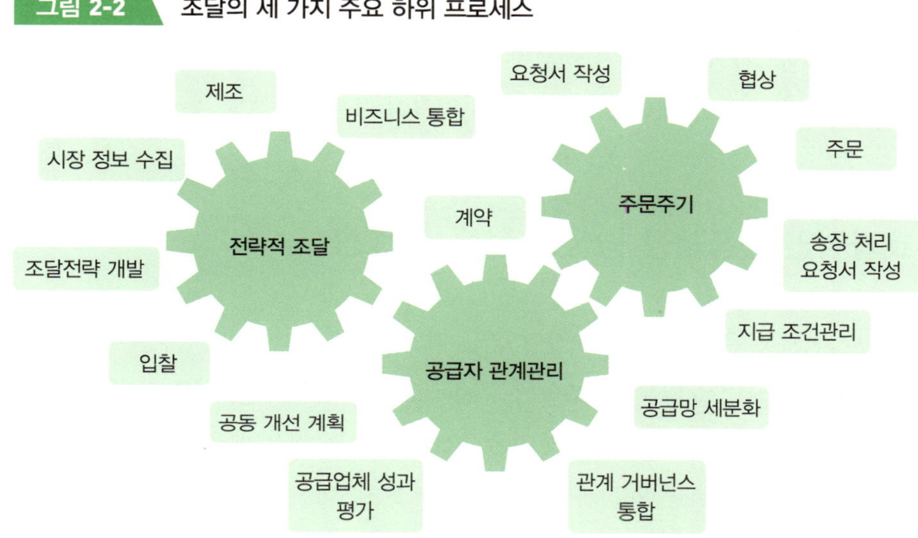

해 달라는 요청을 받는다. 요컨대, 기본계약 입찰 등 조달활동이 진행되기 전에 해야 할 일들이 많다. 예를 들어, 특정 지출 영역에 대한 전략을 개발하면서 해당 유형의 물자를 자사가 더 잘 만들 수 있다고 판단하면, 입찰을 진행하지 않기로 결정할 수도 있다. 결국 전략적 조달 프로세스는 계약 조건에 따라 조달 전술(생산 계획, 프로젝트 외주 등)과 조달 운영을 수행할 공급업체를 선정하는 것이다. 계약한 공급업체의 전술 및 운영 경험을 바탕으로 성과를 평가하고 등급을 매긴다. 공급업체의 등급은 공급업체 개발 및 관계관리의 기준으로 활용할 수 있다.

지금까지 [그림 2-2]를 통해 살펴본 조달조직의 세 가지 하위 프로세스는 1장에서 설명한 조달 성숙도 수준과 연결할 수 있다. 만약 조달기능이 '구매 및 지불'과 '운영'활동에 집중하고 있다면, 구매자는 자연스럽게 전술적인 성격에 가까워진다. 중점 기업(forcal firm)이 인력과 시간을 왼쪽에 있는 전략적 조달활동에 투입하면 더 큰 수익을 기대할 수 있고, 고객가치 전략 및 동인을 더 심도 있게 살펴볼 수 있는 기회를 가질 수 있다. 가장 오른쪽에서 운영 조달활동을 주로 해온 직원들이 전략적 조달과 공급자 관계관리에 미흡한 반면, 왼쪽 활동에 치중한 직원들은 주문, 가격 책정, 배정과 지불 추적을 하는 데 서툴 수 있다. 이 경우 운영 프로세스가 원활하게 진행되지 않아 많은 운영 문제가 발생하고, 조달가치를 제공할 수 있는 능력이나 포지셔닝에 인력이 충분하지 않을 수 있다.

효과적인 공급시장 형성의 전제, 연결성

조달의 기본 운영 원칙은 조직이 공급 기반으로 전환하기 전에 내부적으로 수행해야 하는 작업을 다룬다. 조달이 공급과정에서 집중력 있게 주도적인 역할을 해야 하지만, 절차가 무시되거나 미흡하게 처리되는 경우가 있다. 이로 인해 조달이 요구사항에 맞지 않는 물자를 공급하면 조직 내 · 외부에 위험한 상황을 초래할 수 있다. 내부적으로는 조달의 신뢰가 손상됨은 물론, 공급망에서 자사의 신뢰도를 떨어뜨릴 수 있다.

만약 조달의 역할이 원자재의 유입 흐름을 보장하는 것이라면, 조달 전문가는 공급망 담당자들과 긴밀하게 협력하는 것이 중요하다. 그렇지 않으면 무엇을 구매해야 하고, 공급시장에서 어떤 기회를 우선시해야 하는지 파악하기가 어려워진다. 이러한 협력과정에서 조정에 관련된 현안을 해결하기 위해서는 조달 전문가의 지속적인 노력이 필요하다.

조달에서 조정은 어떻게 이루어지는가? 여기에는 여러 수준의 단계가 있으며 상당한 시간이 걸리기도 한다. 예를 들어, 사업 계획 조정은 사업부 관리와 조달 리더십 사이의 상위 수준에서 연간 사업 계획 및 검토주기를 중심으로 이루어진다. 특정 비즈니스 목표를 위한 조정은 프로젝트 팀의 유형 중 하나인 교차기능 팀을 운영해 해결할 수 있다. 또한 특정 계약에 대한 조정은 주문 정책 및 승인 내용을 고려해야 하며, 특정 가치를 초과하는 주문은 조달 책임자의 공동 서명이 필요하다.

MINI-CASE | 존슨앤존슨(Johnson & Johnson) 조달조직의 핵심 영역

존슨앤존슨(J&J)은 650억 달러 이상의 가치를 지닌 헬스케어 전문기업으로 전 세계 129,000명 이상의 직원을 고용하고, 수만 개의 공급업체와 일하고 있다. J&J의 조달 책임자는 조달과 관련하여 야심찬 아젠다(agenda)를 수립했다. 이 아젠다를 성공하기 위해서는 앞서 설명한 조달 하위 프로세스(프로세스 관리, 지출 목록 관리, 공급업체 관리)를 잘 구성해야 할 뿐만 아니라, 공급망 위험 관리, 공급업체 혁신, 인재 · 인력 관리 등 조달기능을 매우 광범위하게 다뤄야 한다.

하지만 J&J 아젠다의 핵심은 조달 운영 규칙이다. 규칙은 비즈니스를 위한, 비즈니스와 함께, 비즈니스를 통한(For, With and Through the business)으로 요약할 수 있다. 첫째, '비즈니스를 위한'은 조달이 비즈니스 목표 달성을 위한 핵심 요소여야 함을 의미한다. 둘째, '비즈니스와 함께'는 조달 계획에 대한 비즈니스 지원은 물론, 비즈니스 초기 참여와 긴밀한 협업이 핵심 공급자 관계의 공유 거버넌스를 포함한 의사결정에 매우 중요함을 의미한다. 셋째, '비즈니스를 통해'는 조달 전문가가 글로벌 비즈니스로 인해 전 세계에 흩어져 있으며, 결과적으로 이러한 비즈니스를 통해 조달 계획이 수행되는 것을 의미한다.

조정과 통합에 필요한 조달 전문가의 역량은 다음과 같다.

- 비즈니스 요구사항을 파악하고 이를 조정 및 통합하기 위한 방법을 찾아낼 수 있는 능력
- 전문가로서의 역량을 본인의 경쟁력이 아닌 기본 소양으로 간주하려는 의지
- 조달의 관점에서만 가치를 추구하지 않고, 주변 동료들의 입장 및 요구사항에 초점을 맞추는 서비스
- 비즈니스의 상황에 따라 계획을 변경할 수 있는 유연성과 다양한 비즈니스 요구에도 불구하고 아젠다를 고수할 수 있는 방안을 찾아내는 창의성
- 권위를 내세우는 대신 참여를 통해 아이디어를 '판매'할 수 있는 능력(다시 말해, 권위를 내세우는 것은 참여를 꺼린다는 신호로 볼 수 있다)
- 비즈니스 가치를 놓치지 않는 집중력: '선(先) 고객 후(後) 포지션', '지속적인 개선과 결코 안주하지 않음', '가치 중심, 독창성 중심의 포지션' 등은 토론의 집중력을 유지하는 데 도움이 됨

조정 및 통합을 달성하는 방법은 다음과 같다.

- 비즈니스에 핵심 조달 인력을 파견 · 배치하여 비즈니스의 일부를 '관리'할 수 있도록 함
- 비즈니스 평가기준을 활용하여 성과를 측정
- 비즈니스 계획과 훈련 도구를 연구 · 개발
- 실무자 인터뷰 및 비즈니스 회의에 참석함으로써 아젠다의 우선 과제와 이슈를 함께 논의

조달이 비즈니스와 조정되었다는 증거는 다음과 같다.

- 직원들 사이에서 조달조직에 대한 비즈니스 파트너로서의 인식 강화
- 조달의 인센티브와 성과를 단순히 재무적 '표준비용'을 기준으로 측정하지 않음. 재무적 성과평가는 구매가격변동(PPV)에 따른 비용 절감처럼 책정된 예산만을 고려하여 측정하는 반면, 조달은 품질 및 납품의 신뢰성 등을 포함한 지표를 바탕으로 인센티브와 성과를 측정
- 조달이 성과에 대한 보상을 청구하지는 않지만, 그 기여도는 비즈니스 성과(예 연례보고서)에 기록
- 조달업무와 이를 승인하는 과정에서 거의 문제가 발생하지 않음. 동료들이 서로의 역할을 인정하고, 역할과 책임소재가 명확해 원활한 업무관계를 형성

내부 조정

지금까지 기업의 성공을 위한 전제조건으로 조달과 동급 기능 간의 조정에 대해 살펴보았다. 조직의 성공은 내부의 연결과 긴밀한 협력이 필수이다. 또한 최고경영진의 지원이 증가할수록 조달은 조직의 가치 창출에 더 큰 기여를 할 수 있으며, 조달 분야의 미래에 확실히 긍정적인 요소가 된다. 따라서 향후 공급망, 비즈니스 및 경영진 간의 내부 조정이 이루어져야 한다.

[그림 2-3]은 조달과 CEO/이사회 간 내부 조정을 분류하는 네 가지 유형을 보여준다. 먼저 1사분면을 보면, CEO와 조달이 주목하는 분야와 우선순위가 완전히 일치한다. 이 영역은 조달이 최우선으로 성과를 내야 하는 영역이다. 비용절감은 1사분면에서 우선순위가 되는 확실한 예이다. 2사분면은 조달이 성과에 기여하길 원하지만, CEO는 그 효과를 인식하지 못하는 영역이다. 다시 말해 조달은 인재관리와 공급자 관계관리 등에서 성과를 낼 수 있다고 믿고 있지만, CEO에게 아직 그 효과를 증명하지는 못한 상태이다. 이때 조달이 가치를 입증할 방법은 '설득과 설명(sell and tell)' 접근방식과 파일럿 프로젝트를 추진하는 것이다. 4사분면은 CEO가 강조하지만, 조달이 이러한 내용을 인식하지 못한 영역이다. 마지막으로 3사분면은 CEO와 조달 모두 염두에 두지 않고 있는 영역이다.

이렇게 조달과 CEO의 우선순위 조정은 프로세스 조정의 첫 번째 단계에 불과하다. 성과를 달성하기 위해서는 다른 비즈니스 부문과 연계하는 것도 중요하다. 이를 위해 비즈니스 부문을 포함하여 각 유형을 조달과 비즈니스 간의 일치 여부

그림 2-3 조달과 CEO의 내부 조정 매트릭스

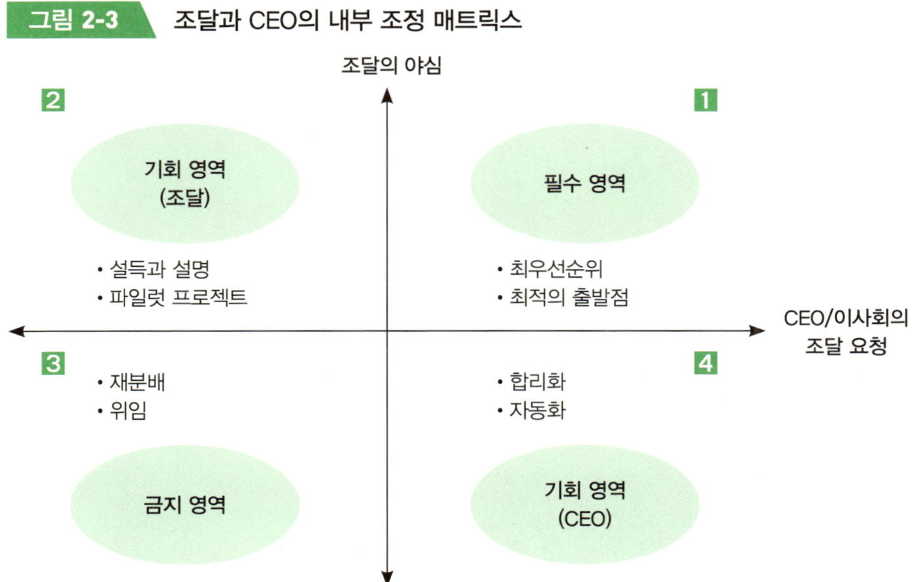

로 더욱 세분화할 필요가 있다. 이렇게 [그림 2-3]의 각 영역을 둘로 더 나눈 것이 [그림 2-4]이다.

1사분면은 '명중(bull's eye)'과 '딜리버리 함정(delivery pitfalls)'으로 나뉜다. '명중'은 조직의 조달, 비즈니스, 경영진 모두 우선순위를 높게 두고 주요 사안으로 여기는 분야나 계획이다. '딜리버리 함정'은 CEO의 지지를 받지만, 비즈니스 부문에서 저항이 발생하는 영역이다. 이 경우 조달 전문가는 CEO의 신뢰를 통해 비즈니스 동료들을 설득하고 성과평가를 조정하여 지지를 얻을 수 있지만, 비즈니스 수행과정에서 실질적인 저항에 부딪힐 수 있으므로 CEO가 설정한 목표를 달성하기 위해 너무 성급하게 진행하지 않도록 주의해야 한다.

2사분면은 '비즈니스 주도(business-led)'와 '상아탑 위험(ivory tower risk)'으로 나뉜다. '비즈니스 주도'는 조달과 조직의 다른 기능들 모두 주목하는 분야

그림 2-4 조달과 CEO의 내부 조정: 세분화

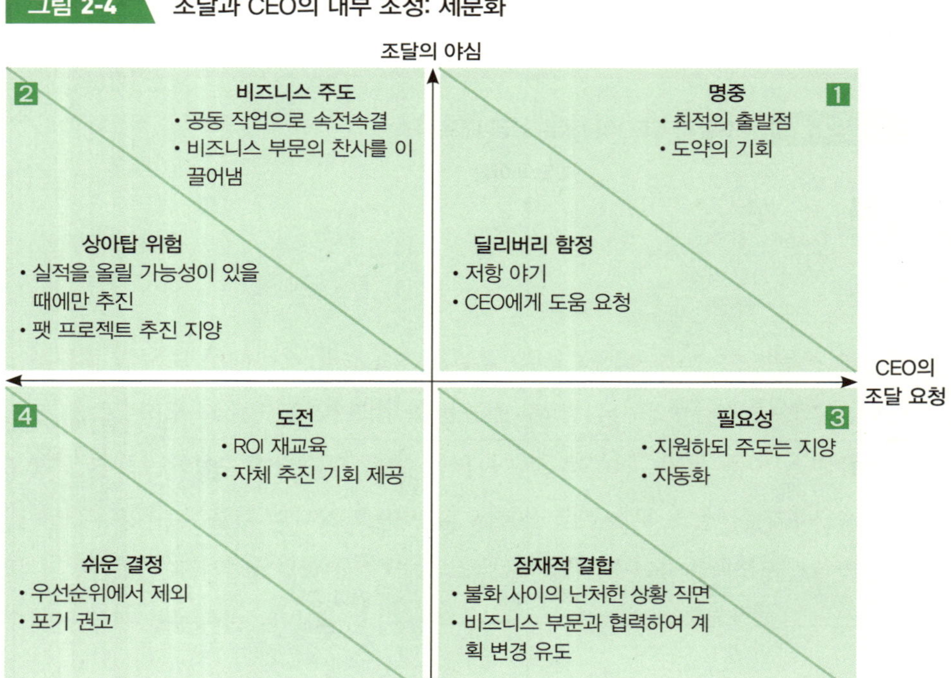

지만, CEO는 중요하게 생각하지 않는 영역이다. 여기서 조달 팀은 다른 조직들과 협력하여 업무를 수행하고 성과를 낼 수 있으며, 이를 통해 CEO의 승인을 얻을 수 있다. '상아탑'은 조달에 매우 중요한 것으로 인식되지만, CEO와 비즈니스 부문은 그렇지 않다. 이 경우에 조달 팀은 펫 프로젝트(pet projects)처럼 선호하는 프로젝트를 착수하지 않도록 주의해야 하며, 만약 펫 프로젝트 추진을 결정했다면 성과를 면밀히 모니터링하고 다른 이해관계자들을 설득하기 위해 결과를 전달해야 한다.

3사분면은 '필요성(need to do)'과 '잠재적 결합(potential binds)'으로 나뉜다. '필요성'은 CEO와 비즈니스 부문이 주목하지만, 조달은 관심이 없는 영역이다. 이 영역은 조달 팀이 지원하지만, 주도적인 역할을 수행하지 않으며, 가능하다면 자동화하는 것도 한 방법이 된다. '잠재적 결합'은 CEO가 우선시하는 영역으로서 비즈니스 부문과 조달은 중요하게 여기지 않는다. 이러한 경우 불화가 발생할 시 중간에 난처한 상황에 놓일 수 있으며, 조달은 비즈니스 부문과 협력하여 CEO가 우선순위를 변경할 수 있도록 노력해야 한다.

마지막으로 4사분면은 '도전(challenges)'과 '쉬운 결정(no-brainer)'으로 나뉜다. '도전'은 CEO의 지원이 부족하고, 조달이 가치를 인식하지 못하는 경우에도 비즈니스를 추진하고자 하는 영역이다. 이 경우에 조달은 투자수익률(ROI)을 내세워 동료들을 설득하거나, 별다른 정보를 제공하지 않더라도 비즈니스 부문이 스스로 추진할 수 있는 기회를 주어야 한다. '쉬운 결정'은 비즈니스 부문의 지원을 받지 못하는 영역이다. 우선순위에서 제외하고 가능하면 포기하는 것이 맞다.

요약하면 비즈니스, 기능, 계층들을 조정하는 것은 조달 성과를 위한 우선 과제로 오랫동안 여겨져 왔다. 이번 절에서 우리는 조직의 내부 조정을 전술적 관점으로 확장하였다. 조달이 CEO의 전략적 아젠다에 기여할수록 이러한 전술적 관점은 더 중요해질 것이다. 따라서 조달 관리자는 앞서 소개된 전략적 계획과 우선순위 결정 노력에 도입된 프레임워크를 통합할 필요가 있다.

교차기능 팀 구성

전략적 조달 프로세스에는 몇 가지 핵심 영역이 있다. 각 영역에서 비즈니스를 수행하기 위해 다른 부서의 구성원들과 조달 팀을 구성하는 것은 중요한 사안이며, 이들이 달성해야 할 목표는 다음과 같다.

- 비즈니스 실무자 및 예산 보유자(budget-holders)의 구매 요청 물품과 요구사항을 적절히 세분화함
- 비즈니스 중심의 실효성 있는 조달전략 수립
- 공급 결과와 결과물의 채택을 촉진할 수 있도록 비즈니스 실무자의 승인을 보장
- 효과적인 구매 프로세스의 설계 및 구축

이는 일반적으로 전략적 조달 팀에는 조달 전문가가 참여해야 하며, 팀원은 워크그룹 수준의 역량을 갖췄거나 적어도 요구사항을 세분화하고 제안 단계에서 평가 업무를 수행할 수 있는 실무자를 선발해야 함을 의미한다. 조달 팀은 종종 비즈니스 동료들을 공급업체의 프로젝트 설명회와 토론에 초청해 공급 프로젝트가 '고립된 조달(procurement in isolation)'이 아니라, 비즈니스 중심적이고 실효성 있는 노력이라는 것을 설명한다. 또한 조달 책임자는 전략적 조달 프로젝트를 위한 운영그룹의 설치를 추진할 것이다. 운영그룹은 프로젝트 팀이 카테고리 전략, 평가기준, 공급업체 선정 권고 등을 제안할 수 있도록 조달 리더십과 비즈니스 리더십을 한데 모을 것이다. 그 밖에도 효과적인 전략적 조달과 공급자 관계관리를 위한 교차기능 팀을 구성하는 것은 중요한 일이다. 이에 대해서는 4장에서 더 자세히 살펴보도록 하겠다.

계량 계획

계량 계획(account planning)은 조달 책임자가 비즈니스 협업 및 우선순위를

조정 및 합의하는 데 도움이 되는 기법이다. 특히 연간 비즈니스 계획 프로세스를 중심으로 조달 지원을 위한 계량 계획을 수립할 경우, 비즈니스 계획에 조달 내용을 '계획의 일부'로 포함시키는 효과적인 방법을 입증할 수 있다. 이를 통해 조달을 비즈니스 주기에 맞추고, 조달 책임자가 비즈니스 동료와 협력하여 공동 작업의 우선순위를 정할 수 있다. 또한 계량 계획은 공동의 아젠다를 순조롭게 달성할 수 있도록 반기 또는 분기별로 진행 상황을 검토하는 근거가 된다. 계량 계획이 길고 복잡할 필요는 없다. 반대로 계획을 짧게 유지하고 주요 비즈니스 현안을 다루는 것은 조달가치에 대한 관심을 높이는 데 도움이 되며, 비즈니스에서 채택될 가능성을 높이는 데 도움이 된다.

외부와의 연결 활용

조달은 기본적으로 기업에서 외부 지향적인 기능 영역 중 하나이다. 비록 다운스트림(downstream) 고객시장보다는 업스트림(upstream) 공급업체시장에 해당하지만, 판매와 계정관리 등 다른 상업적 기능처럼 주로 외부 시장에 초점을 맞춘다. 결국 조달은 기업의 이점은 물론 고객의 이점을 위해 외부 연결을 활용할 수 있는 유일한 위치에 있다.

전통적으로 조달은 공급품의 주문과 계약에 중점을 두며, 그 과정에서 신뢰와 안정성을 보장함으로써 비용 효율성을 높일 수 있다. 대외관계는 대부분 계약과 협상에 초점을 맞춘다. 조달의 대외관계 접근방식은 협상으로 이루어진다. 과속 방지턱을 만들고 프로세스 장벽을 세우며, 공급업체의 주요 병목구간이 되도록 고안된 전술 등이 협상에서 영향력을 발휘하기 위한 것이다.

최근에는 이익과 가치를 얻기 위해 조달의 외부 연계를 더 많이 활용하고 있다. 조달 부서와 책임자는 기업의 사회적 책임과 공급망의 지속가능성, 기술 혁신 가속화, 위험관리에 중점을 두는 동시에 경쟁력 있는 비용으로 안전한 공급

확보 이상의 기여를 요구받고 있다. 모든 공급업체를 연결함으로써 조달기능은 공급자 및 외부 이해관계자와의 관계를 구축하여, 이러한 새로운 목표에 영향을 줄 수 있는 완벽한 위치에 있다. 4장에서는 공급업체 관계에 대해 더 자세히 다루고, 8장에서는 조달이 공급자와 관계를 수립할 때 받을 수 있는 영향을 새로운 가치 주제로 다룰 것이다. 외부 연결을 보다 광범위하게 활용하려면 조달 전문가의 행동에 변화가 필요하다. 과거에 조달 전문가는 정보와 투명성을 제한하고, 인터페이스를 통제하고, 계약과 조건에 초점을 맞추었지만, 새로운 아젠다로 바뀌었다. 조달 전문가는 공급자에게 의견과 제안을 구하기 위해 현안에 관심을 갖고 도전에도 개방적일 필요가 있다. 이것은 당연히 그 직업의 인재상에도 영향을 미친다. 다음 절에서는 조달의 미래에 대한 중요한 연결고리에 대해 자세히 살펴볼 것이다.

조달의 미래를 위한 인재

조직을 움직이는 것은 사람, 즉 인재라고 할 수 있다. 지금 그 인재를 중심으로 큰 변화가 일어나고 있다. 이러한 상황에서 조달은 인재, 특히 젊은 인재들에게 직업 또는 직무 견학 분야로서 주목을 받고 있다.

과거: 인적자원 처리장?

조달이 과거 관계, 전략적 조달, CSR, 혁신 등과 같은 우선순위가 높은 일에 영향을 미치지 못했을 때, 조달 인재에 대한 생각은 오늘날과 달랐다. 조달은 기업 내부의 인재나 경영대학원 및 대학 졸업자가 선택하고 싶어 하는 분야는 아니었다. 어떤 경영진은 다시는 보고 싶지 않은 직원을 전출시키는 곳으로 조달 부서를 생각하곤 했다. 과거의 조달 업무는 쉽고 단순했다. 조달은 더 실무적이고 더 좁은 범위의 업무를 수행했으며, 전략적 우선순위에서 중요하거나 기여가 크지 않았다. 이처럼 조달 업무는 전혀 비즈니스 중심적이지 못하고, 실무 및 협상에 치중하는 편이었다.

슈퍼맨으로 부상한 전략적 조달

전략적 조달 영역으로 옮겨오면서, 조달의 (잠재적) 수익률의 증가는 조달 책임자와 팀에 대한 투자 확대를 정당화하기에 충분했다. 전략적 조달을 위해서는 내부와의 조율능력, 비즈니스 리더의 참여 유도, 교차기능 팀 운영 및 요구사항 세분화에서 구축에 이르기까지 복잡한 입찰 프로세스를 관리할 수 있는 인재가 필요하다.

이 단계는 더 효과적이고 전략적인 사고를 직무에 도입하고, 해당 기능을 더 잘 수행할 뿐만 아니라, 더 발전된 조직으로 나아갈 수 있도록 경쟁력을 갖추어야 한다.

새로운 DNA

조달의 아젠다가 CSR, 공급자 관계관리, 혁신 가속화 등으로 영역을 확장함에 따라 조달 인재는 위험을 완화하고 경쟁력 있는 태도와 역량이 필요하게 되었다. 조달 인재에게 요구되는 중요한 역량에는 공급업체로부터 배울 수 있는 개방성, 비즈니스 문제에 대처하기 위한 창의적인 (대안) 솔루션 개발능력, 대리자로서 공급망의 기업들을 설득하고 이해시키는 능력, 경쟁력 있는 조직으로 차별화를 할 수 있는 방법을 구상하는 능력, 공급망 정보를 고객의 기회, 전략적 목표, 관계 및 참여기술과 연결하는 능력 등이 있다.

이러한 역량들은 마케팅이나 전략 등 다른 부서에서 인재에게 원하는 능력과 같으며, (향후) 관리자가 갖춰야 할 역량과도 일치한다. 이는 조달 인재를 조직의 내부에서 찾아 배치할 수 있게 해준다. 이를 통해 조달 분야 내에서의 채용을 중단하고, 외부로부터 인재를 영입할 수 있을 뿐만 아니라, 조달 인재가 비즈니스 부문으로 이동할 수 있는 기회를 갖게 되었다. 이렇게 조달은 영업, 전략 및 재무와 같은 여타 부서처럼 미래 리더로서의 경력을 쌓을 수 있는 경로가 되었다.

MINI-CASE | GSK 아시아의 미래 조달 리더 채용

제약회사 글락소스미스클라인(GSK: GlaxoSmithKline)은 인재 부족을 해결하기 위해 조달 부문에 새로운 인재를 데려오고, 인재 개발을 집중적이고 가속화할 수 있는 프로그램을 구축했다. GSK의 프로그램과 접근방식에는 두 가지 특별한 것이 있다. ① GSK는 해당 프로그램을 인재가 특히 부족한 아시아에 적용했고, ② 그들의 프로그램을 젊은 전문가(일명 Y세대 전문가, 'YKs')와 이들 YKs가 관심을 갖고 동기를 부여할 수 있는 곳에 초점을 맞췄다. 특히 후자의 방법은 대성공이었다. 젊은 인재들이 조달의 어떤 요소에 끌렸는지를 살펴보면, 조달이 그들에게 동기를 부여하고, 매력적이고, 역량 향상에 적격이라는 점이다. GSK는 이를 깨닫고 그 기회를 바로 잡아서 조달에 필요한 인재 풀을 키웠으며, 그 결과 조달을 관심 없고 흥미 없는 곳에서 가고 싶은 곳으로 변화시켰다.

YKs는 배울 수 있는 기회, 프로젝트에서 활약할 수 있는 기회에 매력을 느꼈고, CSR과 국제 정세에 관심이 많았다. 조달은 이 중에서 많은 부분을 충족시킬 수 있었다. 이 프로그램은 GSK 경영진이 대학에 가서 일반 교육과정에서는 알 수 없는 영역에 대해 강연을 함으로써 학생들이 조달에 대한 관심을 가질 수 있도록 했다. 이는 간단하지만 중요한 과정이다. 만약 학생들이 공급망에 대해 배우지 않는다면, 어떻게 직업으로 선택할 수 있겠는가?

GSK는 다음 단계로 매년 선발된 졸업생을 이 프로그램을 통해 채용하고 있으며, 그들에게 직무 교육을 할 뿐만 아니라 버디 시스템(buddy system)도 제공하고 있다. 그들은 또한 신입사원들에게 해외 프로젝트에 참여해 역량을 키울 수 있는 기회를 준다. GSK는 프로그램을 실행한 지 2년 만에 조달 부문에서 재무와 마케팅을 합친 것만큼 많은 지원서를 받았다. 재무와 마케팅은 보통 졸업생들에게 매우 인기 있는 분야이다. 이 새로운 인재를 고용하는 또 다른 장점은 YK 인력이 소셜미디어와 커뮤니케이션에서 연결성과 소통능력이 매우 뛰어나다는 것이다. 긍정적인 입소문이 나면서 조달에 대한 관심이 더욱 높아지고 있다. 또한 이러한 YKs의 유입이 기존 직원들에게도 좋은 영향을 미친다는 것이다. 조직 내에서 조달이 점점 더 흥미로운 일들이 일어나는 곳이 되고 있다. 이 프로그램을 운영하는 팀은 새로 채용된 모든 인재들이 조달 부문에 계속 남아 있지 않을 것이라는 사실을 알고 있지만, 이들이 조달기능의 홍보대사가 될 것이라는 것을 알기 때문에 크게 걱정하지 않는다.

요약 및 결론

조달의 핵심 하위 프로세스와 팀의 구조를 구성하는 데 참고할 수 있는 몇 가지 유형이 있다. 비즈니스, 경영진, 공급망을 통합하는 것은 조직을 설계할 때 고려해야 할 핵심 사항이다. 또한 우선순위, 범위, 역할, 영향력 등 조달 팀이 성숙해지기 위해서는 거쳐야 할 길과 여정이 있다. 이 여정과 함께 조달 전문가에게 요구되는 역량과 행동이 변하고 있다. 오늘날 조달은 기업의 여러 중요한 전략적 우선순위에 직접 영향을 미치는, 높은 인지도와 높은 수준을 갖춘 매우 역동적인 기능으로 자리잡았다.

용어정리

- **buddy system(버디 시스템)** 경영자, 관리자 또는 감독자의 역량 개발 방법 중 하나로 신입 임원 · 관리자 또는 감독자들에게 고참 임원 · 관리자 또는 감독자를 코치나 역할 모델로 선택하도록 하거나 짝을 지어주는 제도
- **CSR(Corporate Social Responsibility, 기업의 사회적 책임)** 기업이 지역사회 및 이해관계자들과 공생할 수 있도록 의사결정을 해야 한다는 윤리적 책임의식
- **downstream(다운스트림)** 최종 고객에게 제품을 유통하고 전달하기 위한 조직과 프로세스로 구성
- **EDI(Electronic Data Interchange, 전자문서교환)** 기업 간에 데이터를 효율적으로 교환하기 위해 지정한 데이터와 문서의 표준화 시스템
- **ERP(Enterprise Resource Planning, 전사적 자원관리)** 회사의 모든 정보뿐만 아니라 공급망관리, 고객의 주문정보까지 포함하여 통합적으로 관리하는 시스템
- **P&L(Profit and Loss, 손익)** 기업자본이 경영활동의 순환과정에서 새로운 가치의 증식 혹은 가치의 멸실을 일으키면서 발생하는 이익과 손실
- **pet projects(펫 프로젝트)** 개인적으로 관심 있는 일을 추진하는 프로젝트
- **PPV(Purchase Price Variance, 구매가격변동)** 물품구매에 지불된 실제 가격과 그 표준가격의 차이를 실제 구매한 단위 수로 곱해서 파악
- **ROI(Return On Investment, 투자수익률)** 경영성과를 종합적으로 측정하는 데 이용되는 가장 대표적인 재무비율로 순이익을 총투자액으로 나누어 산출
- **SRM(Supplier Relationship Management, 공급자 관계관리)** 기업의 수익성 극대화에 영향을 미치는 외부 파트너인 공급자와의 관계를 개선하고 기업경쟁력을 높이는 과정, 방법
- **upstream(업스트림)** 공급업체와 그 공급업체의 공급업체가 있으며, 업체 간의 관계를 관리하기 위한 프로세스

Chapter

03 전략적 조달주기

카를로스 메나 박사(DR CARLOS MENA)

1장에서 소개한 전략적 조달주기는 조직의 지속적인 개선 프로세스의 일부로 조달 전략을 개발, 제공, 실행 및 학습하는 프로세스이다([그림 3-1]). 이와 같은 프로세스의 특징은 고유한 중심 원리를 갖는다는 것이다. 대표적인 예로, 에드워드 데밍(Edwards Deming)이 대중화한 PDCA(Plan-Do-Check-Act) 주기가 있다. 전략적 조달주기 역시 이와 같은 고유의 프로세스에 따라 진행되며, 각 단계를 주기적으로 반복한다. 따라서 조직과 그 구성원은 프로세스가 새로운 주기에 들어가기 전에 자신의 업무활동을 평가하고 개선할 수 있다.

이번 장에서는 전략적 조달주기의 각 단계별 활동을 살펴보고, 프로세스 전반에 걸쳐 조달 전문가가 활용할 수 있는 도구 및 기법들을 소개한다.

전략적 조달주기의 목적은 조달활동을 조직의 전략은 물론 여타 비즈니스 부문과 연결하고 조정하는 것이다. [표 3-1]에 설명된 바와 같이 전략적 조달주기의 각 단계는 관련 목표와 결과가 있다.

조달의 비전, 미션, 목표를 명확히 하라

모든 성공에는 명확한 비전과 미션 그리고 목표가 필수적이다. 조달도 예외일 수는 없다. 하지만 이 세 가지 개념은 종종 혼용되기 때문에 각 개념을 명확하게 정의할 필요가 있다.

- 비전(vision): 조직(또는 기능)이 되고자 하는 것으로 조직의 장기적인 포부를 알리는 미래 지향적인 메시지를 말한다.

- 미션(mission): 조직의 성격과 활동 목적을 정의하는 것으로 현시점에서 조직이 존재하는 이유를 전달한다.
- 목표(goals): 조직의 비전과 미션에 따라 추구하는 구체적인 성과물로 일반적으로 조직과 내부 기능들은 항상 각자의 목표를 추구하기 때문에, 각각 목표가 적절히 조화를 이룰 수 있게 해야 한다.

그림 3-1 전략적 조달주기

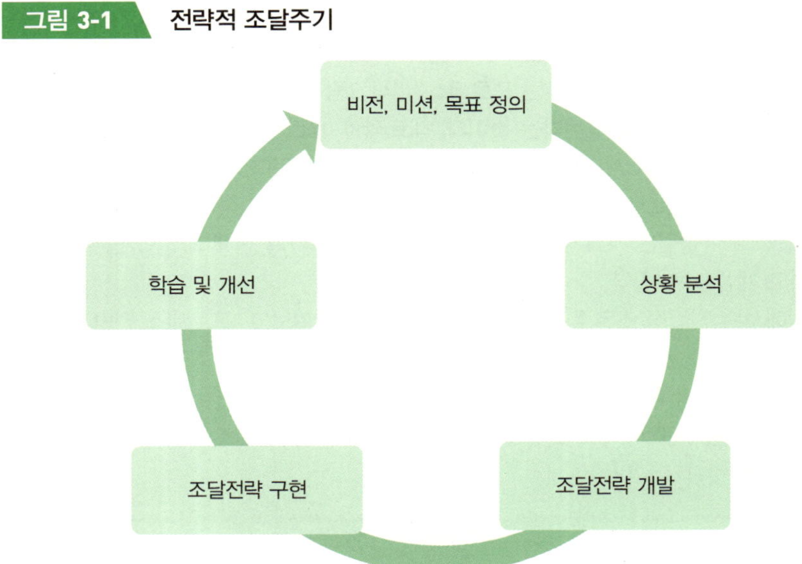

비전과 미션, 목표는 조직의 전략과 일치해야 하며, 조달기능뿐만 아니라 모든 하위 조직이 이를 공유해야 한다. 2장에서 논의한 것처럼, 조달이 그 역할을 올바르게 수행하기 위해서는 조정의 관점에서 두 가지 요건을 갖춰야 한다. 첫째, 조직과 조달기능의 전략이 일치해야 한다. 조달기능은 조직의 비전과 목표 그리고 지향하는 가치를 이해해야 하며, 조직이 이를 추구하는 데 기여해야 한다. 조직은 가능하면 역할을 충분히 발휘할 수 있도록 조달기능의 위상과 권한을 보장해주는 것이 좋다. 예를 들어, 조직의 경쟁력을 위해 비용을 고려해야 하는 경우

표 3-1 전략적 조달주기: 목표와 결과

단계	목표 · 결과
1. 조달의 비전, 미션, 목표 정의	조달의 비전, 미션, 목표를 개발하여 조달기능의 장기적인 방향을 설정하고, 조직의 전략과 통일성을 확보함
2. 상황 분석	조달이 운영되는 내부의 맥락을 이해하고 주요 동향, 잠재적 장애물, 핵심 성공요인을 파악함
3. 조달전략 개발	활용 가능한 자원과 조직이 운영되는 맥락을 고려하여 기능의 비전, 사명, 목표를 전달할 수 있는 전략을 수립함
4. 조달전략 구현	전략 구현 프로세스를 관리하여 적절한 시간과 비용 내에서 목표를 달성하고, 그 전략을 운영에 내재화함
5. 학습 및 개선	구현 프로세스의 결과를 평가하고, 학습한 내용을 다음 주기에 적용할 수 있도록 확고히 함

조달은 비용의 절감 및 관리에 역점을 둘 필요가 있다. 마찬가지로 조직이 차별화전략을 추구하기로 결정했다면, 조달은 비용을 관리함과 동시에 고객에게 가치를 제공할 방법을 찾아야 한다.

둘째, 조직 내의 여타 기능, 즉 내부 고객과 관련된 부분이다. 조달기능은 조직 내 다른 기능과 비즈니스 부문의 목표와 전략을 이해할 필요가 있다. 그럼으로써 조달은 그들이 목표를 달성하고 전략을 수행하는 데 도움이 될 수 있다. 이는 특히 대규모 조직의 경우 매우 중요한 사항이다. 왜냐하면 조직의 규모가 클수록 비즈니스 부문과 조달이 지향하고 기대하는 바가 다르기 때문이다. 내부 고객에게 가치를 제공하기 위해서는 고객의 요구사항을 잘 듣고 이해할 수 있어야 하며, 이에 대응할 자원을 투입해야 한다. 2장에서 논의한 바와 같이, 조직의 구조를 조달 전문가가 내부 고객과 가까워질 수 있도록 조정하면 조직 내 업무 연계가 더욱 용이해진다.

이 두 가지 조정 요건을 달성하려면 조달 부서가 조직과 비즈니스 부문 전반에 걸친 전략 계획 프로세스 수립에 참여해야 한다. 하지만 조달 부서의 참여 여부는 인지도와 중요성과 같이 조달이 조직 내에서 차지하는 위상에 의해 좌우된다. 만약 조달기능의 성숙도가 아직 미흡하고 조직 내에서 조달의 중요성에 대한 인식이 낮을 경우, 조직의 모든 계층 및 기능과 적극적으로 대화하고 동료들의 의견을 경청해야 한다. 또한 조달 부서의 의견을 충분히 전달하는 것도 잊어서는 안 된다.

조달기능 관점에서 비전, 미션 및 목표를 정의할 때 미국 항공우주국(NASA)의 예를 참고할 것을 권장한다(MINI-CASE 참조). NASA는 미래의 비전(즉, 우수성 확보)과 현재의 미션(즉, 최적의 비즈니스 솔루션)을 명확히 구분한다. 또한 인력, 정책, 프로세스, 기술, 내 · 외부 협력, 지속적인 개선 등 핵심 영역을 포괄하는 여섯 가지 명확하고 상호 보완적인 목표를 제시한다.

MINI-CASE | NASA 조달의 비전, 미션 그리고 전략적 목표

비전

- 진화하는 환경에서 우수성 확보

미션

- NASA의 미션을 충족하는 최적의 비즈니스 솔루션 제공

전략적 목표

- 목표 1: 균형 잡힌 인적자원전략을 개발하고 유지한다.
- 목표 2: 조달 전문가와 리더의 개발을 강화한다.
- 목표 3: 조달 정책의 수용과 명확화 그리고 원활한 이행을 확보한다.
- 목표 4: 조직의 요구사항에 대응할 수 있도록 인력, 프로세스 그리고 요구사항을 완전히 통합하여 조달기능을 향상시킨다.
- 목표 5: 업무에 유용하고 실용적인 전자 장비를 제공할 것을 보장한다. 전자 장비는 효율적이고 지속적인 사용이 가능해야 한다.
- 목표 6: 내 · 외부와의 전략적 제휴를 통해 최적의 비즈니스 솔루션을 지원해야 한다.

출처: NASA(2013)

조달기능의 목표를 정의한 후, 목표 달성 여부를 결정하는 핵심성과지표(KPIs: Key Performance Indicators)를 파악하는 것이 중요하다. 여기에는 카플란과 노턴(Kaplan & Norton, 1992, 1996)이 개발한 균형성과표(balanced scorecard)가 유용하다. 균형성과표는 전략을 실무로 변환하여 커뮤니케이션, 구현 및 학습 프로세스를 용이하게 해준다. 균형성과표의 재무, 비재무 영역을 고려하는 균형 잡힌 특성은 조달이 조직과 고객에게 가치를 제공할 수 있는 다른 차원의 성과를 반영하여 재무적 성과에 치우치는 것을 방지하는 데 도움이 된다.

균형성과표의 목적은 조달기능의 목표와 성과지표를 연결하는 것이다. 핵심 관점은 재무, 고객, 내부 그리고 학습 및 성장이다. 각 관점에서 목표 달성을 위해 조직이 수행하는 방법에 대한 구체적인 질문을 제시할 수 있다. [표 3-2]는 네 가지 관점에서 생각할 수 있는 목표와 측정지표의 예시를 보여준다.

표 3-2 균형성과표(예시)

재무		고객/이해관계자	
우리는 주주들을 어떻게 보고 있는가?		고객은 우리를 어떻게 보고 있는가?	
목표	**측정**	**목표**	**측정**
조달의 효율성	• 조달 비용 대비 지출비율 • 구매주문처리 평균 비용	내부 고객 만족도	• 내부 고객 대상 연간 설문조사
조달의 재정 기여도	• 지출관리를 통한 비용 절감비율(%) • 지출관리를 통한 비용 회피비율(%)	청구 승인에서 구매주문서(PO: Purchase Order) 발행까지의 시간 절약	• 주기의 평균 소요시간
내부 프로세스		**학습 및 성장**	
우리는 무엇을 잘해야 하는가?		우리는 어떻게 하면 지속적인 개선, 가치 창출, 혁신을 이룰 수 있는가?	
목표	**측정**	**목표**	**측정**
공급자 제공 개선	• 적시, 완전한 제공 • 품질(PPM: Parts per Million)	조달 전문가 및 리더 육성	• 자격증 보유비율(%) • 직원 한 명당 훈련 지출비용
의무 준수 개선	내부 감사 준수	직원 만족도	조사(직원 만족도, %)
민첩성 획득	주기 소요시간	지식관리 개선	학습 내용의 문서화 및 보급
파트너십 강도	• 파트너십 조사 • 활성화된 파트너십 수		

상황 분석

강력한 조달전략을 개발하기 위해서는 기본적으로 공급망을 잘 이해할 필요가 있다. 특히 지출 영역과 관련된 공급망을 면밀히 살펴보는 것이 중요하다. 그리고 성과를 평가하고 모니터링할 수 있는 성과지표를 갖추는 것 역시 조달전략 개발의 필수 요소이다.

공급망을 파악하고 성과지표를 수립하는 것은 광범위한 조사를 바탕으로 이루어진다. 조사의 목적은 조직이 경쟁력을 갖는 포지션과 강점 및 약점 그리고 공급망과의 상관관계를 분석하는 것이다. 여기에는 현재 거래하고 있는 공급업체와 잠재적 공급업체도 고려하는 것이 좋다. 또한 조달 운영에 영향을 미치거나 반대로 영향을 받는 이해관계자들의 참여와 협력이 필요하다. 조달은 이러한 과정을 통해 조달 업무가 운영되는 상황을 이해하고, 조직의 성과에 공헌할 수 있는 결정적인 수단을 확보해야 한다.

상황 분석은 환경, 공급망, 프로세스의 세 단계로 진행된다. 환경 분석은 전략에 영향을 미칠 가능성이 있는 외부 동향을 파악하는 것이 목적이다. 공급망 분석은 공급자와의 경쟁관계에서 조직의 현재 위치와 경쟁력을 평가한다. 또한 성과에 영향을 미치는 핵심 요인을 파악하는 데도 유용하다. 마지막으로 프로세스 분석은 조직과 공급업체를 연결하는 일련의 활동에 초점을 맞춘다.

환경 분석

조직이 운영되는 환경을 이해하는 데 도움을 줄 수 있는 도구가 많이 있다. 그중에서 가장 효과적인 도구 두 가지(PESTLE, SWOT)를 이해하고, 조달전략 개발과의 관련성을 집중적으로 살펴보겠다.

PESTLE 분석

논란의 여지가 있지만, 조직의 운영상황을 평가하는 가장 일반적인 도구로는 PESTLE 분석이 알려져 있다. PESTLE는 정치, 경제, 사회, 기술, 법률 그리고 환경(Political, Economic, Social, Technological, Legal and Environmental)을 의미한다. PESTLE 분석의 목적은 조직과 특히 조달 운영에 영향을 미치는 요소들의 동향을 파악하는 것이다. 이렇게 파악된 정보는 제품 가격과 판매율에 상당한 파급효과가 있으며, 조달전략을 수립할 때 고려해야 할 중요한 단서를 제공한다. PESTLE 분석은 일반적으로 다음 4단계로 진행된다.

① 조달의 다양한 측면에 대한 전문성을 갖춘 팀을 구성한다(조직의 다른 기능, 공급업체 또는 제3자 참여 가능).
② 조달 운영에 영향을 미치는 주요 변화 또는 추세를 여섯 가지 영역(정치, 경제, 사회, 기술, 법률, 환경)별로 브레인스토밍(brainstorming)한다.
③ 브레인스토밍 결과를 뒷받침할 증거를 수집한다.
④ 수집한 증거를 종합하여 결론을 도출한다.

SWOT 분석

환경을 평가하는 또 다른 중요한 도구는 SWOT(Strengths, Weaknesses, Opportunities and Threats; 강점, 약점, 기회, 위협) 분석이다. SWOT 분석은 조직의 강점과 기회요인을 파악하여 경쟁우위에 대한 기회를 식별한다. 또한 약점과 위협요인을 찾아 조직의 잠재적인 취약점을 식별하는 데도 매우 유용하다.

SWOT 분석을 실행하기 위해서는 여러 정보를 취합해야 한다. 먼저 강점과 약점을 파악하기 위해서는 조직의 내부 정보를 수집해야 하며, 기회와 위협요인을 조사하기 위해서는 외부 정보를 수집해야 한다. [표 3-3]은 소매업의 조달기능에 관한 SWOT 분석 사례를 보여준다.

표 3-3 SWOT 분석(예시)

강점(Strengths)	기회(Opportunities)
• 지출 영역에 대한 구매력 • 공급업체가 제휴를 원하는 브랜드 파워 • 글로벌 파워 • 전략적 방향의 명확성 • 변화에 대처할 수 있는 젊은 인재 확보	• 핵심 공급업체와의 파트너십 체결 • 비중이 낮은 품목에 대한 공급자 합리화 • 공급망의 역량 활용 • CO_2 배출 감소를 위한 공급 기반 구축
약점(Weaknesses)	**위협(Threats)**
• 조직전략의 한계 • 높은 업무 강도 • IT 자원의 부족 • 분산형 구조로 인한 약한 협상력 • 일부 지역에서 일어나는 규정 위반 및 독단적 구매 • 낮은 고객 충성도	• 개발도상국과의 자원 경쟁 • 경기 침체로 인한 비용 부담의 가중 • 높은 직원 이직률 · 정체 • 물류기능으로부터의 지원 한계

공급망 분석

상황분석의 두 번째 단계는 공급망 분석이다. 공급망 분석의 목적은 공급업체와의 상호관계 현황과 미래의 변화를 이해하는 것이다. 다음은 공급망 관계를 더 잘 이해하는 데 유용한 세 가지 접근방식(공급시장 분석, 지출 분석, 공급자 분석)을 소개한다.

공급시장 분석

공급시장 분석(supply market analysis)은 구매자와 공급자 간의 힘의 균형을 이해하는 데 도움이 되는 분석이다. 공급시장 분석의 주된 목적은 조직의 잠재적인 위험과 기회를 식별하고, 시장구조와 공급업체에 대한 전략을 수립하는 데 필요한 핵심 정보를 얻는 것이다.

공급시장 분석에 필요한 정보는 대부분 2차 데이터를 통해 수집할 수 있다. 그러나 일부 매우 역동적이고 혁신적인 분야에서는 2차 데이터가 오래되었거나 존재하지 않을 수 있으므로 때에 따라서는 1차 데이터 수집을 위한 조사를 별도로 진행해야 한다. 환경 분석 단계에서 사용하는 도구 중에는 공급시장 분석에 유용한 정보를 제공하기도 하므로 미리 알아두면 분석 시 유용하게 활용할 수 있다.

공급시장 분석 접근법은 일반적으로 지출 영역 수준에서 적용되므로 가장 먼저 해야 할 일은 지출 영역 개요(category profiles)를 작성하는 것이다. 지출 영역 개요 작성에는 제품 설명과 분류, 시장 규모와 추세 등의 데이터가 필요하다. 이러한 데이터는 2차 데이터를 활용하면 충분히 수집할 수 있다. 2차 데이터는 시장조사 및 투자 분석보고서 등의 문서와 무역 저널, 컨퍼런스 등을 통해서 수집할 수 있다. 2차 데이터의 조사 및 수집이 어려운 상황이라면, 직접 공급업체를 방문하거나 인터뷰를 통해 필요한 정보를 수집할 수 있다.

시장구조 분석(structure of the market)에는 마이클 포터(Michael Porter, 1979)가 제안한 산업구조 분석모형(five forces model)이 유용하다([그림 3-2]). 산업구조 분석모형은 산업을 형성하는 세력을 분석하고 비즈니스 환경에서 세력의 균형을 평가하는 데 사용할 수 있다. 포터는 조직의 경쟁우위를 결정하는 다섯 가지 경쟁요인을 공급자의 협상력, 구매자의 협상력, 기존 기업 간의 경쟁, 대체재의 위협, 신규 진입자의 위협으로 정의했다. 이들을 조달의 관점에서 살펴보면, 조달은 공급업체 간의 힘의 균형, 즉 공급업체의 협상력을 비교적 명확하게 이해할 수 있는 위치에 있음을 알 수 있다. 따라서 조달이 가장 적절한 전략을 수립하기 위해서는 경쟁우위의 핵심이 되는 물품이나 지출 영역과 관련하여 경쟁요인을 철저히 분석하는 것이 매우 중요하다.

또한 조달은 신규 진입자와 대체제의 출현을 예의주시할 의무가 있다. 조직의 여러 기능 중 조달은 공급시장과 가장 근접해 있으며, 특히 기존 공급업체 중에 누가 공급망에서 주요 경쟁자로 부상할 것인가에 대한 잠재적 위협의 신호를 포착할 수 있는 유일한 위치에 있다.

그림 3-2 포터(Porter)의 산업구조 분석모형(five forces model)

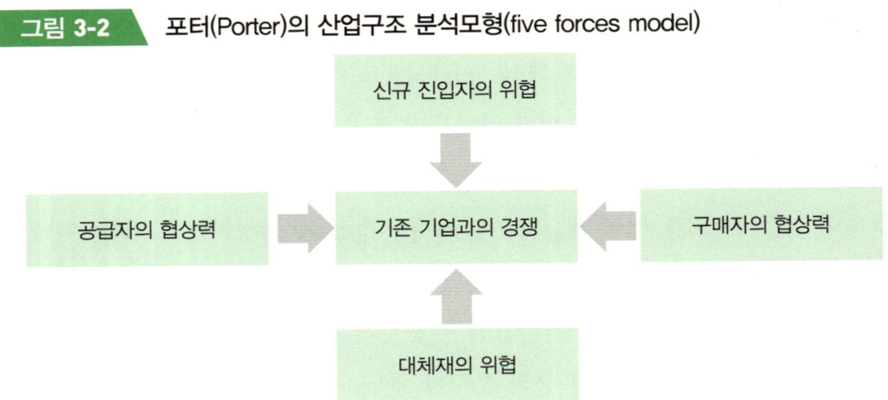

공급시장 분석에서 또 다른 중요한 요소는 공급 영역별로 주요 시장지표(key market indicators)를 분석하는 것이다. 시장지표는 조직이 속한 산업과 상품 유형 등 조직과 관련된 사항에 따라 매우 다양하다. 다음은 지표의 주요 유형이다.

- **경제지표**: 가격, 금리, 고용 등
- **생산지표**: 국내총생산(GDP), 부문별 생산지표, 역량 활용도 등
- **인플레이션 지표**: 미국의 공급관리자협회(ISM: The Institute of Supply Management)와 영국의 구매공급협회(CIPS: Chartered Institute of Procurement & Supply)가 지정한 소매물가지수(RPI/RPIX: Retail Prices Index), 소비자물가지수(CPI: Consumers Price Index), 구매관리자지수(Purchasing Manager's Index®, PMI®) 등

시장지표 분석은 시장의 계절성(seasonality)과 주기성 그리고 미래의 가격과 공급의 연속성에 영향을 미치는 시장의 잠재적 변화는 물론, 각 거래처의 동향을 파악하는 데 도움이 된다.

상황 분석은 복잡하고 힘든 과정이지만, 조달 전문가가 이 모든 짐을 짊어질 필요는 없다. 이러한 도구들 중 다수는 조직이 중요한 전략을 수립할 때 이미 사

용했을 가능성이 높으며, 조달은 상황에 맞게 이를 조정하여 적용하면 된다.

지출 분석

지출 분석(또는 비용 분석)은 조달과 공급이 조직에 미치는 영향을 이해하는 데 매우 중요하며, 이는 모든 조직이 재화와 서비스에 대한 지출을 평가하는 기본 척도가 된다. 즉, 우리는 지출 분석을 통해 어디에(조직의 어느 부분에), 무엇을(지출 영역), 누구에게(거래처), 얼마나 지출했는지 한눈에 볼 수 있다. [그림 3-3]에 제시된 것과 같이 지출 분석은 일반적으로 지출 큐브로 표현할 수 있다. 지출 큐브는 재화와 서비스를 포함한 모든 구매를 사용자와 공급자 및 지출 영역(또는 상품)으로 구분하여 설명해준다.

좀 더 자세히 살펴보면, 지출 분석은 수익 대비 지출, 공급자 협력과 파트너십, 지출 영역 관리전략 등 조달이 전략적 구매 결정을 내리는 데 중요한 정보를 제공한다. 또한 예산 책정 및 예측 그리고 개선을 위한 잠재적인 기회를 포착하는 데 사용할 수 있다.

그림 3-3 지출 큐브

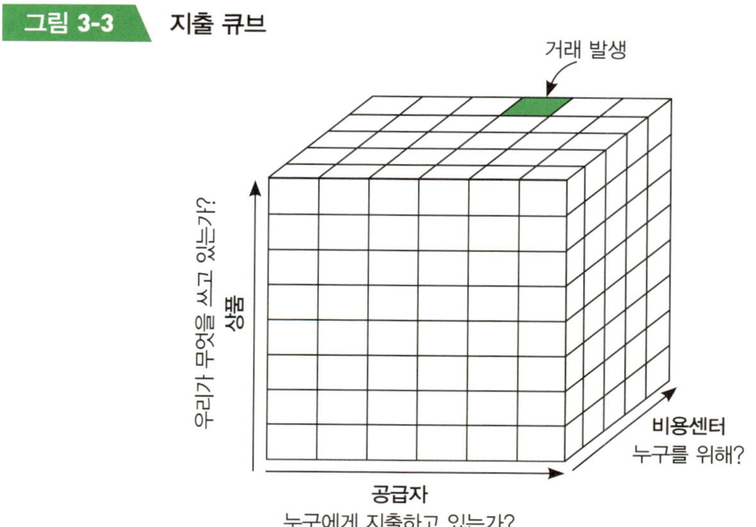

하지만 주의해야 할 점은 지출 분석의 목표가 구매 가격을 파악하는 것이 아니라, 총소유비용(TCO: Total Cost of Ownership)을 반영해야 한다는 것이다. 이러한 접근방식과 전략적 비용관리를 위한 도구에 관해서는 6장과 7장에서 자세히 다루도록 하겠다.

공급자 분석

공급자 분석과 공급자 관리는 조달에서 가장 중요한 활동으로서, 4장에서 살펴볼 것이다. 4장에서는 크랄직 지표(Kraljic, 1983)와 공급자 세분화 풍차(segmentation windmill) 등 중요한 도구들에 대해 자세히 설명할 것이다.

프로세스 분석

상황 분석의 세 번째 단계는 조달기능이 관리해야 하는 프로세스에 초점을 맞춘다. 이는 조달전략을 지원하기 위함이다. 조달은 비즈니스 프로세스의 여러 부문에 참여한다. 예를 들어, 요구사항 정의, 계약관리, 지출 영역관리, 주문관리, 공급자 관계관리 등이 이에 해당한다. 이 모든 프로세스가 중요하지만, 일부는 특정 전략적 목표 달성에서 중요하므로 전략 수립 시 상세하게 분석해야 한다.

프로세스 분석의 초기 단계에는 프로세스의 현황을 지도나 다이어그램으로 작성하여 문서화한다. 간단한 플로우차트(flowcharts, [그림 3-4])에서부터 정교한 가치 흐름도(value stream maps, [그림 3-5])까지 다양한 도구들을 활용할 수 있다.

이러한 도구들은 고객가치, 활동, 시간, 비용, 자원, 책임, 품질, 재고, 위험 및 지속가능성 등 다양한 측면을 보여주기 때문에, 조달의 목표에 맞게 적절하게 선택하면 된다. 예를 들어, [그림 3-4]의 플로우차트는 단순히 프로세스의 절차, 의사결정 지점, 자료와 정보의 흐름 그리고 프로세스의 주요 실무자를 나타낸다. 반면 가치 흐름도([그림 3-5])는 가치, 시간, 재고 및 품질에 대한 추가 정보를 포함하고 있다.

그림 3-4 조달 프로세스 요약

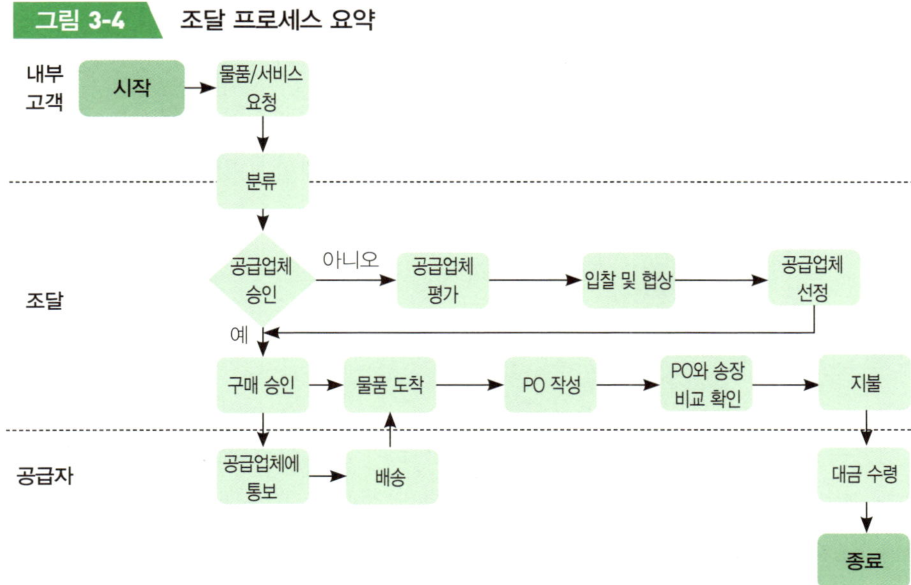

그림 3-5 가치 흐름도(예시)

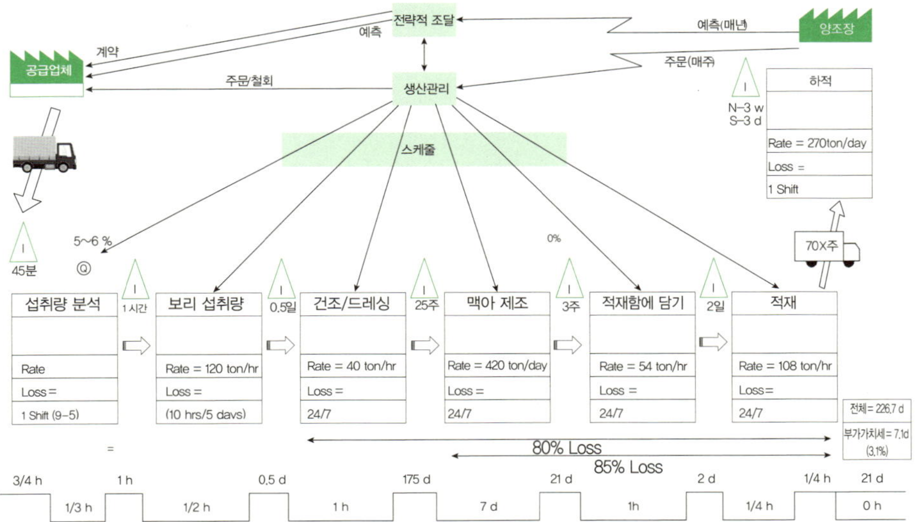

조달전략을 수행하는 중에는 목표 달성을 위해 비즈니스 프로세스를 변경해야 하는 상황이 종종 발생한다. 이때 프로세스 분석이 프로세스 변경의 중요성과 필요성을 강조하는 데 큰 도움이 된다. 중요한 점은 프로세스를 변경하는 과정에서, 성과를 저해하는 장애물을 식별하여 이를 전략의 재설계 및 개선활동으로 이어질 수 있도록 하는 것이다.

조달전략 개발

전략적 조달주기에서 상황 분석이 끝난 다음 과정은 전략 계획을 수립하는 것이다. 전략 계획은 조달조직의 비전과 목표를 달성할 수 있도록 안내하는 역할을 한다. 조달전략은 조달기능의 대내외적인 포부와 목표가 무엇이며, 이를 달성할 방법에 대한 내용으로서 이는 공유되어야 한다. 조달전략에는 조달기능의 주요 우선순위, 공급업체 및 다른 기능들과 협력하기 위한 접근방식, 조직에 기여하는 데 필요한 역량 그리고 이러한 기능을 운영하고 개발하는 데 필요한 관리 시스템 등이 명시되어 있다.

이와 더불어 이해관계자 모두의 참여와 전략의 올바른 이해를 위해서는 워크숍, 대화, 협상, 상호작용을 통해 협력적인 방식으로 조달전략을 개발하는 것이 중요하다. 이렇게 개발된 조달전략은 조직 전체에 공유될 것이며, 전략의 성공 가능성은 훨씬 높아질 것이다. 조달전략 개발은 일반적으로 다음 네 가지 주요 단계를 거친다.

1. 성과 달성의 핵심 요소 정의

첫 번째 단계에서는 조달이 목표를 달성하는 데 도움이 되는 성과의 핵심 요인을 파악한다. 여기에는 글로벌 소싱(global sourcing) 또는 공급자 관계관리(supplier relationship management)와 같은 조달 관련 요소뿐만 아니라 조직 및 인적요인들도 포함될 수 있다.

이와 관련하여 실시된 연구에서는 조달전략의 중요한 핵심 영역을 확인할 수 있다(Monczka & Petersen, 2011). [표 3-4]는 이 연구를 통해 도출된 핵심 영역과 전략적 조달주기 첫 단계부터 지금까지 분석한 내용을 연결하여 보여준다.

주의해야 할 점은 조달전략이 [표 3-4]가 보여주는 모든 요소를 포함할 필요는 없으며, 여기에 없는 또 다른 요소들도 많이 있을 수 있다는 것이다. 그리고 전략의 범위와 초점은 조직의 맥락과 성숙도 수준에 따라 다르므로, [표 3-4]는 논의의 출발점으로 삼아야 한다.

표 3-4 조달전략의 요소 및 근거 자료

구성요소	환경			공급망				프로세스						
	PESTLE	SWOT	5 forces	지출 분석	전략적 비용관리	공급자 분석	공급자 선호도	고객가치	시간	자원	품질	재고관리	위험	지속가능성
1. 조직의 구조	X	X		X					X	X				
2. 상품/분류 전략			X	X		X	X							
3. 공급업체 통합 및 협업			X	X		X	X		X	X	X	X	X	X
4. 원가관리				X	X									
5. 조달기술	X								X	X			X	
6. 인재 경영	X								X	X				
7. 글로벌 소싱 및 공급	X		X	X	X	X	X			X	X	X	X	X
8. 표준화 및 복잡도 개선					X					X				
9. 지속가능성	X	X												X

2. 각 성과 영역별 프로젝트 · 계획 확인

두 번째 단계에서는 앞서 확인된 성과 영역에서 실행할 수 있는 프로젝트나 계획을 개발하기 위한 아이디어를 도출한다. 이러한 아이디어는 일반적으로 조달팀의 핵심 구성원들이 전략적 목표 달성을 위해 참여하는 회의나 워크숍에서 브레인스토밍(brainstorming)을 통해 논의된다. 이 단계에서 도출된 아이디어는 주제별로 분류하고 중복된 아이디어는 제외된다. 이 단계의 산출물은 전략적 목표를 달성하는 데 도움이 되는 프로젝트 · 계획의 목록이다.

3. 프로젝트 · 계획 우선순위 결정

프로젝트 간의 우선순위를 정하기 위해서는 프로젝트별로 최종 성과에 미치는 영향을 평가해야 한다. 여기에는 예측이 어느 정도 포함되겠지만, 분석 단계에서 수집한 정보를 바탕으로 각 프로젝트의 결과를 비교적 명확히 상정할 수 있다.

이때 영향력 그리드([그림 3-6])는 우선순위를 결정하는 데 도움이 된다. 영향력 그리드는 구현의 난이도와 성과에 미치는 영향을 기준으로 프로젝트를 그래프에서 해당하는 위치에 표시한다. 그리드는 프로젝트를 세 가지 유형으로 분류하여 보여준다.

① **단기성과(quick wins)**: 여기에는 빠른 시일 안에 성과를 달성할 수 있는 프로젝트가 포함된다. 이는 일부 회의론자들을 설득할 수 있는 근거로 활용할 수 있으며, 프로젝트가 초반에 탄력을 받을 수 있도록 도와준다.

② **변화 프로젝트(change projects)**: 이러한 유형의 프로젝트는 괄목할만한 성과를 기대할 수는 있지만, 상당한 노력이 필요하다. 따라서 세심한 계획과 재원 배분이 필수다.

③ **주요 계획(major initiatives)**: 성과에 극적이고 지대한 영향을 미치는 장기 프로젝트가 여기에 해당한다. 이러한 유형의 프로젝트에는 조직 내의 많은 기능이 동참할 뿐만 아니라 외부 이해관계자도 참여한다.

그림 3-6 영향력 그리드

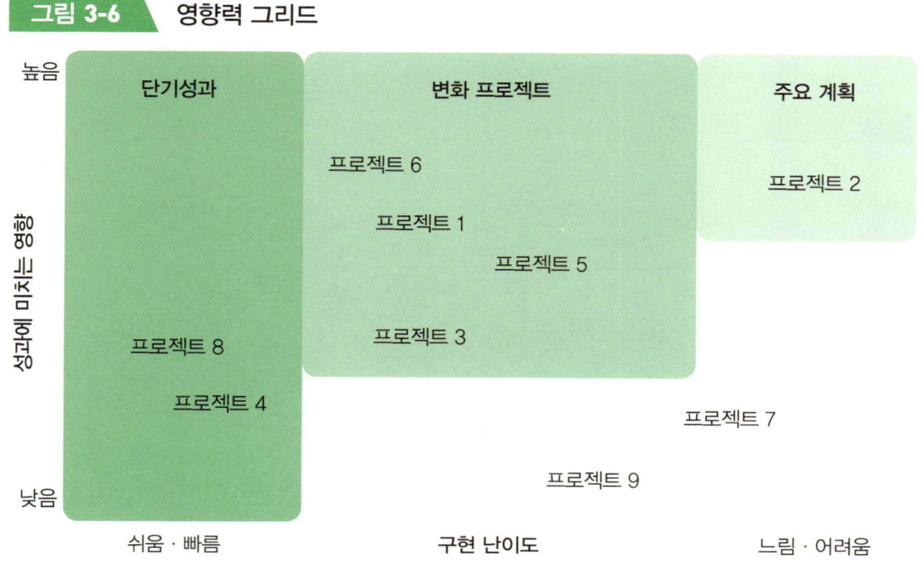

그래프의 오른쪽 하단 모서리에 위치하는 프로젝트는 상대적으로 어렵고 큰 성과를 거둘 가능성이 매우 낮은 프로젝트이다. 해당 프로젝트는 이 단계에서 포기하는 것이 현명하다.

4. 전략 수립

이 단계에서는 전략을 세울 수 있도록 각각의 프로젝트와 계획을 일관된 하나의 프로그램으로 통합한다. 전략적 목표를 수립하기 위해서는 프로젝트와 전략적 목표 간에 성과를 위한 연계가 이루어져야 한다. 이때 전략 맵(strategy map, Kaplan and Norton, 2004)이 유용하다.

전략 맵은 인과관계로 이어진 논리망에 따라 각각의 프로젝트 · 계획을 전략적 목표와 연결할 수 있다. 여기에는 재무, 고객, 내부 비즈니스 프로세스, 학습 및 성장 이렇게 네 가지 관점으로 구성된 균형성과표를 담고 있다. [그림 3-7]은 조달전략의 전략 맵을 요약한 것으로, 각각의 프로젝트를 전략 맵에 놓고 인과관계에 따라 화살표로 연결했다.

그림 3-7 전략 맵

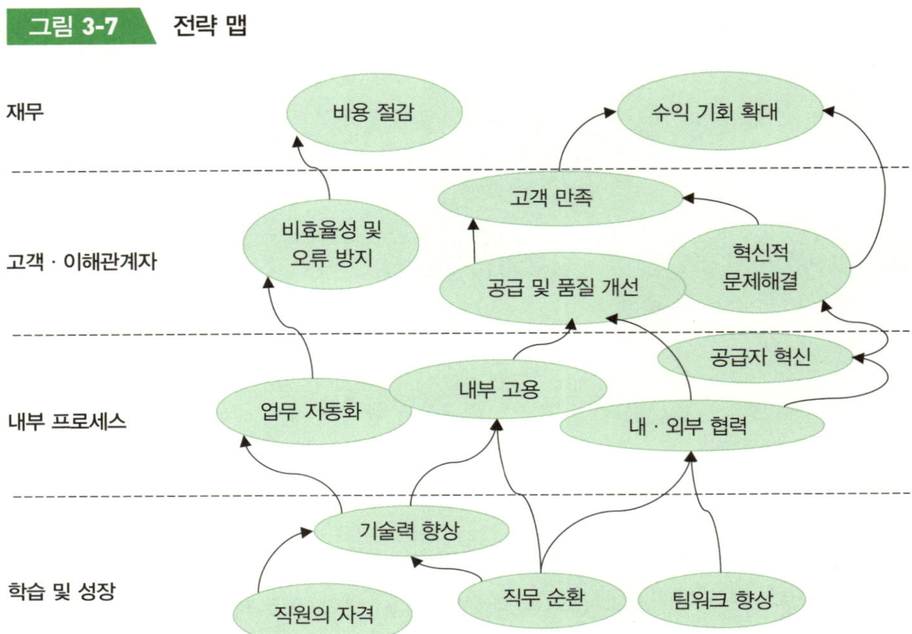

조달전략 구현

전략적 조달주기의 네 번째 단계에는 개발된 조달전략을 실행한다. 전략을 아무리 면밀히 구성했다 하더라도 이를 효과적으로 실행하지 못한다면 아무런 소용이 없다. 하지만 많은 조직이 전략을 만족스럽게 실행하는 것이 어렵다고 말한다(Neilson et al., 2008). 그 이유는 전략 구현이 복잡한 변화관리 프로세스와 유사한 특징을 보이기 때문이다.

그래서 많은 조달 전문가들이 전략을 실행할 때 익숙한 프로젝트 관리 도구를 사용한다. 대표적으로 업무분업구조(WBS: Work Breakdown Structures), 간트 차트(Gantt chart), PERT 차트, 주 경로 분석(critical path analysis) 등을 들 수 있다. 이러한 도구들은 프로젝트의 일정관리, 자원 배분, 운영관리 등에는 효과적일 수 있지만, 시간과 비용 등 프로젝트의 유형의 측정 가능한 요소에 치우치는 경향이 있다. 따라서 전략을 성공적으로 구현하기 위해서는 변화관리에서 무형의 요소를 다루면서 좀 더 유연하게 대처해야 한다.

조달 전문가는 전략을 실행하는 동안 변화에 걸림돌이 될 수 있는 잠재적인 장애물을 미리 파악하고, 이를 충분히 이해하고 있어야 한다. 이때 유용한 도구가 이해관계자 분석이다. 이해관계자란 조직의 운영에 영향을 주고받는 모든 개인과 조직을 일컫는다. 이해관계자의 요구사항을 인식하지 못하면, 전략 구현 시 장애가 발생하거나 일정이 지연되고, 심지어 이해관계자와의 관계가 악화될 수도 있다. 따라서 협력 및 위협 가능성이 있는 이해관계자에 관해서는 미리 파악하고 있어야 하며, 이를 관리대장 등으로 문서화하는 것이 중요하다(Savage et al., 1991).

이해관계자 분석 지도는 이해관계자별 전략의 이점과 위협을 차트로 보여준다. 여기에는 각 이해관계자의 책임, 현재 참여 수준 및 전략 구현에 필요한 노력 수준에 대한 정보가 들어있다. 이는 적절한 지원 수준을 확보하는 데 필요한 노력과 조치를 나타낸다. [표 3-5]는 이해관계자 분석 지도의 간단한 예이다.

일부 이해관계자는 조달 팀이 그들을 어떻게 인식하는지 이해하지 못할 수 있으므로 이해관계자 지도는 기밀문서로 취급해야 한다.

닐슨 외 연구진(Neilsonet al., 2008)은 조직이 전략 구현에 실패하는 이유를 평가하고, 경영진이 성공적으로 전략을 구현할 수 있는 네 가지 기본 구성요소를 제시했다.

① **의사결정권:** 의사결정에 대한 책임소재를 명확히 파악하고, 그 경계 또한 명확하게 전달해야 한다.

② **정보 흐름 설계:** 정보는 조직의 경계를 넘어 자유롭고 정확하게 유통되어야 하며, 사람들이 필요한 정보에 적시에 접근할 수 있어야 한다.

| 표 3-5 | 이해관계자 분석 지도(예시)

이해관계자	인식된 이점·위협	책무	노력 수준					활동
			반대	무관심	보통	기여	적극 지원	
최고조달 책임자 (CPO)	주요 프로젝트, 비용 절감	A					XO	후원 요청, 지속적인 정보 제공
글로벌 소싱 팀	주요 프로젝트, KPIs 달성	R					XO	커뮤니케이션, 팀워크, 성과 측정
생산 부서	공급 위험, 기존 공급업체에 미치는 영향	C	X→	→	→	→O		전환 및 비상시 계획 수립에 참여
재고관리 부서	재고 수준 향상, 납품 감소	C		X→	→O			예산 및 운영에 미치는 영향 파악, 성과를 냄
마케팅 부서	가용성 및 대응성 대비 위험	I	X→	→	→	→O		전환 및 비상시 계획 수립에 참여
신규 공급업체	신규 고객(주 고객 아님)	C				X→	→O	관계 개선 성장 기회 탐색
기존 공급업체	규모 감소, 비효율성	C	X→	→	→O			인센티브 탐색, 미래 기회에 참여
재무 담당자	운영비용 절감, 현금에 미치는 영향	C		X→	→	→O		ROI 시연 현금 유동성에 미치는 영향 완화

R = 실무자(Responsible), A = 의사 결정권자(Accountable)

C = 조언자(Consult), I = 공지 대상자(Inform)

X = 조달 팀이 인식하는 현재의 참여 수준

O = 목표 달성에 요구되는 참여 수준

→ = 필요한 변화의 크기

③ **동기요인:** 성과에 관한 명확한 목표와 척도를 확보하고, 기대치와 진행 상황을 명확하게 전달해야 한다. 개인과 부서는 그들이 달성한 성과에 상응하는 재정적 또는 비재정적 보상을 받아야 한다.

④ **구조:** 전략과 조직의 구조가 서로 부합해야 한다. 예를 들어, 전략을 영역별로 세분화했다면 구조에도 이를 반영해야 한다. 그리고 조직구조에 너무 많은 계층이 있으면 전략을 구현하는 데 방해가 될 수도 있다.

이해관계자 분석 지도는 이 네 가지 성공요인과 일치하지 않는 곳을 찾아 부각시키고, 이를 해결하는 방법을 정의하는 데 활용할 수 있다. 특히 의사결정을 위한 명확한 경계를 정의하고, 보고 라인(즉, 정보 흐름)을 설정하며, 모두를 참여시키기 위해 필요한 잠재적 동기를 식별하는 데 유용하다.

학습 및 개선

전략적 조달주기는 반복적인 프로세스로 비전, 미션, 목표가 주기의 중심축을 이룬다. 이 중심축을 바탕으로 각 단계들을 모두 거친 후에는 목표 달성 여부를 최종적으로 평가하며, 경험을 통해 얻은 교훈을 반영하고, 학습도 함께 진행한다. 이 마지막 단계에는 다음 세 가지 활동이 중요하다.

① 성과 측정 자료 수집 및 측정

② 성과평가

③ 학습의 내재화 및 확산

각 활동을 요약하면 다음과 같다.

1. 성과 측정 자료 수집 및 측정

전략적 목표와 관련된 각 핵심성과지표에 대한 정보를 수집해야 한다. 이때 1단계에서 소개한 균형성과표를 활용할 수 있다. 균형성과표의 각 지표에 따라 필요한 정보를 수집하고 이를 전략의 목표와 비교함으로써 차이점을 확인할 수 있다.

여기서 중요한 점은 균형성과표는 성과를 측정하고 관리하기 위한 하나의 접근방식이며, 이외에도 성과를 측정할 수 있는 모든 종류의 KPIs(핵심성과지표)를 사용할 수 있다.

2. 성과평가

성과를 평가하는 회의에는 보통 조달 팀의 주요 구성원과 전략 구현에 관여한 여러 이해관계자가 참여한다. 회의 참가자들은 각 전략의 목표 달성 정도를 깊이 있게 심사하고 토론한다. 만약 목표 달성에 성공한 경우에는 반드시 축하를 표해야 한다. 앞서 언급한 바와 같이 우수한 성과에 대한 보상은 성공적인 전략 실행의 핵심 요소 중 하나이다. 그러나 성공으로부터 교훈을 얻는 것은 어렵다. 왜냐하면 많은 경우 어떻게 성공했는지를 성찰할 기회를 놓치기 때문이다. 성공을 가능하게 한 요인을 이해하는 것은 성공에 도움이 되는 활동을 강화하는 데 꼭 필요하다.

반대로 실패에서는 배울 점이 반드시 있다. 대부분의 전략 구현이 그렇듯 모든 프로세스가 계획대로 되는 것은 아니다. 이때 문제가 된 장애물은 무엇이며, 왜 극복하지 못했는지 이해해야 한다. 이는 잘못을 지적하려는 것이 아니라, 추후 더 잘할 수 있는 부분을 찾기 위한 과정이다. 이 단계는 한 주기를 마무리하는 과정으로서, 전략의 수립과 실행 모두에 의문을 제기해볼 수 있다. 이를 통해 조달 팀과 조직 전체에 피드백을 제공할 수 있다.

3. 학습의 내재화 및 확산

마지막으로 조달은 학습한 내용을 조직에 내재화하고, 그 혜택을 받을 수 있는 사람들에게 전파해야 한다. 이때 조달이 해야 할 일은 조달 팀 외에 학습 내용의 혜택을 받을 수 있는 사람을 찾는 것이다. 조직 내 다른 기능은 물론이고 심지어 조직 외부의 제3자들도 혜택을 받을 수 있다. 이는 많은 변화를 가져올 것이다. 구체적으로는 프로세스, 보고 및 회의의 형식뿐만 아니라 이해관계자와의 사적인 대화에도 변화를 가져올지도 모른다.

일부 조직에는 전략 구현의 과정에서 학습 내용을 포착하기 위한 지식관리 프로세스와 소프트웨어가 있다. 이러한 도구들이 유용할 수도 있지만, 학습한 것을 주요 이해관계자들에게 전파하고, 학습한 것을 실행하는 것이 무엇보다 중요하다.

요약 및 결론

조달전략은 조직의 전략 및 전체 프로세스와 통일성을 이루어야 한다. 3장에서는 전략적이고 효과적인 조달전략 구현에 초점을 맞췄다. 이를 위해 관련 모델을 제시함으로써 조달전략을 수립, 구현, 평가하는 방법을 설명하였다.

또한 프로세스의 각 단계에서 조달 전문가에게 유용한 도구와 접근방법도 상세히 설명했다. [표 3-6]은 각 단계에서 사용할 수 있는 도구와 접근방법을 요약한 것이다. 이번 장에서 제시한 접근법과 도구는 전략주기의 각 단계별로 해야 할 활동을 설명하고, 조직이 본받을 만한 실례도 함께 제공한다. 하지만 제시한 도구와 접근방법이 유일한 해결책은 아니다. 대부분의 조직은 전략을 수립하고 실행하는 고유의 방식을 가지고 있을 것이다. 따라서 일반적인 사례는 각 조직의 맥락과 문화에 맞게 수정될 수 있고, 또 수정되어야만 한다.

표 3-6 조달전략 개발을 위한 도구 및 접근법

단계	도구 · 접근법
1. 조달을 위한 비전, 사명, 목표의 명확화	• 비전, 사명, 목표의 균형성과표
2. 상황분석	• 환경: PESTLE, SWOT • 공급망: 공급시장 분석, 5 Forces, 크랄직 지표, 공급자 세분화 풍차 • 프로세스 도구: 플로우차트, 가치 흐름도
3. 조달전략 개발	• 아이디어 생성 · 선정 도구: 브레인스토밍 및 영향력 그리드 • 전략 수립 도구: 전략 맵
4. 조달전략 구현	• 프로젝트 관리: WBS, 간트/PERT 차트 • 변화관리: 이해관계자 관리
5. 지속적인 개선	• 성과 측정: 균형성과표, KPIs • 학습: 보고 듣기, 보고하기, 전파하기

- 5-forces(five forces model, 산업구조분석모형) 다섯 가지 경쟁요인을 통해 특정 산업분야의 현황과 미래를 분석하는 기법으로, 기업의 경영전략을 수립하는 데 활용
- brainstorming(브레인스토밍) 일정한 주제에 관하여 회의 형식을 채택하고, 구성원의 자유발언을 통한 아이디어 제시를 요구하여 발상을 찾아내려는 방법
- BSC(Balanced Scorecard, 균형성과표) 과거 성과에 대한 재무적인 측정지표에 추가하여 미래 성과를 창출하는 동안에 대한 측정지표인 고객, 공급자, 종업원, 프로세스 및 혁신에 대한 지표를 통하여 미래가치를 창출하도록 관리하는 시스템
- CIPS(Chartered Institute of Procurement & Supply, 구매공급협회) 구매 및 공급 전문가를 위해 일하는 영국 기반의 글로벌 전문기관
- CPI(Consumers Price Index, 소비자물가지수) 전국 도시의 일반소비자 가구에서 소비 목적을 위해 구입한 각종 상품과 서비스에 대해 그 전반적인 물가수준 동향을 측정
- critical path analysis(주 경로 분석) 사업관리를 위하여 일정하게 관리 중인 네트워크상에 나타나는 주 경로에 초점을 두어 계획의 순서 및 효과를 평가하는 분석 기법
- flowcharts(플로우차트) 문제나 작업의 범위를 결정하고 분석하며, 그 해석 방법을 명확히 하기 위해서 필요한 작업과 처리의 순서를 통일된 기호와 도형을 사용하여 도식적으로 표시
- Gantt chart(간트 차트) 프로젝트의 주요 활동을 파악한 후, 각 활동의 일정을 시작하는 시점과 끝나는 시점을 연결한 막대 모양으로 표시하여 전체 일정을 한눈에 파악 가능
- ISM(Institute of Supply Management, 공급관리자협회) 미국 기업체의 구매담당자 교육과 정보교환을 위해 1915년에 창립된 비영리단체 전미구매관리자협회(NAPM)가 2002년 이름을 바꾼 단체
- KPIs(Key Performance Indicators, 핵심성과지표) 매출이나 이익처럼 기업의 과거 실적을 나타내는 지표가 아니라 미래 성과에 영향을 주는 여러 핵심 지표를 재무적 및 비재무적 영역을 모두 포함하여 매트릭스의 형태로 평가한 기준
- PDCA(Plan-Do-Check-Act) cycle 사업활동에서 생산 및 품질 등을 관리하는 방법으로 Plan(계획)-Do(실행)-Check(평가)-Act(개선)의 4단계를 반복하여 업무를 지속적으로 개선

- PERT charts(Program Evaluation and Review Technique, 퍼트 차트) 프로그램을 평가하고 검토하는 프로젝트 관리 기법으로, 프로젝트 진행 상황을 통계적인 방법으로 파악하고, 이를 통해 일정 계획 및 통제를 할 수 있도록 고안
- PESTLE analysis(Political, Economic, Social, Technological, Legal and Environmental, 거시환경 분석) 전략관리 구성요소 중 환경 파악에 사용되는 거시적 환경요소를 묘사하며, 기업에 영향을 줄 수 있는 요인을 정치, 경제, 사회, 기술, 법적 및 기타 환경요인으로 나누어서 영향을 분석하는 기법
- PMI®(Purchasing Manager's Index®, 구매관리자지수) 제조업 동향에 대한 설문을 실시해 산출하는 제조업 분야 경기지표
- PO(Purchase Order, 구매주문서) 기업에서 물품을 구매하고자 할 때 주문 내역을 기록하는 문서
- PPM(Parts per Million or Perfect Production Movement, 품질) 제품 100만 개 중 불량품을 10개 미만으로 줄이고, 장기적으로는 무결점의 제품을 만들겠다는 완벽품질운동
- primary data(1차 데이터) 연구를 위해 조사자가 직접 수집하거나 작성한 원형 그대로의 자료
- RPI/RPIX(Retail Prices Index, 소매물가지수) 영국 통계청이 매월 발행하는 물가상승률의 척도이며, 소매 상품과 서비스의 대표적인 샘플의 비용 변화를 측정
- second source(or data)(2차 데이터) 1차 자료를 활용하여 이를 수정하고 가공 처리한 자료
- SWOT analysis(Strength, Weakness, Opportunity and Threat, SWOT 분석) 기업의 환경분석을 통해 강점(strength)과 약점(weakness), 기회(opportunity)와 위협(threat) 요인을 규정하고 이를 토대로 마케팅 전략을 수립하는 기법
- value stream maps(가치 흐름도) 제품을 생산할 때 공급자로부터 고객에 이르기까지 자재와 정보의 흐름을 아이콘을 사용하여 시각적으로 표현
- WBS(Work Breakdown Structures, 업무분업구조) 프로젝트 목표를 달성하기 위해 프로젝트 구성요소들을 계층구조로 분류하여 프로젝트의 전체 범위를 정의하고, 프로젝트 작업을 관리하기 쉽도록 작게 세분화하는 작업

참 • 고 • 문 • 헌

Kaplan, R S and Norton, D (1992) The balanced scorecard: measures that drive performance, *Harvard Business Review*, 70 (1), pp 71–79

Kaplan, R S and Norton, D P (1996) *The Balanced Scorecard: Translating strategy into action*, 1st edn, Harvard Business Review Press, Boston, MA

Kaplan, R S and Norton, D P (2004) *Strategy Maps: Converting intangible assets into tangible outcomes*, Harvard Business School Press, Boston, MA

Kraljic, P (1983) Purchasing must become supply management, *Harvard Business Review*, 61 (5), pp 109–17

Meredith, J R and Mantel, S J (2012) *Project Management: A managerial approach*, Wiley, Hoboken, NJ

Monczka, R M and Petersen, K J (2011) *Supply Strategy Implementation: Current and future opportunities*, CAPS Research, Institute of Supply Management and W.P. Carey School of Business Administration at Arizona State University, AZ

National Aeronautics and Space Administration (NASA) (2013) *The Office of Procurement*. Available at: www.hq.nasa.gov/office/procurement/ [accessed 7 November 2017]

Neilson, G L, Martin, K L and Powers, E (2008) The secrets to successful strategy execution, *Harvard Business Review*, 86 (6), pp 60–70

Porter, M E (1979) How competitive forces shape strategy, *Harvard Business Review*, 57 (2), pp 137–45

Savage, G T, et al (1991) Strategies for assessing and managing organizational stakeholders, *Academy of Management Executive*, 5 (2), pp 61–75

PART 02

조달과 공급망

Leading Procurement Strategy

Chapter

04 공급자 관계관리

렘코 반 훅 박사(DR REMKO VAN HOEK)

공급자 관계관리(SRM: Supplier Relationship Management)는 전략적 조달(strategic procurement)의 핵심 하위 프로세스 중 하나이다. 이번 장에서는 조달이 공급자와의 관계에 초점을 맞추는 이유와 SRM의 기본 프레임을 살펴볼 것이다. 그리고 SRM 구축 시 당면 과제와 공급자와의 관계에서 조달이 어떤 기회를 포착할 수 있는지 논의하고자 한다.

4장의 구성은 다음과 같다. 첫 번째 절에서는 조달이 SRM에 중점을 두는 이유와 SRM 구축 프레임워크를 소개하고, 각 단계별로 상세히 설명할 것이다. 이와 함께 SRM 구축과정에서 해결해야 하는 주요 과제들도 다룰 것이다. 마지막으로, 공급자 관계 활용에 관한 주요 주제를 마지막 절에서 검토할 것이다.

왜 공급자 관계에 초점을 맞추는가?

전략적 조달 프로세스는 주문 프로세스 운영을 위해 공급업체와 벌이는 협상 및 계약 조건을 공급자와의 관계를 발전시키는 방향으로 이끄는 역할을 한다. 특히 SRM은 계약 체결부터 조달 프로세스가 완료될 때까지 진행되는 모든 작업과 관련이 있다. 분명한 것은 SRM이 조달전략의 '하늘에 있는 돈(money in the sky)'을 조달 프로세스 끝에 '테이블 위의 돈(money on the table)'과 실제 '주머니 속의 돈(money in the pocket)'으로 만들어주며, 이는 업무관계에서 이익 실현을 의미한다.

조달이 SRM에 참여하지 않을 경우, 다음과 같은 위험이 발생할 수 있다.

- 비즈니스 추진과정에서 조달이 단지 계약 협상에만 참여한다고 인식할 경우, 조달은 어떤 문제가 발생하거나 계약을 이행하는 과정에서 '실종(missing in action)'될 수밖에 없다.
- 계약 시 약속된 비용 절감(saving)은 '소실(leak away)'되고, 결코 '현금화(cashed)'하지 못한다.
- 우대 조건만 요구하고 실제 비즈니스에는 참여하지 않는 조달을 공급업체는 신뢰하기 어렵다.
- 조달의 범위를 협상으로 한정하고, 비즈니스에서 배제하며, 협업이 아닌 '거래'에 초점을 맞추도록 조달활동을 제한한다.

조달이 SRM에 참여할 경우, 이러한 위험요소를 피하는 것 외에도 여러 장점이 있다. 예를 들어, 각 이해 당사자는 지속적인 개선에 집중할 수 있고, 도전 과제와 전략을 공개적으로 공유할 수도 있다.

SRM 구축 방법: SAME 페이지 프레임워크

[그림 4-1]의 왼쪽을 보면 SRM에 대한 조달 임원 및 팀의 관심도가 증가하고 있음을 알 수 있으며(PIU: Procurement Intelligence Unit, 2011), 오른쪽은 네 단계로 된 SRM 구축 방법을 보여준다.

① 선정(Select): 관계 개발을 추진할 공급업체 선정

② 조정(Align): 조직 재편, 접점 및 관계 거버넌스

③ 측정(Measure): 성과표를 교환하여 성과 측정

④ 교환(Exchange): 개선 기회 및 노력 교환

이 네 가지 단계의 세부 내용은 다음과 같다.

선정(Select): 공급업체 세분화

SRM 구축의 핵심은 실현성이다. 사실 협업체계를 실제로 구축할 수 있는 공급업체는 매우 드물다. 대부분이 자원 집중력이나 협업 역량이 부족하기 때문이다. 뿐만 아니라 공급업체에 대한 수요는 물론이고 조달 측면에서 가용할 수 있는 자원에도 한계가 있다. 결과적으로 조직이 선호하거나 이미 계약한 공급업체를 SRM 파트너로 선정하게 된다.

공급업체를 세분화하는 방법에는 여러 가지가 있다. 그중에서 피터 크랄직(Peter Kraljic, 1983)의 세분화 방법이 널리 쓰이고 있다. 이 방법은 두 가지 주요 변수를 기준으로 공급업체를 분류한다.

- **구매의 전략적 중요성:** 제품유형별 부가가치, 총비용에서 지출 품목이 차지하는 비율, 수익성 및 성장에 미치는 지출 품목의 영향력
- **시장의 복잡성:** 가용성, 공급업체 수, 기술 변동성, 진입장벽, 물류의 복잡성

그림 4-1 SAME 페이지 프레임워크

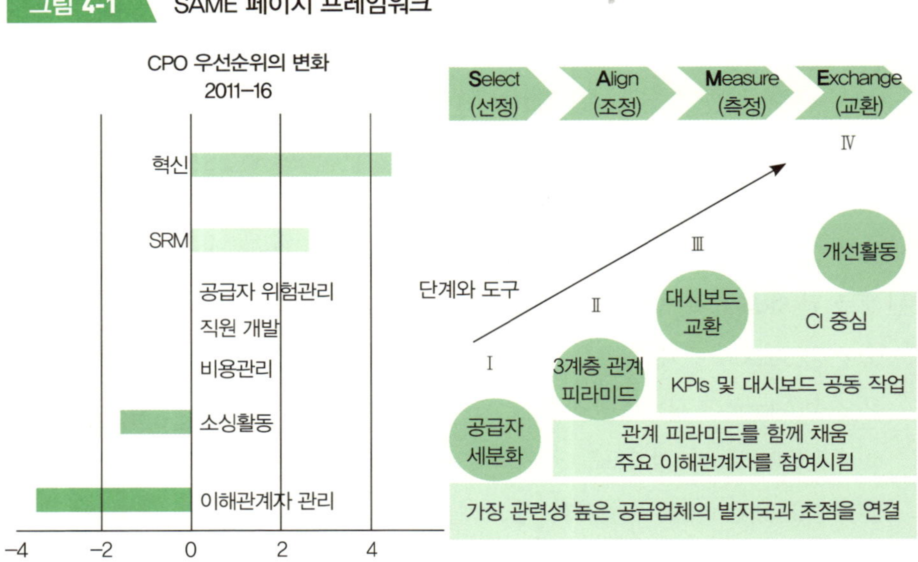

| 표 4-1 | 크랄직 지표(Kraljic's matrix)

구매의 전략적 중요성 \ 시장의 복잡성	낮음	높음
높음	2 **지렛대 품목** • 다양한 공급업체로부터 수입 • 제품비용의 큰 부분을 차지 **경쟁 입찰**	1 **전략적 품목** • 단일 공급업체로부터 수입 • 공급의 안정성이 낮은 제품 • 상당한 가치를 지님 **협력관계**
낮음	3 **상용 품목** • 보통 단가가 낮음 • 대체할 공급업체가 많음 **계약 시스템**	4 **병목 품목** • 금액 측면에서 제한된 가치를 나타냄 • 공급의 안정성이 매우 취약함 **공급의 연속성 확보**

출처: Kraljic(1983)

이 두 가지 변수는 일반적으로 크랄직 지표(Kraljic's matrix, [표 4-1])의 2×2 매트릭스를 구성하는 데 사용되며, 지표는 지출 품목을 전략, 병목, 지렛대, 상용 이렇게 네 가지 유형으로 분류한다.

크랄직 지표는 공급업체로부터의 재정적 영향과 공급의 위험도를 보여준다. 이는 공급업체가 얼마나 큰지(규모), 그들에게 돈을 얼마나 쓰는지(비용), 특정 공급업체에게 너무 의존하고 있는 것은 아닌지(의존도), 비즈니스 연속성 위험에 노출된 것은 아닌지? 등을 판단하는 데 도움이 된다. 좀 더 자세히 살펴보면, 전략 품목(1사분면)은 재무적인 면에서는 타당하지만 장기적으로 긴밀한 관계를 맺어야만 하는 위험을 안고 있다. 반면, 상용 품목(3사분면)은 크게 주의를 기울이거나 직접적인 개입이 필요치 않다. 즉, 수익과 위험성 둘 다 낮음을 알 수 있다. 지렛대 품목(2사분면)은 잘 정착된 협상관계이면서 시장에서의 경쟁력 강화를 위해 최소한으로 접근하는 곳이다. 여기에서는 재정적으로 상당한 영향을 받을 수는 있지만, 공급업체가 많아 업체 전환의 위험은 높지 않다. 마지막으로 병목 품목(4사분면)의 공급업체는 재정적인 영향을 적게 주는 반면, 공급에서 매우 중요한 위치를 차지한다. 이 영역에서는 수익성을 높이려 하기보다는 공급의 안정성을 확보하는 데 초점을 맞추는 것이 현명하다. 공급업체 세분화의 핵심은 자원과 노력을 주요 공급업체에게 최대한 집중하는 것이다. 이는 대부분의 고객 세분화가 그렇듯이 정해진 우선순위체계를 따른다.

그런 의미에서 [그림 4-2] 공급업체 세분화 풍차는 공급업체에게 유용한 고객 세분화 방법이다. 공급업체 세분화 풍차와 공급업체 세분화를 비교 · 대조하면 조달이 과연 어디에 위치하는지 알 수 있다. 예를 들어, 고객사와 공급업체(제일 오른쪽 상단)가 서로를 전략적으로 중요하게 생각한다면 이는 매우 훌륭한 조합이라 할 수 있으며, 둘의 관계를 장기적인 파트너십으로 발전시킬 좋은 기회가 된다. 하지만 고객사는 공급업체를 전략적으로 중요하게 여기는 반면, 공급업체는 둘의 관계를 축소하려 할 수 있다. 다시 말해 공급업체가 자원을 집중할 만큼 고객사에게 매력을 느끼지 못한다면, 조달은 이 공급업체와의 관계가 위험에 처

그림 4-2 공급업체 세분화 풍차(supplier segmentation windmill)

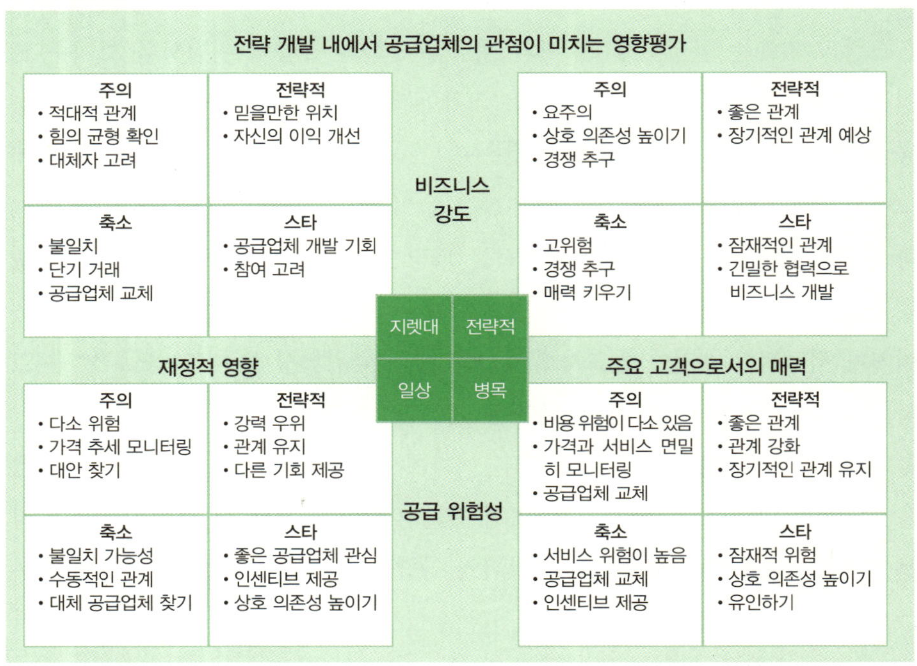

해 있다는 것을 알 수 있다. 후자의 경우 공급업체는 고객사의 경쟁자를 찾아내 시장으로 유인할지도 모른다. 반대로 왼쪽 상단의 경우, 고객사는 공급업체를 도약의 발판으로 여기고 이곳의 경쟁을 활성화하고자 하는 반면, 공급업체는 고객사를 전략적으로 중요한 고객으로 생각한다. 이때 공급업체는 고객사를 외면하지 못하고 경쟁이 치열한 환경에서 매우 열심히 일할 것이기 때문에 조달은 우위를 점할 수 있다.

조정(Align): 관계 피라미드

전략적으로 잘 갖추어진 공급업체는 그들의 고객과 많은 접점을 이루고 있다. 여러 비즈니스를 동시에 추진하면서 다층적인 관계를 맺는 것이다. 이처럼 복잡한 관계를 효율적으로 관리하는 데에는 각 접점들을 최대한 활용하고, 업무와 관련된 구조, 후원, 소유권 등을 서로 적절히 제공하는 것이 관건이다. 일반적으로 관계의 양 당사자들은 접점의 운영과 관계 및 후원의 수준을 정확히 명시한다. 이러한 운영상의 상호작용을 바탕으로 통상적, 일상적으로 진행되는 비즈니스 수행과정을 원활하게 만든다. 각 관계의 단계별 상호작용은 비즈니스의 기간에 따라 다를 수 있으며, 서로 간의 관계와 거래처 관리체계도 여기에 영향을 미친다. 그리고 최상위 수준의 단계는 관계를 후원하고 감독하는 고위 관리자들의 잦은 관여를 줄이는 효과도 기대할 수 있다.

측정(Measure): 공급자 대시보드

공급자 대시보드는 공급업체의 성과를 측정하고 추적하는 도구이다. 사용자는 자신의 관점으로 비즈니스를 관측하고 공급업체의 조달계약 이행률을 파악할 수 있다. 이처럼 공급자 대시보드는 비즈니스의 진행과 성과를 측정하는 지표가 되며, 개선의 기회를 논의하는 토대가 된다.

경험 법칙(rule of thumb)에 비추어봤을 때, 좋은 대시보드는 다음과 같다.

- 대시보드를 너무 크게 만들거나 측정지표를 복잡하게 구성하지 않아야 한다. 그러지 않으면 공급업체에게 부담이 될 뿐만 아니라, 대시보드의 목적에 맞지도 않는다.
- 대시보드의 가장 중요한 역할은 논의의 토대를 제공하는 것이다.
- 대시보드는 양쪽의 관계를 사실 그대로 반영해야 한다.
- KPIs가 개선 영역과 관계에서의 우선순위 그리고 시간이 지나도 일관성을 유지하는 데 중점을 두도록 한다.
- 공급업체 선정기준 및 조달전략을 KPIs에 반영하여, 조달 프로세스 간의 불일치를 방지한다(예 평가기준과 다른 기준을 선택).

대시보드는 개선의 기회 외에도 다음과 같은 용도로 활용할 수 있다.

- 진행 상황과 관계의 성과를 보여준다.
- 비즈니스 리더와 이해관계자를 관계에 참여시킬 때 미세한 차이를 둔다(최근의 상호작용에 의해 편향되지 않음).
- 향후 관계에 대한 로드맵을 만든다.
- 진행 상황 및 상대적 성과에 따라 비즈니스의 비중을 달리 편성한다.
- 조달 전략의 업데이트 및 수정사항을 알린다.

교환(Exchange): 개선 계획

SRM에서 공동 투자와 혁신을 위한 노력은 성과 달성의 상징이다. 이때 두 조직은 서로 실제로 연결되고 관계도 깊어진다. 개선활동이 운영에 집중할 수 있는 시기는 관계가 형성되는 초반이다. 이후에는 관계의 수준에 맞춰 새로운 협업과 투자를 하는 단계로 넘어가게 되고, 마지막 단계인 관계 피라미드의 최상위 수준에서는 후원이 이루어진다.

SRM 구축의 도전 과제

SRM 구축에는 몇 가지 중요한 도전 과제가 있다. 이는 많은 조달 담당 임원들이 왜 SRM 구축 계획을 세우고 지금보다 더 적극적으로 추진하고 싶어 하는지 그 이유를 이해하는 데 도움을 준다. 도전 과제는 다음과 같다.

- 실적 면에서 SRM보다 시간과 자원을 더 집중해서 투자할 만한 사례를 찾기가 어렵다.
- SRM에 비즈니스를 참여시키는 것은 중요한 일이지만, 지속가능한 방식으로 구조화하기 어려울 수 있다.
- 조달 담당자가 SRM을 잘 실행하기 위해서는 기존의 조달이나 전략적 조달과는 또 다른 기술력을 갖춰야 한다.

사례 개발

많은 조달조직들이 (조달 리더, 팀 개발, 기술에 대한) 투자와 전략적 조달의 재정적 성과를 근거로 들며 조직이 조달에 참여해야 한다고 주장한다. 간단히 말하면, 조달은 비즈니스를 통합하고 충분한 역량을 갖춘 인력을 확보함으로써 비용을 절감할 수 있다는 것이다. 즉, 자체적으로 자금력을 늘릴 수 있는 것이다. 조달은 더 나은 내용의 조항과 경제적 조건을 확보한 계약을 이끌어내는 반면, SRM은 계약기간 동안 약속된 수익을 가져오게 한다. SRM 구축에는 시간이 더 소요되고 지속적인 노력이 필요한 것이 사실이다. 또한 업무를 추진하는 데 소요되는 자원을 확보하는 데도 어려움을 겪을 수 있다. 조달이 이미 비즈니스 사례를 통해 예측 가능한 이점을 제시해 자원 확보를 위한 설득을 끝낸 상태이기 때문이다. 하지만 SRM 없이는 이러한 이익을 결코 현금화할 수 없다. 마찬가지로 관계 관리자를 보유함으로써 얻을 수 있는 경제적 이점을 협상된 비용 절감처럼 금전적으로 환산해 보여주는 것도 한계가 있다. 반면 조직은 전략적 조달의 실적에 힘입어 조달로부터 높은 ROI를 기대할 수 있다. 무엇보다도 비즈니스 리더와 동료들은 기존의 공급업체와 다방면으로 연결될 것이고, 이러한 관계 속에 동참하기 위해 조달의 요구사항을 수용할 것이다.

다음은 조달 리더의 주장을 뒷받침하는 SRM 구축의 장점이다.

- SRM은 계약이 체결된 후 약속된 이점을 상실하는 것을 방지할 수 있다(예 계약을 통해 확인).
- 주요 공급업체가 안고 있는 위험과 상호 의존관계는 SRM에 자원을 투입하고 지속적으로 노력을 기울여야 함을 시사한다.
- 공급업체의 자원에 접근할 수 있는 특혜와 혁신 등과 같이 계약에는 담을 수 없는 장점이 많다.
- 공급업체가 선택한 고객으로서 신뢰를 높일 수 있다.

비즈니스의 지원 및 참여 확보

전략적 조달에서와 마찬가지로 비즈니스의 참여는 SRM의 중요한 성공 요건이다. 왜냐하면 관계 피라미드나 거버넌스 피라미드를 비즈니스 관계로 채우는 것은 운영과 사용자 그리고 예산 담당자 간의 긴밀한 연결을 가능하게 해주는 매우 중요한 사안이기 때문이다. 이는 결과적으로 SRM을 통한 소통을 실현시켜줄 뿐만 아니라 업무에서 결과를 내는 시간을 줄여준다. 하지만 비즈니스 부문이 SRM에 동참할 것을 요청받았을 때, 비즈니스 리더들은 종종 이를 거부한다. 그 이유는 비즈니스 부문은 이미 공급업체와의 대화 채널이 열려있으며, 어떤 문제가 발생할 경우 언제든지 공급업체를 불러 해결할 수 있다고 믿고 있기 때문이다.

물론 이는 사실이지만, 조달은 여기에 다음과 같은 사항을 추가할 수 있다.

- 일관된 프로세스와 일정을 제공하고 거버넌스 구조와 대시보드를 활용해 가끔은 비공식적이고 개선 조치와는 상관없는 대화를 이어감으로써 소통에 일관성과 리듬감을 제공한다.

- 비즈니스 리더는 때로는 공급업체에게 부정적인 메시지를 전달하는 것을 피하고 싶어 한다. 이러한 경우 관계관리를 통해 역할과 책임을 명확히 할 수 있고, '관계의 안정성'을 유지할 수 있다.
- 비즈니스 리더들의 개별적이고 지엽적인 관점에서 벗어나 조직의 관점에서 폭넓게 관계를 조망할 수 있다.

MINI-CASE | EMC, SRM의 작은 시작

EMC는 미국에 본사를 둔 기술기업이다. 처음 조달 팀이 SRM을 구축하자고 제안했을 때에는 적잖은 저항에 부딪쳤다. 비즈니스 리더들은 이미 공급업체와 관계를 맺고 있었으며, 조달이 여기에 무엇을 더할 수 있는지 의문을 제기한 것이다. 조달 팀 내에서도 바이어들은 구매 업무에 매달리는 것만도 벅차다며 반발했다.

하지만 일부 핵심 IT 프로젝트의 입장은 달랐다. 이들은 플랫폼 출범에 열정을 보였다. 왜냐하면 이들과 공급업체와의 관계는 매우 복잡했고, 특정 공급업체에 대한 의존도가 지나치게 높은 것 또한 너무나 부담스러웠기 때문이다. 조달은 일단 소규모 관리 부서를 신설해 관계관리를 지원하자고 제안했다. 이는 결과적으로 승자가 누구인지 확인시켜 주었다. 이 작은 부서는 지렛대 역할을 했다. 관계 개선이라는 무겁고 부담스러운 일을 전담함으로써, 비즈니스에 정확성과 일관성을 가져다주었다. 또한 반드시 해야 하지만 전하기 껄끄러운 메시지를 비즈니스 관계에 영향을 주지 않는 선에서 전달하는 역할을 맡았다. 이러한 일련의 성과를 바탕으로 비즈니스 부문은 SRM의 필요성을 깨닫게 되었다.

관계관리 부서는 운영상의 많은 문제를 신속히 해결했고, 자신들의 선에서 연결성을 강화했다. 또한 공급업체의 계약 이행률과 관계의 신뢰도도 향상되었다. 부서 운영 1년 후, 조달 리더는 더 많은 지출 영역으로 관계 관리 부서의 영향력을 확대하자고 제안하기가 용이해졌다.

행동 변화와 기술력

관계관리는 조건을 협상하는 것과는 다르다. 지극히 당연한 얘기지만, SRM을 효과적으로 구축하는 능력은 조달 부서가 관련 역량을 확보할 수 있느냐에 달려 있다. 하지만 그동안 조달 관리자는 이에 대해 보수적인 태도를 취해왔다. 그들의 일은 공급업체와 더 나은 거래를 하는 것이다. 하지만 만일 공급업체가 혁신, 품질, 지속가능성을 가로막는 관문이라면 어떻겠는가? 구식의 조달 관행이 공급업체의 지혜를 이용하는 것을 방해하고 있다면 어떻게 되겠는가?

SRM을 위한 세 가지 핵심 사항은 다음과 같다.

① 공급업체와의 거래에만 업스트림을 집중하기보다는 고객시장 기회를 중심으로 공급업체의 참여를 확대하고, 새로운 수익과 시장의 차별화를 위해 공급업체의 기여도를 '무대 전면'에서 관리해야 한다.

② 협상 프로세스 내에 기존의 지출을 줄이는 과속방지턱(speed bump)을 만드는 대신, 공급업체의 도움이 필요한 곳과 새로운 비즈니스가 있는 곳을 파악하여 SRM 사용자가 조직에 쉽게 접근할 수 있도록 허용한다.

③ 단지 가격에만 집중하는 지엽적인 접근법보다는, 성공의 정의를 넓혀 다양한 가치요소를 담을 수 있도록 하고, 이를 적극적으로 알려야 한다.

아래의 네 가지 예는 이러한 변화를 그려보는 데 도움이 된다.

① 다국적 통신기업인 보더폰(Vodafone)은 소비자를 대상으로 한 마케팅에서 공급업체와의 관계를 전면에 내세운다. 이 기업은 고객의 목소리를 바탕으로 공급자 관계와 이들의 참여에 가치를 부여했다. 대표적인 예로 새로운 시장을 개척하는 데 기여한 공급업체에게 매년 상을 수여했다. 그리고 최근 광고에서는 기술력을 갖춘 공급업체를 부각시켰다. 휴대폰을 교체하러 매장을 찾은 고객에게 보더폰으로 바꿔야 하는 이유로 이 업체의 휴대폰 간 정보전송 서비스 기능을 홍보했다. 조달의 중심을 공급망의 뒤편에서 '무대 전면'으로 옮긴 것이다.

② P&G는 바이어 활동의 개방성을 보여주는 좋은 예이다. 최근에는 공급업체의 도움이 필요한 곳을 명확히 알아내기 위해 조달지속가능성지표(procurement sustainability scorecard)를 개발해 바이어들이 활용할 수

있도록 했다. 그 결과 P&G는 조달의 목적과 현황 그리고 발전 방향을 확실히 인식할 수 있게 되었다. 이제 P&G는 협상에서 우위를 점하려고 군불이나 때는 낡은 전술과는 작별을 고했다.

③ 유니레버(Unilever)는 혁신을 논의하는 회담 자리에 공급업체를 초청한다. 이 행사에서 조달은 공급업체가 자사의 비즈니스 리더와 R&D 리더에게 혁신을 독려할 기회를 포착할 수 있도록 해준다. 또한 많은 유니레버 임원이 행사에 참여하도록 홍보하고, 임원과 공급업체와의 만남을 주선해 프로젝트 후원을 성사시킨다.

④ 마이크로소프트(Microsoft)의 조달 리더십은 성공의 정의를 90도로 완전히 틀었다. 이제 그들은 성과표(scorecard)를 통해 비용 절감뿐만 아니라 각 비즈니스의 목표, 수익 확대, 혁신, 브랜드 가치 등도 함께 추적할 수 있게 되었다. 그리고 조달 팀은 내부 고객시장에서 조달의 위치를 다시 포지셔닝(positioning)하길 원한다. 그 일환으로 이해관계자에게 '바뀐 성공의 정의를 전달'하도록 팀원들을 교육하고 있다. 또한 성과 측정의 범위를 넓혀, 조달이 내부 고객을 다양하게 세분화할 수 있도록 성공의 정의를 수정할 수 있는 권한도 부여했다. 그 과정에서 조달은 훨씬 강화된 지위를 갖게 되었다.

위의 예들을 바탕으로, 우리는 SRM의 효과를 확인할 수 있다. 먼저 SRM은 낡은 구매방식을 지양하게 해준다. 거래 중심의 업스트림을 줄이고 비즈니스의 투명성을 높이며, 가격 협상을 이유로 쓸데없이 과속방지턱을 추가하는 일을 예방한다. 대신에 SRM은 고객가치에 초점을 맞추고, 업스트림을 뒤뜰에서 앞마당으로 옮겨온다. 또한 도움이 필요한 곳을 밝혀주고, 포커를 하기보다는 투명하게 패를 보여주는 쪽을 택한다.

마즈(Mars)의 사례(MINI-CASE 참조)가 보여주듯이 변화의 핵심은 공급업체의 목소리를 듣는 것이다. 이를 시작으로 그들의 피드백을 분석하고, 일련의 과정을 일관성 있게 지속해야 한다. 이는 단지 협상에서의 우위를 점하는 것이 목표가 아니다. 최상의 결과를 끌어내기 위함이다. 변화는 대대적인 전환이 될 것이다. 기존에는 조달의 틀 안에서 공급업체에게 자격을 부여하는 데 필요한 사항을 통보하고, 그들과 협상하는 데 중점을 두었다. 하지만 이제는 전통적인 전략적 조달 방식을 확실히 탈피할 수 있을 것이다.

MINI-CASE | 마즈 유럽(Mars Europe) 공급업체의 목소리를 듣다

고객의 목소리는 마케팅이나 영업 부서에서 자주 실시하는 훈련이다. 이 훈련의 목적은 공급업체의 입장에 서봄으로써, 어디에서 그리고 어떻게 하면 공급업체와 협력을 더 잘할 수 있을지를 배우기 위함이다. 결과적으로 조달부서는 공급업체가 자신들보다 더 잘 알고 있는 경우가 꽤 많다는 것을 깨닫게 된다. 그리고 공급업체가 비즈니스 전반에 걸쳐 들을 수 있는 많은 것들을 조달부서도 배우게 된다. 이와 관련하여 참고할만한 사례로는 마즈 유럽(Mars Europe)의 훈련법을 들 수 있다. 마즈 유럽은 공급업체의 목소리를 분석하고 추적하는 데 탁월하다. 그들은 경청하고 학습하고, 열린 자세로 공급업체를 대한다. 이는 서로가 돈독한 관계를 맺는 토대가 된다.

마즈 유럽의 철학은 [그림 4-3]에 잘 나타나 있다. 그들의 철학은 다섯 가지를 목표로 한다. 첫째, 연결을 지속적으로 유지한다. 둘째, 상호 호혜관계(자신의 이익만 추구하는 일방적인 관계가 아닌)를 구축한다. 셋째, 진정성을 갖고 비즈니스 거래에 임한다. 넷째, 논의는 정기적이고 개방적으로 진행하며 명확한 결론을 내린다. 마지막으로 조직 간의 프로세스를 간소화한다. 마즈 유럽은 이 다섯 가지 목표에 중점을 둠으로써 공급업체의 참여를 이끌어낸다. 그리고 간단한(의도적으로 간단하게 만든) 설문조사를 실시해 다섯 가지 목표가 잘 이루어지고 있는지 평가한다. 설문지는 각 목표에 맞게 설계한 열 개의 질문으로 구성되어 있다.

그림 4-3 마즈 유럽(Mars Europe)의 철학

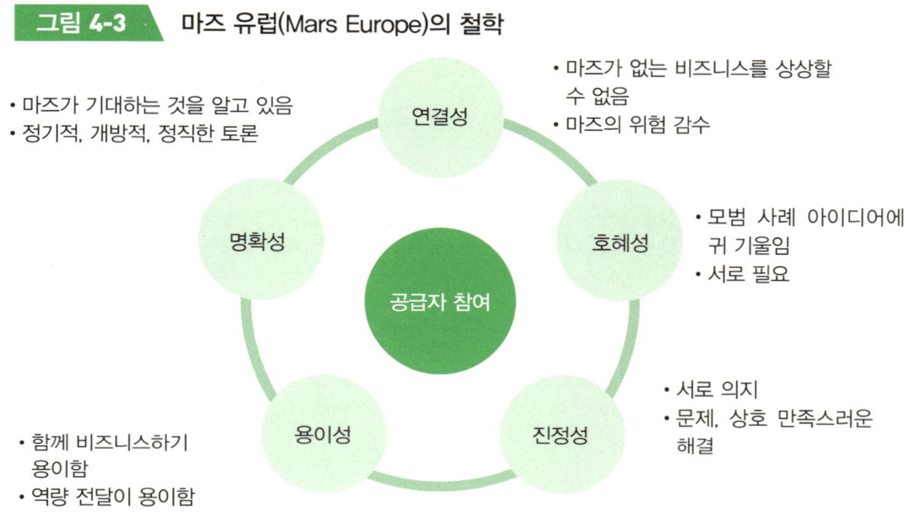

명확성	Q01	• 우리 회사는 마즈가 우리에게 무엇을 기대하는지 알고 있다.
	Q02	• 우리 회사는 마즈의 요구와 기대에 대해 정기적, 개방적으로 정직한 토론을 한다.
용이성	Q03	• 마즈와의 거래는 항상 쉽다.
	Q04	• 마즈의 프로세스와 절차를 통해 우리 회사의 역량을 쉽게 제공할 수 있다.
진정성	Q05	• 우리 회사와 마즈는 우리가 하기로 한 것에 대해 항상 서로 의지할 수 있다.
	Q06	• 문제가 발생하면 마즈는 우리 회사와 협력하여 양쪽 모두에게 공정한 방식으로 해결한다.
호혜성	Q07	• 우리의 모범 사례나 새로운 진전을 마즈와 공유할 때 마즈는 우리의 아이디어에 귀 기울인다.
	Q08	• 우리는 성공하기 위해 서로를 필요로 한다.
연결성	Q09	• 마즈가 없는 우리의 비즈니스는 상상할 수 없다.
	Q10	• 마즈는 비즈니스의 성공을 위해 위험을 감수한다.

대화 촉발

"핵심성과지표뿐만 아니라 서로 공통적으로 공유하는 것에 대해 논의하는 것이 좋다."
– 원자재 바이어, 식품 사업부

책을 열어둠

"마지막 입찰을 놓친 공급업체와 계속 연락할 수 있다. 그들은 새로운 공급업체가 납품을 할 수 없을 때 우리를 도왔고, 심지어 우리의 제안에 맞춰 가격을 낮춰주었다."
– 조달 운영 관리자, 펫케어 사업부

벤치마킹 허용

"SE10 지표를 사용하여 새로운 예측 정확도 프로젝트의 영향을 추적함으로써 문제를 식별하는 데 사용된 것과 동일한 척도를 기반으로 성공을 측정할 수 있다."
– 조달 코디네이터, 음료 사업부

인식 제고

"이 도구는 기업 내에서 더 힘 있는 목소리를 낼 수 있도록 한다."
– 전략적 조달 관리자, 펫케어 사업부

마즈는 갤럽 공급자 참여 프레임워크(Gallup Supplier Engagement framework)를 사용했다. 갤럽 프레임워크는 비즈니스 단위에서 품목별로 데이터를 관리하고 결과를 중립적으로 처리한다. 그리고 보고서는 '히트 맵(heatmap)'으로 작성된다. '히트 맵'은 목표별, 지출 영역별, 지역별, 조달 팀별로 점수를 비교할 수 있어, 개선의 기회를 포착함으로써 매우 개별적이면서 집약적으로 만들 수 있다.

결과가 좋든 나쁘든, 공급업체는 마즈 유럽의 진정성을 볼 수 있다. 또한 더 나은 방향으로 나아가기 위해 개선하고 협력할 방안을 양쪽이 함께 논의하도록 이끌어준다. 마즈 유럽이 이러한 노력을 일관되게 이어가자 효과가 나타나기 시작했다. 공급업체와의 소통이 향상되고 관계도 다양해지기 시작했다.

변화관리

지금 SRM에 대해 계속 이야기하고 있다. 하지만 향후 조달의 성공에 정말 중요한 열쇠가 되는 것이 하나 있다. 그것은 바로 지금까지 살펴본 SRM 구축의 각 단계와 당면 과제들을 신중하게 고민하고 해결하는 것이다. 여기에는 변화에 관한 이슈가 포함되어 있다. 모든 SRM 구축은 변화를 동반하기 때문이다. 이러한 변화를 고려하여 계획하고 설계할 때 도움이 되는 프로그램이 몇 가지 있다. 그 중 하나를 [그림 4-4]를 통해 소개하고자 한다.

그림 4-4 SRM 구축을 위한 변화 프로그램의 설계

		개시	준비	시범 운영	추진	
변화 도입	비즈니스 중심	비즈니스 성과에 SRM 명시	거버넌스 피라미드 설계	10~15개 공급업체	시범 운영을 확대하는 경우	"이것은 조달 계획이 아니다"
	지표	가치 동인 및 CEO의 목표 고려	KPIs 메뉴 개발	균형성과표 교환 시작	고도의 평가 도입, 혁신	"높은 기준을 세우고 성공을 재정의하다"
	도구	벤치마킹 활용, 성숙도 평가	SRM 도구 및 템플릿 개발	도구 테스트 및 공동 개선	부분적인 시스템화 고려	"기본 도구모음으로는 충분하지 않다"
	사람	새로운 범위의 팀 참여	역량 재정의 및 인재 맵 다시 실행	알림체계를 만들고 팀 집중력을 높임	새로운 팀 구성, 새로운 인재 양성	"관계는 조달과 다르다"
	공급업체	몇 가지 상황을 테스트	최고의 공급업체에서 선택하고 예약	초기 공동 비즈니스의 검토 및 계획	선택한 고객의 상태	"테이블을 자신에게 돌려라"
변화 추진	변화관리	프로그램 차트 작성	새로운 인프라 설치	초반 승리, 반복 학습	변경사항 유지를 위한 연결	"하룻밤에 바뀌지는 않지만 미래는 밝다"
	프로그램 도입	팀 조직하기	조달을 위한 새로운 도구 모음	실무 테스트를 거친 도구, 확장된 비즈니스 사례	프로그램에서 새로운 모범 사례를 표준으로 정립	"시작은 미미하지만 결과는 창대할 것이다"

[그림 4-4]의 상단에 있는 다섯 개의 가로 막대는 SRM 구축 시 변화가 필요한 영역들을 나타낸다.

- 성공을 이끌고 충분한 가치를 부여하는 비즈니스 중심의 영역
- 수정된 평가지표로 지원하는 영역
- 도구를 활용함으로써 활성화하는 영역
- 조달 팀원의 변화를 이끌어내 업무방식을 바꾸는 영역
- 공급업체의 다양한 참여에 중점을 두는 영역

위의 제안들은 변화관리의 관점에서, 하단에 있는 두 개의 가로 막대에 제공된다. 그리고 각 가로 막대의 오른쪽 끝에는 문구들이 적혀있다. 이 문구들은 이해관계자가 SRM 프로그램을 어떻게 받아들여야 하는지 알려줌으로써, 변경사항들을 각 영역에 잘 적용할 수 있도록 이해를 돕는다. 이는 리트머스 실험과 같은 효과가 있다. "우리는 이 프로그램에 대해 올바르게 생각하고 이야기 나누고 있는가?"

세로 막대는 SRM 프로그램을 개발하고 도입하는 과정을 4단계로 나누어 보여준다. 첫 번째는 프로그램의 개발을 시작하는 단계로서 이를 개시(pitching) 단계라고 한다. 개시 단계에서는 조달 인력이 투입되고, 비즈니스의 성과 달성을 위한 SRM의 역할을 명시한다. 그리고 공급업체를 점검함으로써, 공급업체의 프로그램 수용력과 사용능력을 파악한다. 두 번째, 준비(preparation) 단계에서는 프로그램에 기본적으로 설치될 도구들을 개발하거나 완성(round)한다. 이때 개발되는 도구들을 도구모음(toolkit)이라고 한다. 도구모음에는 비즈니스 및 각종 성과표를 포함해, 거버넌스 피라미드를 설계할 수 있는 도구도 함께 들어있다. 그리고 개발자는 프로그램에 있는 역할 프로파일 기능을 사용해 업무방식을 변경할 수 있고, 프로그램을 최종적으로 시범 운영할 공급업체를 선정할 수 있다. 세 번째는 시범 운영(pilot) 단계이다. 시범 운영 단계에서는 말 그대로 프로그램이 실무에서 잘 작동하는지를 테스트한다. 테스트에는 보통 10~15개의 공급업

체가 참여하며, 프로그램 도구들을 업무에 실제로 적용해본다. 이는 프로그램 운영의 조기 성공 여부를 판단할 수 있게 해주며, 프로그램을 사용하기 전에 개선해야 할 곳을 찾는 데도 활용된다. 지금까지의 과정이 마무리되면, 마지막 추진(propel) 단계에서는 프로그램을 공급업체에게 배포하기 시작한다. 미리 선정해 둔 공급업체를 대상으로 하며 프로그램을 도입하는 공급업체의 수를 점진적으로 늘려간다.

SRM 구축의 장벽들: 우리는 지금 어디에 있는가?

2013년 말 크랜필드경영대학원(Cranfield School of Management)과 PwC가 실시한 설문조사는 기업의 발전을 가로막는 장벽들을 정량화하여 수치로 명확하게 보여준다. 조사는 런던(영국), 크랜필드(영국), 암스테르담(네덜란드), 덴버(미국)에 있는 4개의 작업장에서 진행되었으며, 조달 담당 임원의 참여 속에 총 66명이 데이터를 제공했다. 조사 결과([그림 4-5])는 응답자가 매긴 잠재적 장벽의 평균 점수를 보여준다. 응답자는 잠재적 장벽(세로로 나열된 항목)별로 점수를 -3(전혀 문제없음)점에서 +3(주요 장벽)점까지 부여했다. [그림 4-5]는 각 항목을 평균 점수가 높은 순서대로 보여준다.

[그림 4-5]는 기본 사항뿐만 아니라 SRM을 구축하기 전에 미리 수행해야 할 중요한 사안이 있음을 시사한다. 가장 높은 점수를 받은 항목인 팀 역량 부족은 "우리는 이 작업을 수행할 시간이 없다"라고 말하고 있다. 이는 다소 방어적이고 전략적인 자세를 취하는 것이다. 이는 오해에서 비롯된 것이다. SRM은 해야 할 일을 추가하는 것이 아니라 다른 방법으로 일하는 것이다. 경우에 따라서는 조달 부서가 정말 계속 바쁘거나 아직 SRM을 도입할 준비가 되어 있지 않았을 수도 있다(2장에서 논의한 조달 하위 프로세스와 조달 성숙도를 보면 전략적 조달에서 SRM이 얼마나 중요한지 떠올릴 수 있을 것이다).

두 번째 항목은 조달이 여전히 비용 절감에 기여하지만 비즈니스 프로세스와의 통합에서는 미흡함을 보여준다. 이는 말뿐만이 아니라 이해관계자의 인식과 이해에 있어서도 성공의 정의를 일치시킬 필요가 있다. 따라서 조정과 통합 등 내부의 개선이 따라야 하며, 조달이 외부와의 관계에서 역할을 잘 수행할 수 있도록 지원해야 함을 다시 한번 강조하는 바이다. 세 번째 항목은 조달이 사용할 수 있는 도구의 부족이다. 이는 역량의 차이와 관련된다. 이번 4장에는 SRM 프로그램의 개발에 관한 몇 가지 실용적인 방법을 소개하였다. 이 방법들을 활용해 이 문제를 해결해 나가길 바란다.

다른 항목들은 상위 세 가지 문제와 다시 연결된다. 물론 대화의 방법을 바꾸지 않고 SRM 프로그램을 실행하는 데 필요한 팀의 역량이나 도구를 보유하고 있

그림 4-5 SRM의 장벽: −3~+3점이 부여된 중요도 평균 점수

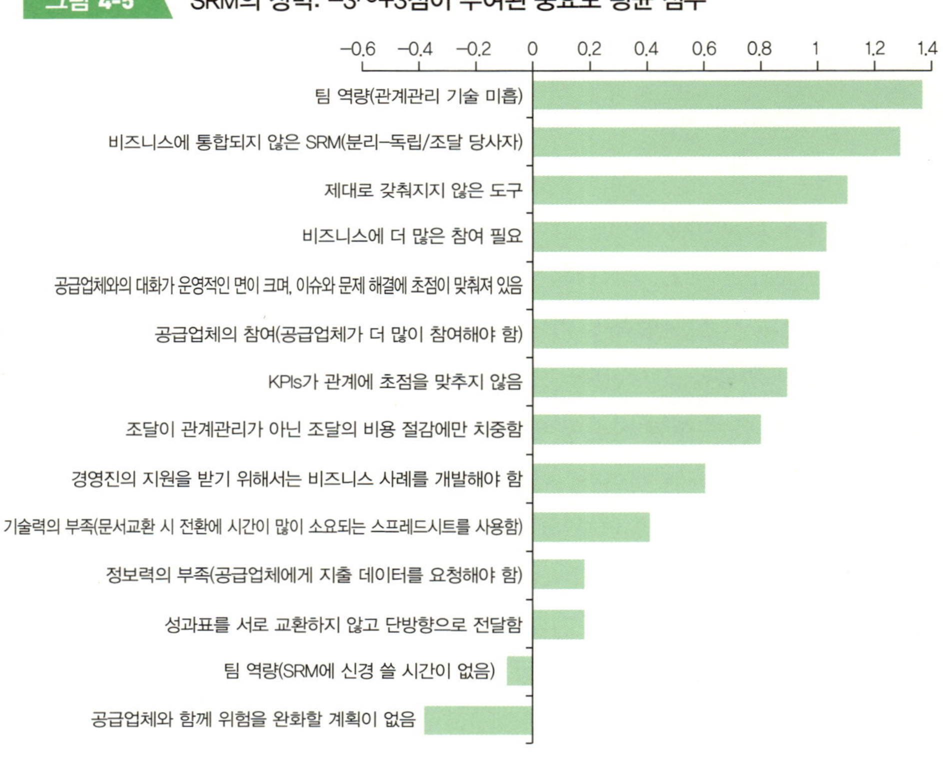

지 않다면, 공급업체와의 소통은 운영을 중심으로 진행될 것이다. 여기에 공급업체가 SRM 도입에 적극적으로 참여하지 않고 기존 비즈니스 프로세스에 포함되지 않은 것도 놀라운 일은 아니다.

요약 및 결론

전략적 조달이 공급자 관계관리(SRM)에 주목하는 것은 당연하다. 왜냐하면 SRM은 협상안이 잘 지켜지도록 도울 뿐만 아니라, 조직이 지속적인 개선의 기회를 얻고, 조달이 협상의 결과를 확인할 수 있도록 돕기 때문이다. SRM 구축의 핵심 요소는 다음과 같다.

- 공급업체를 세분화하고 투자가치가 있는 관계를 선택한다.
- 양쪽의 접점을 통합하기 위해 관계 피라미드를 구축한다.
- 성과 측정에 사용할 대시보드를 개발한다.
- 개선 계획에 지속적으로 참여한다. 성공적인 SRM을 위해 제거해야 할 변화의 장벽에는 SRM 사례 개발의 필요성, 공급자 관계에서 비즈니스 지원 및 참여의 확보, 조달 팀의 기술 및 행동 변화 등이 있다.

'SAME 페이지 프레임워크'를 갖추고 비즈니스 부문이 동참하고, 팀의 역량을 개발하면, 조달은 영향력을 넓힐 수 있다. 조직과 공급망에 가치를 확대할 수 있는 위치를 차지하는 것이다. 사실 이는 말처럼 쉽지 않다. 현재 SRM이 언급되는 만큼 도입이 되고 있지 않는 것만 봐도 알 수 있다. 하지만 SRM의 가치는 앞으로 반드시 빛을 발할 것이다. 이는 공급자 관계와 조달의 적극적인 SRM 참여는 비즈니스 성공의 관건이기 때문이다.

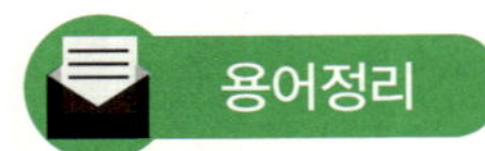

- Gallup Supplier Engagement framework(갤럽 공급자 참여 프레임워크) 여론조사 및 컨설팅을 하는 미국 기업으로 본사는 미국 워싱턴 D.C.에 있으며, 세계 여러 나라에 거점을 마련하고 여론조사 등을 실시
- heat map(히트 맵) 열을 뜻하는 히트와 지도를 뜻하는 맵을 결합시킨 단어로, 색상으로 표현할 수 있는 다양한 정보를 일정한 이미지 위에 열분포 형태의 비주얼한 그래픽으로 표현
- Kraljic's matrix(Kraljic, 1983, 크랄직 지표) 공급망 관리에서 공급시장의 복잡성과 구매 또는 공급업체의 중요성에 따라 회사의 구매 또는 공급업체를 4개의 유형으로 분류하는 방법
- Mars(마즈) 과자류 생산으로 유명한 세계 굴지의 제과회사로 마즈바, M&M's, 밀키웨이, 스키틀즈, 트윅스, 스니커즈 등 유명 제품들과 음료수와 애완동물 사료도 생산
- PwC(Pricewaterhouse Coopers) 영국 런던에 본사를 둔 다국적 회계컨설팅기업
- toolkit(도구모음) 서로 다른 응용 프로그램을 만들 때 도움이 되는 각종 루틴 또는 보조 프로그램을 모은 집합체
- Vodafone(보더폰) 영국의 이동통신 사업자 중 하나로 영국 런던에 본사가 있고 매출액상으로 전 세계 2위의 이동통신 사업자

참 • 고 • 문 • 헌

KGallup, Inc (2015) *Creating strategic advantage through superior supplier engagement*, Gallup, Inc [online]. Available at: www.gallup.com/services/176399/creatingstrategic-advantage-superior-supplier-engagement. aspx. Copyright © 2014, 2015 Gallup, Inc. All rights reserved. The Gallup SE10 items are Gallup proprietary information and are protected by law. You may not administer a survey with the SE10 items or reproduce them without written consent from Gallup

Kraljic, P (1983) Purchasing must become supply management, *Harvard Business Review*, 61 (5), pp 109-17

Procurement Intelligence Unit (2011) *CPO Strategy 2011*, Procure Lenders/Sigaria, London (www.procurementleaders.com)

Chapter 05

글로벌 소싱

마틴 크리스토퍼 박사(DR MARTIN CHRISTOPHER)

국가 간의 무역은 지난 수천 년 동안 이어진 경제활동의 한 특징이다. 하지만 '글로벌 소싱'이라는 이름으로 많은 사람들에게 인식되기 시작한 것은 비교적 최근의 일이다.

대부분의 산업조직은 수 세기 동안 제조공장이나 조립공장에서 최대한 가까운 곳으로부터 원자재와 부품을 가져오는 것을 조달의 원칙으로 삼아왔다. 이러한 비즈니스 모델을 가리켜 '지역 적응형(local-for-local)' 모델이라고 부른다. 예를 들어, 1950년대 영국에서 조립된 자동차는 바로 영국에서 생산된 부품으로 만들었다. 하지만 20세기 후반부터 상황이 달라지기 시작했다. 특히 임금과 관련한 변화가 컸다. 기존의 생산지보다 임금이 훨씬 낮은 '저비용 국가(low-cost countries)'의 제조능력이 엄청나게 성장했기 때문이다. 이렇게 인건비가 낮은 국가는 조달의 입장에서 매우 매력적인 조건을 제공한다. 여기에 컨테이너화에 따른 글로벌 해운의 혁명은 조달의 이러한 생각을 더욱 확고하게 만들었다. 다른 것은 차치하더라도, 전 세계적인 운송비용의 획기적인 절감은 거리로 인한 단점을 극복할 수 있게 해주었다.

해외 조달을 가속화하는 또 다른 요인으로는 낮아진 무역장벽을 들 수 있다. 관세와 할당량(quotas) 등 국가 간 무역비용을 가중시키던 여러 제한들이 완화된 것이다. 이렇게 국경을 초월한 무역 자유화의 대표적인 예로는 1957년에 창설한 유럽경제공동체(EEC: European Economic Community)—현재의 유럽연합(EU: European Union)으로 유럽공동시장(Common Market)으로도 불림—가 있다. 6개 참가국으로 시작했던 이 무역공동체는 2013년까지 28개국으로 확대되었고 지금도 여러 국가의 가입 신청이 이어지고 있다. 유럽경제공동체의 가장 큰 의미는 국경을 넘어 단일 시장 내에서 원자재나 부품 또는 완제품을 경제적이고 효율적으로 유통하고자 한 최초의 시도라는 데 있다. '지역 적응형'의 한계를 넘어 보다 폭넓은 생산전략과 조달전략으로의 전환이 시작된 것이다. 이러한 변화의 움직임은 전 세계로 확산되어 북미의 NAFTA, 남미의 MERCOSOR 그리고 아시아 · 태평양 지역의 ASEAN 등 여러 무역협정의 설립에 영향을 미쳤다. 이와 더불어 세계무역기구(WTO)의 활동에 힘입어 국가 간의 무역은 더욱 활기를 띠고 있다. 더 넓은 글로벌 무대에서, 무역을 막는 장벽을 최대한 제거함으로써 국제무역의 거래량이 계속해서 증가하고 있는 추세이다.

이처럼 글로벌 비즈니스의 급격한 환경 변화는 21세기 초에 도입한 글로벌 소싱이 많은 기업의 표준이 된 데에서 기인한다. 어떤 산업의 경우에는 생산기지를 통째로 지구 반대편으로 이전했다.

MINI-CASE | 패션산업의 저비용 국가로의 전환

저비용 국가로의 조달 전환이 생산 부문 전체에 영향을 미친 예로는 유럽의 패션과 섬유산업을 들 수 있다. 최근까지 섬유와 의류 그리고 신발을 세계에서 가장 많이 생산하고 수출한 지역은 서유럽이었다. 대표적인 국가는 이탈리아다.

하지만 글로벌 소싱이 수십 년 동안 진행되면서 제조 분야의 상당 부분이 해외로 이전했고, 이는 지역경제는 물론 국가경제에도 큰 타격을 입히기 시작했다. 예를 들어, 베네통(Benetton)의 경우, 불과 20년 전만 해도 의류의 90%를 이탈리아 내에서 생산했지만, 지금은 10% 수준에 그치고 있다. 이는 베네통뿐만 아니라 이탈리아의 섬유, 의류, 신발산업 전체에서 벌어졌다. 글로벌 소싱이 가속화하면서 해당 산업의 고용이 급격히 떨어졌기 때문이다. 이러한 시나리오는 서유럽 전반에 있는 동일한 산업 내에서 반복적으로 일어나고 있다.

반세계화운동

최근 들어 세계화, 특히 자유무역의 효과에 대해 의문을 제기하는 목소리가 커지고 있다. 지금까지 세계화가 장기적으로는 내수산업과 고용에 악영향을 미칠 것이라는 전망이 없었던 것은 아니다. 하지만 전체적인 시각에서 봤을 때, 국가간 무역이 이득이 될 것이라는 의견이 지배적이었다. 하지만 일부 인기영합주의 정치운동의 영향으로 가계경제에서 더 많은 일자리를 창출해야 한다는 요구가 늘어나고 있다. 예를 들어, 2016년 미국 대선 이후, 기업들은 해외 조달이나 생산에 대한 의존도를 줄이고 세계화의 확산세를 꺾어야 한다는 압력을 받고 있다.

하지만 이러한 요구가 결과적으로는 옳은 결정이 된다고 하더라도, 어떤 경우에서든 기업들이 '리쇼어링(reshoring)'을 할 가능성은 낮아 보인다. 왜냐하면 국내의 생산 자원이나 역량을 이미 상실했을 가능성이 높기 때문이다. 그럼에도 불구하고 조달 전문가는 조달이 내린 결정에 대한 대중의 관심이 점점 증가할 것임을 인식하고, 기업 입장의 좁은 시각에서 벗어나 더 넓은 사회 · 경제적 관점에서 자신들의 결정을 정당화할 방안을 찾아야 한다.

조직이 받을 수 있는 또 다른 압박은 공급망 운영의 윤리성과 지속가능성을 입증하라는 것이다. 오늘날 소비자, 직원 그리고 기타 이해관계자들 사이에서 제기되는 이슈는 투명성이다. 모든 제품이나 원자재는 출처를 꼭 밝혀야 한다. 또한 많은 국가에서는 법률적으로 조직이 공급계약을 감사(audit)하도록 명시하고 있다. 이러한 것들이 지켜지지 않을 경우 1차적으로는 공급업체의 가시성이 떨어지고, 더 나아가 글로벌 소싱에도 상당한 영향을 미치게 될 것이다. 따라서 조달에 대한 의사결정을 내리기 전에 최고 수준의 실사를 반드시 실시해야 한다.

글로벌 소싱의 실제 비용

대부분의 산업 부문이 여전히 글로벌 소싱을 보편적으로 받아들이고 있다. 하지만 일각에서 새로운 관점이 대두되고 있다. 모든 글로벌 소싱이 항상 최선의 전략적 선택이 아닐 수 있다는 견해이다. 실제로 글로벌 비즈니스 환경의 역동성은 글로벌 소싱을 재고해야 할 만큼 공급망의 상황을 바꿔버렸다. 많은 기업이 관련 비용을 모두 충분히 분석하지 않고서 해외 이전을 결정해버리는 사례가 속출하고 있는 것이다. 이와 관련하여 크랜필드경영대학원(Christopher et al., 2007, 2011)에서 영국 산업의 단면을 광범위하게 검토했다. 이 연구를 보면 기업 대부분이 해외 이전비용을 매우 적게 책정하고 있음을 알 수 있다. 보통 기업들이 저비용 국가 조달을 통해 출고가를 얼마나 낮출 수 있는지는 굉장히 신경을 쓰면서도, 실제 총공급망비용은 꼼꼼히 따져보지 않고 있었다.

'총소유비용(total cost of ownership)'을 엄격히 분석한 뒤 내린 결정이 이상적인 조달의 의사결정이다. 즉, 올바른 조달전략을 내리기 위해서는 보이는 것 외에도 숨어있는 모든 비용을 고려해야 한다.

글로벌 소싱 비용에는 어떤 것이 있는가? 가장 중요한 것은 다음과 같다.

- **출고가(factory gate price)**: 출고가 분석은 분석의 시작이다. 출고가는 각 품목의 단가를 말하며, 구매가격뿐만 아니라 세금, 보험 및 기타 정기비용과 같은 추가되는 현지비용도 여기에 포함된다.
- **재고비용(inventory costs)**: 배송시간이 길수록 유통경로(pipeline)에서 재고량이 증가한다. 또한 수요와 공급의 변동성을 줄이려면 더 많은 안전재고(safe stock)가 필요하게 될 것이다. 안전재고 유지에는 자금이 들어가며 현금의 유동성(cash flow)에도 영향을 미친다.
- **운송비용(transport costs)**: 제품의 배송 거리가 멀수록 더 높은 운송비용이 발생한다. 운송비용은 전 세계 어디든 변동성이 크다. 오늘날처럼 운송비용이 낮아진 것은 비교적 최근이다. 때에 따라 긴급항공화물을 이용해야 하는 경우에는 급행비용이 발생할 수 있다.
- **위험비용(risk costs)**: 글로벌 소싱에서 잠재적으로 숨어있는 비용의 발생 요인은 다음과 같다. 환율 변동, 돌발적인 공급 중단으로 이어지는 지정학적인 위험, 예상보다 수요가 많을 경우에 발생하는 품절의 가능성, 예상보다 수요가 적을 경우에 발생하는 노후화나 가격인하비용, 지적재산권의 상실 위험 등이다.
- **기타 비용**: 공급망을 확장하면 관리비용이 상당히 추가될 수 있지만, 이를 항상 인식하기는 어렵다. 품질관리 또한 종종 통제하기가 어렵고 소방에도 비용이 들어간다. 그리고 거리가 멀수록 문제 해결은 더욱 힘들어진다. 운송 중인 제품에 대한 보험료는 더 높아질 수 있으며, 통관비용과 관세도 지불해야 한다.

일반적으로 글로벌 소싱으로의 확장은 공급망이 더 길어진다는 것을 의미한다. 그렇기 때문에 '종단간(end-to-end)' 소요시간의 관점에서 볼 때, 운전자본(working capital)이 글로벌 소싱을 결정하는 데 영향을 미칠 수 있다. 소요시간에 영향을 받는 주요 비즈니스 성과지표 중 하나는 현금화주기(C2C: Cash-to-Cash cycle time)이다.

현금화주기는 기업이 공급망 길이를 즉각적으로 측정하는 데 유용한 척도가 된다. 또한 C2C는 공급업체에게 현금을 지불한 시점부터 고객에게 현금을 받을 때까지 걸리는 시간을 반영한다. [그림 5-1]은 C2C를 계산하는 방법을 보여준다.

종종 유통경로에 해상 운송이 포함된 경우에는 소요시간이 몇 주를 넘어 몇 달이 걸리기도 한다. 이때는 C2C를 월 단위로 계산하며, 필연적으로 유통경로에 재고가 늘어날 수밖에 없다. 첫째, 운송시간과 재고가 비례한다. 둘째, 소요시간의 변동 가능성이 높기 때문에 불확실성을 줄이기 위해 안전재고가 필요할 가능성이 높다. 셋째, 증가한 재고에는 재원 조달이 필요하다. 따라서 늘어난 현금화주기에 따른 현금 유동성의 변화는 비즈니스의 재무 건전성에 중대한 영향을 미칠 수 있다.

그림 5-1 현금화주기(cash-to cash cycle)

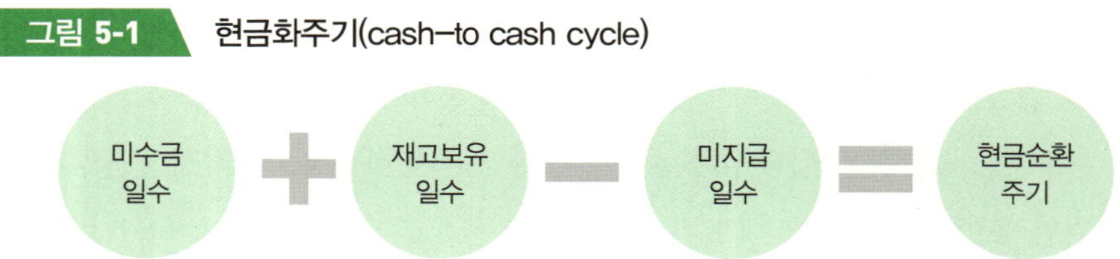

이동하는 무게중심

모든 공급망에는 '무게중심'이 있는데, 이는 수요와 공급의 측면에서 다양한 힘의 '인력(引力)'에 의해 복합적으로 결정된다. 그 결과 무게중심은 조달전략을 포함해 공급망과 관계된 많은 의사결정에 영향을 준다. [그림 5-2]는 공급망을 설계하고 의사결정을 내릴 때 무게의 균형을 맞추기 위해 고려해야 할 사안들을 보여준다.

그림 5-2 **무게중심의 변화**

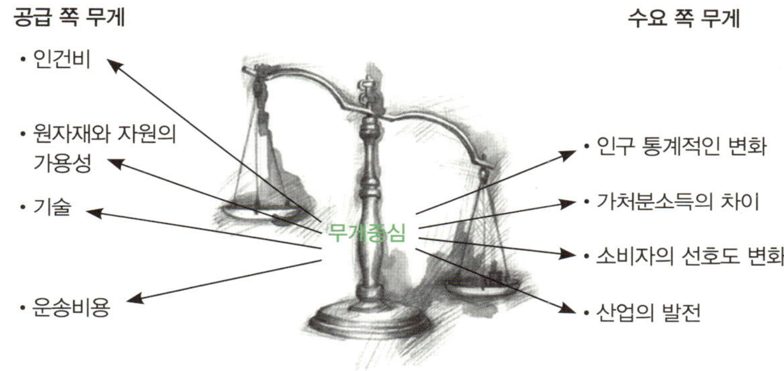

수요 측면에서 무게중심에 영향을 미치는 힘은 다음과 같다.

- **인구 통계적인 변화:** 인구 증가율과 연령대의 변화로 인해 일부 시장의 성장 속도가 빨라지거나 반대로 줄어들 것이다. 예를 들어, 유니레버(Unilever)는 현재 매출의 절반 이상이 개발도상국에서 이루어지고 있다.
- **가처분 소득의 차이:** 여러 국가에서 소비력의 상대적인 성장과 관련한 변화가 커지고 있다. 한때 글로벌 소비의 큰 부분을 차지하던 서양의 전통시장은 지금 신흥 경제 국가에 추월당하고 있다.
- **소비자의 선호도 변화:** 인구가 도시에 집중되고 가처분 소득이 증가함에 따라 소비의 패턴도 변하고 있다. 중국과 인도의 대규모 자동차 수요와 신흥 경제 국가에서 나타나는 육류 및 유제품의 소비 증가가 소비 패턴 변화의 좋은 예이다.
- **산업의 발전:** 생산지가 유럽에서 저비용 국가로 이전된 것은 무역의 흐름과 원자재의 수요에 큰 영향을 미쳤다. 이에 맞춰 빠른 속도로 성장하고 있는

시장에 서비스를 제공하는 동시에, 정체되거나 하락하는 시장에서 입지를 유지해야 하는 것은 오늘날 많은 기업이 직면하고 있는 중요한 과제가 되었다.

수요와 마찬가지로 공급에서도 무게중심에 영향을 미치는 다양한 요인이 있으며, 이는 수요의 영향을 상쇄하는 역할을 한다.

- **인건비**: 조달이 지난 수십 년 동안 내린 의사결정에서 많은 부분이 인건비를 낮추고자 하는 노력에서 비롯된 것이다. 다시 말해, 이른바 '저비용 국가 조달(low-cost country sourcing)'은 제조 공정이든 조달이든 경쟁력을 키우려는 열망에 기인한 것이라고 할 수 있다. 그러나 한때 상당한 차이를 보이던 임금은 종종 임금 인플레이션으로 인해 그 격차가 줄어들기도 한다. 즉, 인건비 절감의 효과가 떨어지는 것이다. 결과적으로 저비용 국가에 대항하는 새로운 도전자가 등장했다.
- **원자재 및 자원의 가용성**: 금속, 에너지, 화학물질 그리고 기타 원재료와 같은 주요 자원의 가용성은 조달의 의사결정에 영향을 크게 미칠 수밖에 없다. 일례로, 공급이 수요에 미치지 못하는 상황에서 주요 자원의 가용성은 가격과 함께 상당한 영향을 줄 수 있다. 기존의 제조업체들 중에는 과거의 경제논리가 통용되지 않음을 깨닫고, 공급망 조정에 대한 필요성을 인식하기 시작한 기업들이 늘어나고 있다.
- **기술**: 산업이 점점 더 지식 집약적이 되고 특정 기술력에 대한 의존도가 높아짐에 따라 기술의 중요성이 한층 커지고 있다. 심지어 실업률이 높은 시대에도 많은 기업들은 기술력 부족에 시달리고 있다. 특히 정보기술 전문가, 소프트웨어 디자이너, 엔지니어 등의 인력이 부족한 실정이다. 한때 이러한 기술의 공급원은 서구 세계에서 담당하고 있었다. 하지만 신흥국의 교육 수준이 높아짐에 따라 기술 인력시장에서 변화가 빠르게 진행되고 있다.
- **운송비용**: 대부분의 운송 수단이 화석 연료를 사용하고 있기 때문에, 운송비용이 유가 상승에 영향을 받는 것은 불가피한 일이다. 지금에 비하면 공급

망 설계 당시의 유가는 정말 아무것도 아니라고 할 수 있다. 실제로 1998년 12월에 거래된 원유는 배럴당 9.64달러였다. 하지만 10년 후인 2008년 7월에는 사상 최고가인 배럴당 147.27달러로 치솟았었다. 이렇게 시간이 지날수록 유가가 계속 상승한다면, 지금의 방식으로 구축된 공급망은 너무 비싸게 운영되고 있다는 것을 곧 입증하게 될 것이다.

조달전략에서 공급망의 무게중심의 이동은 매우 중요한 의미를 갖는다. 특히 앞서 언급한 변화는 공급을 수요에 맞춰 가깝게 이동시켜야 한다는 주장에 힘을 실어준다. 지난 수십 년간 통용되던 생각은 중앙집중식 생산과 최소한의 유통센터에 재고를 통합하는 데 초점을 맞추어야 한다는 것이었다. 하지만 이제 경제학은 가능한 한 세분화된 지역시장의 요구사항을 더 잘 충족시킬 수 있는 곳에 조달 솔루션을 제공해야 한다고 말하고 있다. 이는 '지역 적응형(local for local)'이라는 전통적인 개념으로의 회귀를 의미할 수도 있다.

글로벌 소싱이 민첩성에 미치는 영향

현대 시장의 특징 중 하나는 '전환 속도(clockspeed)'의 지속적인 증가를 들 수 있다(Fine, 1998). 전환 속도의 증가는 수요 패턴의 빠른 변화와 제품의 짧아진 수명주기를 의미한다. 따라서 기업은 이러한 환경에 맞춰 새로운 제품을 어느 때보다도 신속히 출시해야 한다. 우리는 바로 이러한 민첩성, 즉 예기치 않은 수요의 변화에 신속하게 대응할 수 있는 능력이 필수인 '시간 기반 경쟁'의 시대에 살고 있는 것이다.

민첩성은 많은 것을 전제로 하지만 무엇보다 중요한 것은 신속한 공급능력이다. 만약 갑자기 수요량이 증가하거나 제품들이 마구잡이로 뒤섞여 있다면, 기업은 이와 같은 상황에 과연 얼마나 빠르게 대처할 수 있을까? 시간에 민감한 고객이 늘고 있는 요즘, 공급시간을 최소화하는 것은 기업 경쟁력의 핵심이 되었다. 글로벌 소싱 전략은 공급시간을 절약한다는 면에서 적시공급생산(just-in-time) 방식과 기대하는 바가 같다. 하지만 이러한 노력이 오히려 공급시간을 지연시키는 요인이 된다면 이만한 역설은 어디에도 없을 것이다.

이러한 역설을 극복하고 대응력을 유지하면서 글로벌 소싱의 이점을 얻을 수 있는 방법은 한 가지이다. 바로 지연의 원칙(the principle of postponement)이다.

지연의 개념은 실수요의 윤곽을 알 수 있을 때까지 제품의 최종 조립, 구성, 마감 등을 미루는 것이다. 많은 경우, 수요가 발생하는 곳과 가까운 곳에서 후반 작업을 지연한다. 상표의 부착을 최대한 미루는 것이 목표이다. 상표 없는 상품(또는 기초(vanilla) 상품)을 저비용 국가에서 조달한 다음, 고객의 요구사항을 정확히 알 수 있을 때까지 현지에 재고를 두는 전략이다. 이처럼 공급망 내에서 전략적 재고를 두는 지점을 '디커플링 지점(de-coupling point)'이라고 한다.

지연의 대표적인 예는 자라(Zara)로서, 세계 최대의 의류 제조업체이자 소매업체이다. 자라는 원단을 저렴한 가격에 미리 구매하는 경우가 많다. 그리고 원단은 염색되지 않은 미완성 상태로 보관하는 전략을 택한다. 현지의 수요가 결정된 경우에만 염색, 마감, 재단을 하는 것이다. 자라는 이러한 전략적 재고를 통해 총비용과 공급망의 위험을 낮추면서도 높은 수준의 민첩성을 확보하고 있다.

유연성과 적응력의 필요성

수요가 불안정하고 예측하기 어려운 시장에서 민첩성을 확보하는 것은 당연히 중요한 일이다. 하지만 만약 공급망의 무게중심이 전환되고 있는 상황이라면, 이는 단순히 대응력을 갖추는 것만으로는 부족하다. 앞서 강조한 바와 같이 비즈니스 환경이 요동치는 오늘날에는 무게중심의 변화가 더욱 빈번해질 것이기 때문이다. 따라서 공급망은 이전보다 훨씬 더 높은 수준의 적응력이 필요하다.

미래의 조달 환경은 예측하기가 점점 더 어려워질 것이다. 이럴 때 기업이 과

거의 공급계약 방식에 얽매인다면, 조직의 적응력은 한계에 다다를 것이다. 이상적인 계약은 단기적이지만 매우 긴밀한 파트너십을 맺는 것이다. 비록 비용적인 면에서는 장기계약이 유리하지만, 향후 유연성을 크게 떨어뜨릴 수 있기 때문이다. 그리고 계약사항에는 조달의 의사결정 폭을 가능한 한 열어두는 것이 좋다. 이는 결국 가격을 높이는 결과를 낳지만, 공급망의 유연성을 확보하기 위한 투자로 봐야 한다.

기업이 이와 같은 관점을 선뜻 받아들이기는 쉽지 않다. 특히 비용을 최소화하는 전형적인 방안을 선호하는 기업에서는 유연성에 가치를 부여하기가 더욱 망설여질 것이다. 하지만 유연성의 부족은 지금과 같이 예측할 수 없을 만큼 급변하는 비즈니스 환경에서는 결국 더 큰 대가를 초래한다. 다음 사례인 애플 컴퓨터는 이와 관련하여 매우 흥미로운 모습을 보여준다. 그들은 전략적으로 중요하다고 인식한 공급업체와 언제든 장기계약을 맺을 준비가 되어 있다. 급변하는 시장에서 공급망의 잠재적인 병목현상을 통제하는 것이 경쟁우위의 원천이라고 생각하기 때문이다.

MINI-CASE | 애플의 공급전략

상징적이고도 혁신적인 제품으로 소비자의 엄청난 관심을 끄는 애플의 능력은 널리 인정받고 있다. 그들의 성공요인은 의심할 여지없이 최고의 디자인과 기능에 있다. 하지만 이 모든 것은 신중하게 설계되고 실행되는 조달전략이 뒷받침하고 있기에 가능했다.

애플의 조달은 대부분 극동지역에 쏠려있다. 하지만 언제든 최고의 민첩성을 발휘할 수 있도록 주요 공급업체와 매우 긴밀한 연결을 구축하고 있다. 변동성이 높은 시장에서는 신제품의 출시주기가 짧고 출고시간이 중요하기 때문에 생산과 출고량을 유연하게 조절하는 능력은 매우 중요하다. 애플은 이러한 시장의 요구를 이미 파악하고 여러 전략을 통해 높은 수준의 민첩성을 갖추고 있었다.

업스트림의 민첩성을 확보하기 위해 취해야 할 접근방식의 핵심 요소 중 하나는 고해상도의 레티나 디스플레이(retina displays)처럼 주요 부품을 제공하는 공급업체와 장기계약을 체결하는 것이다. 이는 수십억 달러의 가치가 있으며, 해당 공급업체의 헌신과 연속성을 보장받을 수 있다.

경우에 따라서는 공급업체와 독점계약을 맺음으로써, 경쟁업체를 효과적으로 차단한다. 또한 애플은 독점을 강화하기 위해 제조업체의 기계와 장비에 대신 투자할 의지가 있다.

비록 애플의 규모가 공급업체와의 협상에서 어느 정도 유리하게 작용하는 것은 분명한 사실이다. 하지만 공급업체에 대한 투자와 지속성을 유지하려는 의지가 전략의 핵심이다. 실제로 애플은 언제나 수요에 대응할 수 있도록 공급망의 잠재적인 병목현상을 관리하려는 노력을 지속적으로 기울이고 있다.

글로벌 소싱 여부 결정하기

지난 수십 년 동안 해외 조달이 급격히 늘어난 이후, 이에 보다 신중하게 접근하려는 기업이 점점 늘고 있다. 글로벌 소싱 전략이 무작정 선택할 사항이 아니라는 인식이 있다. 동시에 '지역 적응형'에 대한 재평가도 이루어지고 있다.

영국의 섬유산업 사례(MINI-CASE 참조)는 해외 소싱 전략에 대한 재고가 오히려 기업을 성장시킬 수 있음을 보여준다.

MINI-CASE | 영국의 섬유산업 – 다시 본국으로?

19세기부터 20세기 전반까지, 영국의 섬유산업은 영국 경제의 대부분을 차지하고 있었으며, 생산량은 세계적인 선두주자였다. 하지만 21세기에 들어서자 섬유산업의 고용은 10만 명에도 미치지 못하게 되었다(100만 명을 상회하던 때와 비교된다). 고용의 감소 속도는 장기간 점진적으로 진행되다가 차츰 가속화되기 시작했다. 비용을 절감하기 위해 '저비용 국가'로 제조와 조달을 이전시키는 기업이 늘어났기 때문이다.

그러나 최근 고용의 감소 추세가 점차 둔화하더니 이제는 역행하려는 조짐까지 보이고 있다. 예를 들어, 요크셔(Yorkshire)에 본사를 둔 렉스턴스(Laxtons)—설립된 지 100년이 넘은 실과 직물을 생산하는—와 같은 기업들은 21세기에 들어 모든 제조시설을 영국으로 복귀시키기로 했다. 그들이 이러한 결정을 내린 이유는 공급망의 종단 간 실제 비용 때문이었다. 품질관리, 납품시간, 대응력 등을 고려했을 때 영국에서 생산하는 것이 확실히 더 합리적이라고 판단한 것이다. 또한 의류시장에서는 고품질 제품의 수요가 지속적으로 증가하고 있었다. 따라서 'made in Britain'의 중요성이 커진 것도 한몫을 했다.

'패스트 패션(fast fashion)' 시장이 성장함에 따라 섬유산업의 현지 조달의 추세는 점점 가속화하고 있다. 패스트 패션의 특성상 시장에서 경쟁하기 위해서는 유행에 신속하고 유연하게 대처할 수 있는 공급업체가 필요하다. 영국에 비해 제조와 조달비용이 낮은 국가가 있기는 하지만, 이런 식의 비용 절감보다는 민첩성을 바탕으로 한 마케팅이 점점 더 큰 효과를 발휘하고 있는 것이다.

그렇다면 제품과 원자재를 고려했을 때 글로벌 소싱과 지역 적응형 조달 중 무엇을 선택할 것인지를 결정하기 위해서는 어떠한 문제들을 숙고해야 하는가?

- **시장이 시간에 얼마나 민감한가?** 현대 시장의 특징은 시간에 점점 더 민감해지고 있다. 이는 B2B(Business-to-Business)시장과 소비자시장 모두에서 일어나고 있는 현상이다. B2B시장에서는 많은 기업이 적시공급생산 방식을 채택하고 있으며, 내수 공급의 속도와 신뢰성에 크게 의존하고 있다. 소비자시장에서도 고객은 높은 수준의 가용성을 기대하고 있다. 뿐만 아니라 기술의 변화 속도 또한 빨라지고 있으며, 유행이 계속 바뀌면서 관련 산업의 제품수명주기도 단축되고 있는 추세이다. 더욱이 시간이 경쟁우위를 확보하는 핵심 요소가 되는 시장에서는 공급 소요시간이 길어지거나 신뢰성 손실로 이어질 경우, 오히려 글로벌 소싱을 지양해야 한다.
- **제품의 수요는 얼마나 안정적인가?** 수요가 안정적이라는 것은 예측이 용이하다는 것을 의미한다. 이때는 글로벌 소싱의 위험성이 낮은 편이다. 반대로 수요의 변동성이 커서 예측이 어렵다면 공급망은 반드시 민첩성을 확보해야 한다. 앞서 정의한 바와 같이 민첩성은 예측이 어려운 수요의 변화에 신속하게 대응하는 능력을 말한다. 글로벌 소싱이 내수 공급의 소요시간을 늘리는 결과를 낳는다면 민첩성을 확보하는 것이 불가능할 수도 있다. 따라서 수요의 안정성과 예측 가능성은 공급원을 결정할 때에 신중하게 따져봐야 한다.

- **매출원가(COGS: the Cost of Goods Sold)에서 인건비가 차지하는 비율이 얼마나 되는가?** 앞서 살펴본 바와 같이 해외 조달을 하기로 한 많은 기업들이 저비용 국가에서 생산하는 접근방식을 택한다. 이는 일반적으로 저가의 노동력을 의미한다. 따라서 핵심은 인건비로 설명되는 제품의 COGS이다. 제품의 원가에서 인건비가 차지하는 비율이 높으면 당연히 저비용 국가를 선택하는 것이 옳다. 하지만 만약 원가에서 인건비가 차지하는 비율이 낮다면 저비용 국가에 노동력을 의존하는 것은 다시 한번 생각해봐야 할 문제가 된다. 여기에 많은 산업이 자동화하는 추세를 고려한다면, 제품의 원가에서 인건비가 차지하는 비율은 계속해서 낮아질 가능성이 높다.
- **수입하는 원자재 · 제품의 운송 집약도(transport-intensity)는 얼마나 되는가?** 글로벌 소싱을 고려하고 있다면, 이때 균형을 가늠해볼 수 있는 지표는 '운송 집약도'이다. 다시 말해 운송으로 계산되는 총하적비용의 비율이 얼마나 되는가? 제품의 밀도는 운송의 집약도를 결정하는 중요한 요소이다. 밀도는 제품의 무게와 부피로 정해진다. 예를 들어, 선적 컨테이너의 공간을 덜 차지하는 제품은 부피가 큰 제품보다 좀 더 운송 집약도가 높다. 탄소 배출량에 대한 우려와 장기적으로 운송비용이 증가할 것임을 감안했을 때 이는 매우 중요한 문제이다.
- **원자재, 제품의 가치 및 밀도는 얼마인가?** 바로 앞선 사안의 요점은 밀도가 운송의 집약도에 영향을 크게 미친다는 것이었다. 이와 관련한 또 다른 문제는 밀도 대비 제품의 가치이다. 제품의 가치와 밀도가 높을수록 총비용에 대한 운송비의 중요도는 낮아진다. 따라서 글로벌 소싱을 위한 재정적 사례를 개발하는 데 도움이 된다. 다이아몬드와 콘플레이크는 정반대이면서 단적인 예가 된다. 다이아몬드는 가치와 밀도가 높은 반면, 콘플레이크는 영역이 완전히 다른 제품군이다. 그렇기 때문에 선택의 여지가 있다는 가정하에서 조달전략과 운송방식을 결정하는 데에는 가치와 밀도를 면밀히 고려해야 한다.

- **지적재산에 대한 위험은 없는가?** 지적재산(IP: Intellectual Property)은 기업이 경쟁업체와 차별화할 수 있는 독점기술, 지식, 특허 등을 일컫는다. 한 가지 우려가 되는 사항은 생산을 해외로 이전하게 된다면 해당 지적재산이 위험에 노출될 수 있다는 것이다. 이는 민감한 부분이며 어떤 국가는 지적재산에 대한 위험이 다소 높은 것으로 알려져 있다. 특정 국가의 지적재산의 위험도를 결정하는 것은 그곳의 규제 상황이다. 저비용 국가 조달을 계속 이어가기 위해서는 이러한 위험을 방지해야 한다. 이를 위해 일부 기업에서는 공급망을 분리하여 기본 제품만 해외에서 조달하기도 하지만, 그렇게 되면 제품 생산의 마감과 구성—여기에는 보다 가치 있는 지적재산도 포함된다—을 안전한 장소에서 따로 수행해야 한다.
- **업스트림 공급망은 투명한가?** 해외 조달을 할 때 많은 기업들이 직면하게 되는 문제 중 하나는 업스트림의 투명성에 대한 잠재적인 위험이다. 즉, 공급업체의 공급방식을 모를 수가 있기 때문이다. 따라서 기업은 직접 연결된 1차 하청업체의 역량에 대해서는 확신을 가질 수 있지만, 이것이 2차 또는 3차까지 넘어간다면 해당 공급업체들의 능력은 베일에 가려질 수밖에 없다. 때로는 1차 공급업체에서 위험이 발생할 수도 있는데, 이는 공급망에서 일어나는 가장 큰 위험요소로 작용한다. 만약 계획에 차질이 빚어질 경우에는 '추적 시스템(track and trace)'과 '이벤트 관리(event management) 시스템' 등을 활용해 경고를 보냄으로써 업스트림의 성능을 모니터링할 수 있다. 이러한 도구에 투자를 한 기업은 해외 조달에 더 큰 자신감을 갖는다.

글로벌 소싱 네트워크 관리

만약 (앞에서 설명한 모든 문제를 고려하여) 해외 조달을 하기로 했다면, 이상적인 조달을 위해서 지켜야 할 원칙과 활동이 몇 가지 있다. 관리활동의 핵심을 나열하자면 다음과 같다.

- **'종단간(end-to-end)' 프로세스 관리 팀 구성:** 글로벌 소싱은 공급망의 성능에 영향을 주기 마련이다. 그렇기 때문에 전체 조달-공급 프로세스를 성공적으로 관리하기 위해서는 '종단간' 프로세스 관리방식으로 접근하는 것이 좋다. 분산된 공급망을 기존의 비즈니스 기능에 의존해 단편적으로 관리하기보다는 교차기능 팀을 구성하여 공장에서 고객까지의 전체 흐름을 관리하는 것이 효과적이다. '가상(virtual)' 팀의 조직은—공급망의 글로벌 범위를 고려할 때—확장된 기업의 가시성을 높여주는 정보 시스템을 사용하게 된다. 이 정보 시스템은 '추적 시스템(track and trace)' 기능을 제공할 뿐만 아니라, '계획과 실제(plan vs actual)' 측면에서 편차가 발생할 경우 경고를 해줄 수도 있다.
- **현지관리 투자:** 많은 기업들이 해외 조달전략을 구현하면서 상당한 문제를 겪고 있다. 가장 큰 이유 중 하나는 해외 공급업체와 함께 높은 수준에서 현지관리에 참여해야 한다는 인식을 하지 못했기 때문이다. 해외 조달이 결정되고 실사조사가 완료되었다고 해서 공급업체가 알아서 전략을 수행할 수 있다고 생각하는 것은 큰 실수이다. 해외 조달전략이 성공하기 위해서는 현지관리자를 고용해야 한다. 이들로 하여금 기업의 이익을 대변하게 하고, 문제가 발생할 경우 현장에서 즉시 처리할 수 있도록 해 공급망이 원활하게 운영될 수 있도록 해야 한다.
- **'출고가(factory gate pricing)'로의 이동:** 대부분의 해외 조달기업, 특히 소매업체는 '관세 지급 반인도 조건(DDP: Delivered Duty Paid)'에 따라 대금 지급 방법으로 협상을 해왔다. 다시 말해, 최종 목적지에서 배송 시점까지의 모든 비용을 공급업체 기준으로 합의된 가격을 지불하는 것이다. 이는 관리하기는 용이할지 모르겠지만, 구매기업이 공급망을 전혀 제어할 수 없음을 의미한다. 예를 들어, 화물을 통합함으로써 비용을 절감할 수 있는 기회를 상실할 것이다. 개별 공급업체가 운송에 대해 각자 결정을 내려버린다면, 운

송비의 투명성은 물론 공급망의 가시성 또한 떨어질 것이다. 구매기업은 출고가를 기준으로 가격 협상을 할 것을 추천한다.

- **총소유비용(total cost-of-ownership) 모니터링 프로세스 수립:** 앞서 정의한 '종단간' 프로세스 관리 팀의 핵심 업무 중 하나는 해외 구매 결정의 실제 총비용을 모니터링하는 것이다. 왜냐하면 비즈니스 환경이 끊임없이 변화하는 상황에서 소유비용이 계획과는 다를 수 있기 때문이다. 앞서 언급한 바와 같이 많은 기업이 안고 있는 문제는 이러한 사안을 분석할만한 수단이 없다는 것이다. 이때는 추가 주문이 접수된 시점부터 상품이 최종 목적지에 도착할 때까지 관련된 모든 비용을 모니터링할 수 있는 프로세스를 마련해야 한다. 또한 배송 지연, 노후화, 가격인하 등 관련된 시장의 모든 비용을 고려해야 한다.
- **공급망 '컨트롤타워' 구축:** 글로벌 공급망은 본질적으로 잠재적인 위험성을 안고 있다. 앞서 살펴본 것처럼, 소요시간이 길어지면 운송시간의 변동성이 커질 수 있다. 마찬가지로 업스트림 공급망의—특히 2차 이상의 하청에서—가시성이 떨어지면 문제가 내재되어 있을 가능성이 매우 높다. 이러한 문제를 해결하기 위해서는 컨트롤타워를 구축해 공급망 전반을 볼 수 있는 '조감도(birds eye)'를 그리고 실제로 일어나는 일을 최대한 실시간에 가깝게 모니터링할 수 있어야 한다. 컨트롤타워를 구축하기 위해서는 적절한 지표를 갖춘 모니터링 시스템이 필요하다. 이를 통해 변경된 계획을 인지하고 그 원인을 찾을 수 있을 것이다. 컨트롤타워에 '6시그마(six sigma)' 방법론을 도입하면, 공급망 프로세스의 변동성을 제어하기가 보다 용이할 것이다.

요약 및 결론

현재 기업들이 비용과 이익의 균형을 맞추고자 할 때, 지금과는 맞지 않는 과거의 글로벌 소싱 전략을 검토하는 경우가 많다. 성공적인 글로벌 소싱을 위해서는 비용 계획을 보다 상세히 살펴봄과 동시에 적응성과 민첩성에 영향을 미칠 수 있는 사안들도 고려해야 한다. 이를 충실히 실시한 기업들 중 일부는 오히려 '리쇼어링(re-shoring)'이나 '니어쇼어링(near-shoring)' 전략을 채택하기도 한다.

한 가지 확실한 것은 글로벌 소싱에 대한 보다 유연하고 세분화된 접근이 필요하다는 것이다. 따라서 '널리 적용되는(one size fits all)' 접근방식을 채택하기보다는 좀 더 차별화된 전략을 수립해야 한다. 즉 글로벌 소싱과 지역 적응형 중에 합리적인 것을 선택해야 한다.

용어정리

- ASEAN(Association of South-East Asian Nations, 동남아시아 국가연합) 동남아시아 국가 간 전반적인 상호 협력 증진을 위한 기구
- B2B(Business-to-Business)시장 기업과 기업 사이에 이루어지는 전자상거래
- cash-to-cash cycle time(현금화주기) 기업이 원재료를 구입하는 데 현금을 투입하고, 이 재료를 이용하여 제품을 제조한 뒤 매각하여 현금이 다시 기업으로 들어오는 데까지 걸리는 시간
- COGS(the Cost of Goods Sold, 매출원가) 기업이 제품을 생산 또는 서비스를 제공하는 데 직접적으로 관련 있는 모든 비용
- DDP(Delivered Duty Paid, 관세 지급 반인도 조건) 매도인이 지정된 목적지에서 물품에 대한 수입통관을 이행하지만, 운송수단으로부터 하역하지 않은 채 매수인에게 인도하는 것을 의미
- de-coupling point(디커플링 지점) 일반적인 흐름과 달리 독자적으로 움직이는 현상
- EEC(Common Market see European Economic Community, 유럽경제공동체) 회원국들 간의 경제통합을 이루기 위한 한 지역 기구로, 1957년 로마조약에 의해 창설되었으며, 1993년 유럽연합이 형성되자 EEC가 통합되어 유럽공동체로 개칭
- EU(European Union, 유럽연합) 유럽의 정치 · 경제 통합을 실현하기 위한 연합기구
- IP(Intellectual Property, 지적재산) 문학 · 예술 및 과학작품, 연출, 예술가의 공연 · 음반 및 방송, 발명, 과학적 발견, 공업의장 · 등록상표 · 상호 등에 대한 보호권리와 공업, 과학, 문학 또는 예술 분야의 지적활동에서 발생하는 모든 권리
- just-in-time(적시공급생산) 필요한 때 필요한 부품만 확보하는 경영 방식으로, 생산 부문의 각 공정별로 작업량을 조정함으로써 중간재고를 최소한으로 줄이는 관리체계
- MERCOSOR(Mercado Común del Sur, 남미공동시장) 남미지역에서의 자유무역과 관세동맹을 목표로 결성된 경제블록
- NAFTA(North American Free Trade Agreement, 북미자유무역협정) 미국, 캐나다, 멕시

코 등 북미 3개국이 자유무역지대를 창설하기 위해 추진한 협정

- near-shoring(니어쇼어링) 인근 국가에서 진행하는 아웃소싱
- reshoring(리쇼어링) 기업의 해외 진출을 뜻하는 오프쇼어링(off-shoring)의 반대 개념으로, 생산비와 인건비 등을 이유로 해외에 나간 기업이 다시 자국으로 돌아오는 현상
- safe stock(안전재고) 일반적으로 수요와 공급의 변동에 따른 불균형을 방지하기 위해 유지하는 계획된 재고 수량
- six sigma(6시그마) 방법론 기업이 최고의 품질 수준을 달성할 수 있도록 고객에 초점을 맞추고 데이터에 기반을 둔 경영 혁신 방법론
- working capital(운전자본) 기업자본 중에서 일상적인 기업운영에 필요한 부분으로, 임금지불, 원료구입 등 기업이 사업을 추진하는 데 있어 필요 불가결한 자금
- WTO(World Trade Organization, 세계무역기구) GATT(General Agreement on Tariffs and Trade, 관세 및 무역에 관한 일반협정)체제를 대신하여 세계무역질서를 세우고 UR(Uruguay Round of Multinational Trade Negotiation, 우루과이라운드)협정의 이행을 감시하는 국제기구

참 • 고 • 문 • 헌

Christopher, M, et al (2007) *Global Sourcing and Logistics*, Department for Transport (DfT), Logistics Policy project number – LP 0507, Available from: www.freightbestpractice.org.uk/global-sourcing-and-logistics

Christopher, M, et al (2011) The impact of global sourcing on supply chain risk, *Supply Chain Management: An International Journal*, 16 (2) pp 67–81

Fine, C H (1998) *Clockspeed: Winning industry control in the age of temporary advantage*, Perseus Books, Reading, MA

PART 03

조달 성과 제공

Leading Procurement Strategy

Chapter

06 조달의 재무적 효과

사이먼 템플러 박사(DR SIMON TEMPLAR)

이 장에서는 조직의 조달 결정과 재무적 성과 간의 관계를 살펴보고자 한다. 먼저 주요 재무 개념들을 검토한 후 재무적 성과와 조달과의 관계를 분석함으로써 조달기능이 조직의 가치를 증가시킬 수 있음을 설명하고자 한다. 조달 결정은 자본적 지출과 수익적 지출 모두와 관련이 있으며, 이 장에서는 조달기능이 손익계산서, 재무상태표 그리고 관련된 재무비율에 어떠한 영향을 미치는지 살펴볼 것이다. 순자산수익률(RONA), 주주가치(SV) 그리고 자산 과세 후 이자 및 세금 차감전 이익(EAC)을 포함하여 기업의 성과를 측정하는 데 사용되는 일반적인 체계를 도입하여 이들과 조달과의 관계를 평가하였다. 마지막으로 공급망의 물리적 정보와 재무적 흐름 간의 격차를 해소하고, 조직의 내부와 공급망 간 운영의 기능적인 통합을 향상시킬 수 있는 세 가지 데이터 분석 접근방식을 제시한다.

조달과 가치 창출

조달은 기업의 경쟁우위에 직접적인 영향을 미친다. 조달 전문가들은 조달 결정이 재무적인 성과와 가치 창출 간에 영향을 주고받는 전달 역할을 하고, 이들과 중요하게 연결되어 있다는 것을 인식하고 있다. 경쟁우위의 개념은 마이클 포터(Michael Porter)가 연구를 통해서 소개하였다. 특히 마이클 포터(1985: 33-34)는 다음과 같이 경쟁우위를 강조하였다.

기업을 전체적인 관점으로는 이해할 수 없다. 이는 기업은 제품을 설계, 생산, 마케팅, 제공 및 지원할 때 수행하는 많은 개별 활동들이 진행되기 때문이다. 이러한 활동들은 기업의 상대적인 비용 위치와 차별화를 위한 기반을 마련할 수 있다. 기업은 이러한 전략적으로 중요한 활동들을 경쟁업체보다 저렴하거나 더 잘 수행함으로써 경쟁우위를 확보할 수 있다.

포터는 조달을 지원기능으로 파악했다. 그러나 엘람과 리우(Ellram and Liu)(2002: 30)는 조달 및 공급망 관리 결정이 단지 비용 절감에만 관련이 있는 것이 아니라 조직 재무 성과의 기본적인 요소라고 주장한다. "조달 및 공급관리의 재정적 영향은 비용 절감을 훨씬 뛰어넘는다. 이것은 비즈니스 성장, 수익성, 현금흐름 및 자산 활용과 같은 중요한 성과 영역으로 확장된다."

엘람과 리우(2002: 30)는 조달 기능을 조직 내에서 전략적으로 활용하기 위해서는 이사회가 이해할 수 있도록 조달의 전략적 역할을 주장함으로써 가치를 추가할 수 있다는 점을 강조했다. "공급망 관리자는 이러한 광범위한 영향을 정량화할 수 있어야 한다. 그런 다음 이러한 메시지를 위로 전달하여 최고경영진이

MINI-CASE | 코카콜라: 전략적 가치와 공급망 성과

코카콜라의 비전과 가치 선언(2017)은 조직의 전략적 가치와 조달 및 공급망 운영 간의 중요한 관계를 설명하기 위해 도입되었다(Coca-Cola Company, 2017).

우리의 비전은 로드맵의 프레임워크 역할을 하며, 지속가능한 양질의 성장을 위해 달성해야 할 목표를 설명함으로써 비즈니스의 모든 측면에서 참고하도록 한다.

- 사람: 사람들이 최고의 영감을 받을 수 있도록 일하기 좋은 장소가 되자.
- 포트폴리오: 사람들의 욕망과 욕구를 예상하고 만족시키는 고급 음료 브랜드 포트폴리오를 전 세계에 제공하자.
- 파트너: 고객과 공급업체로 구성된 네트워크를 육성하여 상호적이고 지속적인 가치를 창출하자.
- 환경: 지속가능한 커뮤니티를 구축하고 지원함으로써 변화를 만드는 책임 있는 시민이 되자.

- 이익: 전반적인 책임을 염두에 두고, 주주들에 대한 장기적인 수익을 극대화하자.
- 생산성: 매우 효과적이고 간결하며 빠르게 움직이는 조직이 되자.

표 6-1 전략적 조달 이니셔티브

카테고리	조달 이니셔티브
사람	조달 전문 지식과 역량에 투자 및 개발하고, 조달 분야에 대한 전문적 및 학술적 자격을 후원
포트폴리오	공급업체와 협력하여 신제품 설계 및 개발
파트너	조직 경계를 넘어 정보를 공유하는 공급자 관계관리 및 공급업체 프로그램 도입
환경	총소유비용에 기반을 둔 기업의 사회적 책임 이니셔티브를 채택하고, 공급업체 감사 도입
이익	공급업체 관리 재고, 목표비용 등 주주가치 동인에 긍정적인 영향을 미쳐 공급비용을 절감하는 조달 프로그램 및 프로젝트 도입
생산성	조직의 전략적 목표와 일치하는 조달 핵심성과지표 도입

코카콜라 성명서의 여섯 가지 가치 범주는 [표 6-1]의 잠재적 조달 이니셔티브와 일치시켜 전략적 성과를 제공하는 데 있어 조달기능의 전략적 역할을 강조한다.

조달 및 공급관리가 기업 성공에 어떻게 기여할 수 있는지를 더 잘 이해할 수 있도록 한다."

조달 결정 및 지출 유형

조달 실무자가 내리는 지출 결정에는 두 가지 유형이 있다. ① 자산, 플랜트 및 장비와 같은 비유동자산에 대한 지출, ② 연료, 원자재 및 제3자 물류와 같은 현 회계기간에 소비될 재화나 용역에 대한 지출로 수익적 지출(revenue expenditure)이라고 한다.

자본적 지출

CIMA(2005: 61)는 자본적 지출(capital expenditure)을 '비유동자산(유형자산과 무형자산 모두)을 획득하거나 생산 또는 가치 향상을 위한 비용'이라고 정의한다. 이 경우 비유동자산은 유형자산과 무형자산의 두 가지 유형으로 분류하여 정의하였다. 유형자산에는 '트럭이나 창고'와 같은 물리적인 개체 및 기타 공급망 인프라가 포함된다. 무형자산은 영업권처럼 본질적으로 비물리적이다. 두 유형 자산 모두 손익계산서에서 비용으로 분류되며, 유형자산은 감가상각되고 무형자산은 상각된다. 감가상각 및 상각의 목적은 비유동자산의 내용연수와 그 자산에 의해 생성된 소득에 대한 지출을 맞추는 것이다.

수익적 지출

여러 회계기간 동안 사용하기 위해 구매한 자본적 지출과 달리 수익적 지출(revenue expenditure)은 해당 회계기간 동안 생산과정에서 소비하기 위해 구매한 것이다. CIMA(2005: 77)는 수익적 지출을 '지출 발생기간 동안 손익계산서에 청구되는 상품의 제조, 서비스 제공 또는 기업의 일반적인 활동에 대한 지출'로 정의한다.

공급망에서 사용되는 수익적 지출의 예는 다음과 같다.

- 트럭용 연료
- 자재 취급 장비 대여
- 포장재
- 제3자 물류비용
- 대행사

감가상각

CIMA(2005: 66)는 '감가상각(depreciation)이란 내용연수기간 동안 가치가 감소하는 자산의 양을 체계적으로 할당하는 것'으로 정의한다. 일반적으로 유형자산에 적용된다. 감가상각을 설명하기 위해 가상의 사례를 사용하였으며, 나중에 조달 결정에 있어서 감가상각의 중요성에 대해 설명할 것이다.

다음 사례는 감가상각이 울트라 일렉트로닉스(Ultra PLC)의 손익계산서 및 재무상태표에 미치는 영향을 보여주고 있다. Ultra PLC는 비유동자산을 10,000달러에 구매했으며, 자산의 내용연수는 3년이고 잔존가치는 1,000달러이다. Ultra PLC는 어떤 감가상각법을 채택할지 고민하고 있다. 그들은 세 가지 방법을 평가하고 있다.

- 정액법(straight–line)
- 정률법(reducing balance)
- 연수합계법(sum of the digits)

정액법

정액법(straight–line)에 의한 감가상각법은 비유동자산의 내용연수기간에 걸쳐 매년 동일한 감가상각액을 손익계산서에 기입하는 방법이다. 연간 감가상각액은 다음 공식을 사용하여 계산된다.

$$\text{연간 감가상각(정액법)} = \frac{(C-RV)}{n}$$

RV = 잔존가치

C = 취득원가

n = 자산의 내용연수

$$\text{연간 감가상각(정액법)} = \frac{(\$10,000-\$1,000)}{3} = \$3,000$$

정률법

정률법(reducing balance)은 비유동자산의 상각률로 고정된 비율을 적용하는 방법으로 자산 수명 초기에 감가상각비가 더 많이 산정되는 방법이다. 연간 감가상각비율은 다음 공식을 사용하여 계산된다.

$$\text{연간 감가상각(정률법)} = 1-\sqrt[n]{\frac{RV}{C}}$$

RV = 잔존가치

C = 취득원가

n = 자산의 내용연수

$$\text{연간 감가상각(정률법)} = 1-\sqrt[3]{\frac{\$1,000}{\$10,000}} = 53.58$$

따라서 연간 감가상각을 계산하는 데 사용되는 비율은 자산 감소 잔액의 53.58%이므로 첫해의 감가상각비는 5,358달러이다. 두 번째 해의 감가상각비는 10,000달러에서 5,358달러를 뺀 금액인 4,642달러의 53.58%가 두 번째 해의 감가상각비가 되며 이는 2,487달러이다. 이러한 방법은 자산의 내용연수기간 동안 계속된다.

연수합계법

연수합계법(sum of the digits)은 정률법과 마찬가지로 자산의 내용연수 초기에 감가상각비를 더 많이 부과하지만 정률법과는 다른 접근방식으로 계산한다. 이 방법은 자산의 내용연수를 구성하는 숫자들을 합하는데, 예를 들어 자산의 내용연수가 3년이면 숫자의 합은 1+2+3=6이 된다. 자산의 수명이 8년이라면 숫자는 36이 된다. 연수합계법을 기반으로 하면 상각률(분수의 형태로 나옴)을 상각 대상 자산에 곱하여 감가상각비를 구하게 된다. 분모는 숫자의 합이 되고, 분자는 첫해의 내용연수가 되고, 매년 1을 빼주게 되므로(예 Year 1=3) 첫해의 상각률은 3/6 또는 1/2이 된다. 계산은 [표 6-2]에 설명되어 있다.

표 6-2 연간 감가상각비 합계

년	연간 감가상각
1	3/6×$9,000=$4,500
2	2/6×$9,000=$3,000
3	1/6×$9,000=$1,500

[표 6-3]은 세 가지 감가상각법을 비교하고, 손익계산서와 재무상태표에 미치는 영향을 보여준다. 예를 들어, 정액법은 감가상각이 동일한 금액으로 손익계산서에 비용으로 기입되지만, 다른 두 가지 방법은 자산의 내용연수 초기에 더 많은 감가상각액이 비용으로 기입된다. [그림 6-1]은 각 방법에 대한 연간 감가상각비를 보여주고 있다.

그러므로 조달 전문가들은 재무비율을 비교할 때 기업들마다 다른 방법을 선택할 수 있고, 따라서 감가상각 방법도 그들이 선택할 수 있다는 것을 알고 있는 것이 중요하다. 감가상각 방법은 자산의 순장부가치(NBV: New Book Value) 및 순자산수익률, 총자산회전율과 같은 비유동자산의 가치를 나타내는 모든 재무비율에 영향을 미친다. 감가상각 방법에 따른 각 연도별 비유동자산의 NBV는 [표 6-3]에 설명되어 있다.

그림 6-1 감가상각법 비교

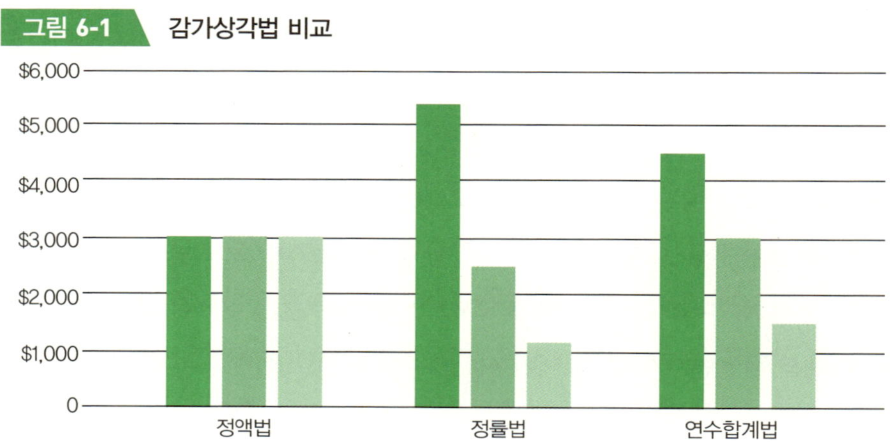

표 6-3 감가상각법 비교

정액법	매년 감가상각액	취득원가	누적 감가상각액	순장부가치
Year 1	$3,000	$10,000	$3,000	$7,000
Year 2	$3,000	$10,000	$6,000	$4,000
Year 3	$3,000	$10,000	$9,000	$1,000
정률법	매년 감가상각액	취득원가	누적 감가상각액	순장부가치
Year 1	$5,358	$10,000	$5,358	$4,642
Year 2	$2,487	$10,000	$7,846	$2,154
Year 3	$1,154	$10,000	$9,000	$1,000
연수합계법	매년 감가상각액	취득원가	누적 감가상각액	순장부가치
Year 1	$4,500	$10,000	$4,500	$5,500
Year 2	$3,000	$10,000	$7,500	$2,500
Year 3	$1,500	$10,000	$9,000	$1,000

정액법을 사용하면 1년차 비유동자산의 NBV가 7,000달러이지만 정률법을 사용하면 NBV는 4,642달러이다. 만약에 판매수익이 50,000달러라면 정액법의 총자산회전율은 7.14($50,000/$7,000)이지만 정률법의 경우 10.77($50,000/$4,642)이다. 이 비율은 기업의 효율성을 나타내는 척도이므로 기업이 선택한 감가상각 방법에 따라 결과에 큰 영향을 미침을 알 수 있다.

조달 결정과 재무제표

이 장에서는 손익계산서와 재무상태표를 소개한 다음, 조달 결정이 재무제표와 조직의 전반적인 재무 성과에 중대한 영향을 미친다는 것을 강조한다. 재무제표를 설명하는 데 가상의 회사를 사용하였다.

손익계산서

손익계산서(income statement)는 주어진 회계기간 동안 기업의 손익을 도출하는 데 사용된다. 비즈니스를 통해 창출된 수익을 기록하고, 수입을 창출하기 위해 사용된 관련 비용을 일치시켜준다(매칭 개념). 손익계산서는 맨 위 항목 수익부터 맨 아래 항목 유보이익이 창출되는 재무적인 과정을 보여준다. 다양한 관점에서 이익을 측정하는 여러 가지 중요한 이정표가 있으며, 조달전문가는 이 이정표의 의미를 이해해야 한다. [표 6-4]는 Ultra PLC의 손익계산서를 보여주고 있다.

조달기능은 기업의 판매수익, 총이익 및 영업이익에 큰 영향을 미친다. 이러한 각 주요 영역은 아래에서 더 자세히 설명하고 있다.

표 6-4 Ultra PLC 손익계산서

XX년 3월 31일 종료되는 연도의 손익계산서	백만 달러($m)
매출	200
매출원가	100
매출총이익	100
영업비용	42
영업이익	58
금융비용	8
세금 차감전 이익	50
법인세	20
세금 차감후 이익	30
배당	10
유보이익	20

매출

만약 고객에게 상품 및 서비스를 판매할 수 없다면, 매출(sales revenue)이 발생하지 않을 것이다. 따라서 제품 활용성이 중요하다. 이는 조달기능의 기본 목표 중 하나이다. 재판매를 위해 구매한 상품, 제조 프로세스에 사용되는 구성요소 또는 고객에게 제공되는 서비스, 모두 적절한 장소에 있어야 한다. 그렇지 않다면 이는 해당 비즈니스의 재무적 성과에 치명적인 영향을 미칠 것이다.

매출총이익

어떤 기업이든 매출총이익(gross profit)은 동일한 회계기간 동안 발생된 매출에서 매출원가를 차감하여 계산된다. 매출원가는 회계연도 기간에 이루어진 순매입액에 기초재고를 더하고, 마지막으로 기말재고의 가치를 빼줌으로써 계산한다. [표 6-5]는 이러한 계산을 보여주고 있다.

이 예에서 매출총이익은 1억 달러이며, 총이익은 30%이다. 비율은 다음 공식으로 계산된다.

총이익 = (매출총이익/매출) × 100

공급망과 조달 실무자는 재고관리 및 구매를 담당하므로 재무비율에 중요한 영향을 미친다. 이러한 계산에 큰 영향을 미치는 중요한 요소는 사용하고 있는 재고평가 방법이다.

표 6-5 Ultra PLC 매출총이익 계산

XX년 3월 31일로 끝나는 연도의 거래 계정	백만 달러($m)	백만 달러($m)
매출		200
매출원가		
기초재고	45	
(+)순매입액	85	
	130	
(−)기말재고	30	100
매출총이익		100

재고평가 방법

가장 일반적으로 사용되는 방법은 선입선출(FIFO), 후입선출(LIFO) 및 평균비용(AVCO)이다. 이 장에서는 가상의 예를 사용하여 기업의 기말재고평가를 계산하고, 회사의 총이익을 통해 이를 보다 심층적으로 소개하고 살펴본다. 재무제표의 재고평가에 관한 엄격한 규칙은 다음과 같다. 재고는 비용으로 평가되어야 하지만 순실현가능가치(NRV: Net Realizable Value)가 비용보다 적으면 NRV가 사용된다. 비용과 NRV의 차이는 손익계산서에 기록된다.

선입선출

선입선출(FIFO: First In First Out)법은 먼저 입고된 상품이 먼저 출고된다고 가정하는 방법으로 마감재고가치를 도출하는 데 사용되는 전통적인 재고순환 정책이다. [표 6-6]은 기초재고가치, 해당 기간 동안의 입고와 출고, 회계기간 동안의 마감재고가치를 보여주고 있다. FIFO에서 마감재고는 12,500달러 또는 단위당 25달러이다.

표 6-6 | 재고평가: FIFO

입고			출고			재고		
수량	단가	금액	수량	단가	금액	수량	단가	금액
						500	15.00	7,500
			400	50	20,000	100	15.00	1,500
600	20	12,000				600	20.00	12,000
						700		13,500
			400	50	20,000	300	20.00	6,000
600	25	15,000				600	25.00	15,000
						900		21,000
			400	50	20,000	500	25.00	12,500

프리미어 푸드(Premier Foods PLC) 연례보고서 및 계정(2017: 65)에서는 기업의 재고평가 정책이 다음과 같이 요약되어 있다. "재고는 비용과 순실현가능가치 중 낮은 가치로 평가된다. 적절하다면 비용에는 IAS_2 재고에서 설명된 것처럼 생산 및 기타 귀속 가능한 간접비가 포함된다."

Premier Foods PLC의 재고평가 방법은 FIFO이다. "비용은 물품의 청구금액과 재고를 현재 위치 및 상태로 가져오는 비용을 참조하여 선입선출법으로 계산된다."

후입선출

후입선출(LIFO: Last In First Out) 방법의 경우 재고평가 방법은 FIFO와 반대이다. 유통센터에서 가장 나중에 받은 상품이 가장 먼저 출고된다. LIFO 방법을 채택한 한 회사는 2017년(p31) 연례보고서와 회계보고서에 명시된 바와 같이 월마트(Walmart)이다. "우리는 실질적으로 모든 월마트 미국 부문의 재고에 대해 LFIO 방식을 사용하며, 주로 소매 회계 방법에 따라 결정된 비용 또는 시장에서 낮은 가격으로 재고를 평가한다."

그러나 국제 부문의 경우 FIFO가 채택된다. "월마트 인터내셔널 부문의 재고는 주로 FIFO 방법을 사용하여 소매 재고 회계 방법으로 평가된다."

결과적으로 마감재고평가는 [표 6-7]에 설명된 바와 같이 FIFO 평가와 차이가 있다. LIFO를 사용하면 재고는 10,500달러가 된다.

▌표 6-7▐ 재고평가: LIFO

입고			출고			재고		
수량	단가	금액	수량	단가	금액	수량	단가	금액
						500	15.00	7,500
			400	50	20,000	100	15.00	1,500
600	20	12,000				600	20.00	12,000
						700		**13,500**
			400	50	20,000	200	20.00	4,000
						100	15.00	1,500
						300		**5,500**
600	25	15,000				600	25.00	15,000
						200	20.00	4,000
						100	15.00	1,500
						900		**20,500**
			400	50	20,000	200	25.00	5,000
						200	20.00	4,000
						100	15.00	1,500
						500		**10,500**

평균비용

마지막 재고평가 방법은 평균비용(AVCO: Average Cost)이다. 이 방법은 재고관리에 있어 먼저 입고된 것이 먼저 나간다는 원칙을 채택하지만, 가중평균을 채택하여 재고평가를 수행한다. 모든 출고와 입고에 대해 [표 6-8]에 설명된 바와 같이 재고평가를 다시 한다. 이 방법으로 평가하면 마감재고는 총 11,548달러이고 단위당 23.10달러이다.

유니레버(Unilever)는 연례보고서 및 회계보고서에 명시된 바와 같이 AVCO를 채택하고 있으며, 재고평가 방법에 대한 정책이 다음과 같다는 것을 명시하고 있다. "재고는 가중평균비용과 순실현가능가치 중 낮은 값으로 평가된다. 비용은

표 6-8 재고평가: AVCO

입고			출고			재고		
수량	단가	금액	수량	단가	금액	수량	단가	금액
						500	15.00	7,500
			400	50	20,000	100	15.00	1,500
600	20	12,000				600	20.00	12,000
						700	19.29	13,500
			400	50	20,000	300	19.29	5,786
600	25	15,000				600	25.00	15,000
						900	23.10	20,786
			400	50	20,000	500	23.10	11,548

직접비용과 적절한 경우 생산 간접비의 비율로 구성된다."

[표 6-9]에서는 동일한 데이터를 사용하여 세 가지 재고평가 방법을 비교하였고, 평가 결과 다른 마감재고 결과가 산출됨을 보여주고 있다. 이는 기업의 매출원가 계산뿐만 아니라 매출총이익에도 영향을 준다. LIFO는 가장 낮은 마감재고 평가, 가장 높은 매출원가와 가장 낮은 매출총이익이 산출되어 결과적으로 60%의 가장 낮은 총이익을 가져온다. 그러나 FIFO의 경우 반대로 63.33%의 가장 높은 총이익을 가져온다. 그리고 AVCO는 61.75%의 총이익으로 두 방법 사이에

표 6-9 재고평가 비교: FIFO, LIFO, AVCO

구분	FIFO		LIFO		AVCO	
	$	$	$	$	$	$
판매		60,000		60,000		60,000
(−)매출원가						
기초재고	7,500		7,500		7,500	
(+)구매	27,000		27,000		27,000	
(−)마감재고	12,500	22,000	10,500	24,000	11,548	22,952
매출총이익		38,000		36,000		37,048

속한다. 기업이 채택한 재고평가 방법에 관계없이 재고에 대해 지불한 가격과 관련된 조달 결정은 매출원가와 매출총이익 계산에 영향을 미치게 된다.

영업이익

재화의 원가계산과 직접적으로 관련 없는 기타 모든 수익적 지출은 영업비용으로 분류되고, 매출총이익에서 연결되고 공제되어 영업이익(operating profit)을 산출한다. Ultra PLC의 매출총이익은 1억 달러이며, 4,800만 달러의 영업비용을 빼면 5,200만 달러의 영업이익이 발생한다. 이는 26%의 영업이익률에 해당한다(5,200만 달러의 영업이익에 100/2억 달러의 매출액을 곱한 것과 같다).

재무상태표

재무상태표(balance sheet)는 기업의 자본이 어디에서 조달되었고, 어디에 투자되었는지를 보여준다. [표 6-10]은 Ultra PLC의 재무상태표를 보여준다.

▮ 표 6-10 ▮ Ultra PLC 재무상태표

재무상태표 ××년 3월 31일 기준	백만 달러($m)
비유동자산	220
유동자산	80
총자산	300
자본	
보통주	50
유보이익	100
총자기자본	150
비유동부채	
차입	100
유동부채	50
총부채	150
총자본과 총부채	300

회계방정식

재무상태표는 [표 6-11]과 같이 총자산, 순자산 및 총순자산의 균형 조정이라는 세 가지 회계방정식(accounting equations)으로 설명할 수 있다. 다음은 재무상태표의 중요 항목들이다.

- NCA 비유동자산(Non-current assets)
- CL 유동부채(Current liabilities)
- CA 유동자산(Current assets)
- CA−CL 운전자본(Working capital)
- EQ 자기자본(Equity)
- EQ+NCL 장기자본(Capital employed)
- NCL 비유동부채(Non-current liabilities)
- TA 총자산(Total assets)
- NA 순자산(Net assets)
- TNA 총순자산(Total net assets)

표 6-11 Ultra PLC 재무상태표: 세 가지 회계방정식

회계방정식	To	From
총자산(TA)	NCA + CA = TA 220 + 80 = 300	EQ + NCL + CL 150 + 100 + 50 = 300
순자산(NA)	NCA + (CA − CL) = NA 220 + (80 − 50) = 250	EQ + NCL 150 + 100 = 250
총순자산(TNA)	NCA + (CA − CL) − NCL = TNA 220 + (80 − 50) − 100 = 150	EQ 150

비유동자산은 앞에서 소개하고 설명하였다. 그러나 재무상태표에는 조달 결정이 영향을 미치는 다른 두 가지 영역이 있다. 그것은 유동자산과 유동부채이다.

유동자산

아트릴과 맥레이니(Atrill and McLaney)(2017: 512)는 유동자산(current assets)을 다음과 같이 정의한다. "유동자산은 단기 보유자산이며, 정상적인 비즈니스 영업주기에서 판매 또는 소비를 위해 보유하고 있는 현금과 기타 자산이 포함된다."

조달 결정은 이 장에서 공개된 재무상태표의 재고 수준과 가치에 영향을 미칠 것이다. 재고가치를 평가하는 데 사용되는 일반적인 방법들은 앞에서 소개되었다. [표 6-12]는 Ultra PLC의 유동자산을 보여주고 있다.

표 6-12 Ultra PLC 유동자산

유동자산	백만 달러($m)	백만 달러($m)
재고		
원재료	6	
재공품	10	
완제품	14	30
매출채권		40
현금		10
총유동자산		80

유동부채

아트릴과 맥레이니(2017: 512)는 유동부채(current liabilities)를 다음과 같이 정의한다.

> 사업 영업주기의 정상적인 과정 또는 재무상태일로부터 12개월 이내에 결제될 것으로 기대되거나, 주로 거래 목적으로 보유하거나 또는 재무상태일로부터 12개월을 초과하여 결제를 연기할 권리가 없는 부채

조달기능은 재무상태표에서 유동부채로 표시된 채무에 영향을 미친다. 일반적

으로 조달은 공급업체의 지불기간을 포함하여 기업과 공급업체 간의 이용약관 협상에 관여한다. [표 6-13]은 Ultra PLC의 유동부채를 보여준다.

표 6-13 Ultra PLC 유동부채

유동부채	백만 달러($m)
외상매입금	25
미지급배당금	5
세금	10
당좌대월	10
총유동부채	50

기업의 유동자산과 유동부채의 차이를 운전자본이라고 한다. 이에 대해서는 다음 장에서 자세히 설명할 것이다.

비율 분석: 공급업체의 재무상태 이해

"돌다리도 두드려보고 건너라(Look before you leap)"라는 오래된 말이 있다. 다시 말해, 잠재적인 공급업체와 관계를 맺기 전에 조사하라는 의미이다. 수익성, 유동성 및 효율성과 관련하여 잠재적인 신규 공급업체를 평가할 때 조달 실무자가 요구해야 하는 많은 재무적인 질문이 있다.

재무비율은 예상 공급업체에 대한 가치 있는 정보를 제공할 수 있지만, 반드시 그런 것은 아니다. 이들은 과거 정보를 활용하고 투자 분석가의 오래된 속담을 기억한다. "과거의 성과는 미래의 성과를 보장하지 않는다." 따라서 공급업체를 참조하거나 사례 연구 및 공급업체가 제공한 다른 고객과의 인터뷰와 같은 다른 데이터 소스를 사용하여 다각도로 조사해야 한다. 이들은 모두 공급업체 성과의 귀중한 증거들이다. 아니면 공급업체 평가를 이 분야의 전문기관에 아웃소싱할 수 있다.

재무비율은 [그림 6-2]에 설명된 바와 같이 손익계산서, 재무상태표 또는 이

두 가지를 조합한 데이터에서 얻을 수 있다. 그러나 조달 실무자는 소스 데이터의 출처가 어디인지 파악하고, 해당 비율이 무엇을 측정하는지 이해해야 한다. 그리고 더 중요한 것은 그들이 내리는 해당 결정이 조직의 비율 및 전반적인 재무성과에 미치는 영향을 이해하는 것이다.

그림 6-2 재무비율

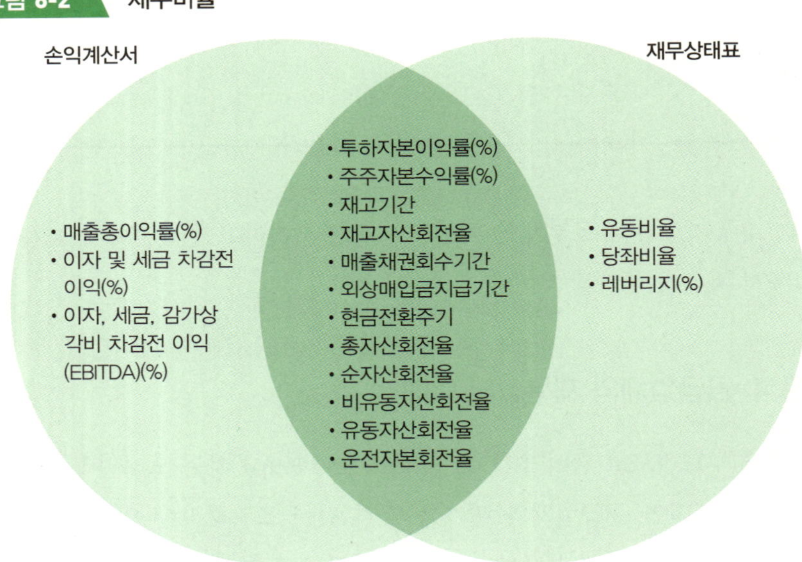

이 장에서는 성과를 분석하는 데 사용할 수 있는 재무비율에 초점을 맞춘다. [표 6-14]는 일련의 전형적인 재무비율과 재무적 성과 범위를 보여준다. 이 목록은 완전하지는 않지만, 기업의 성과를 측정하는 데 사용되는 여러 유형의 비율들을 소개하고 있다.

각 비율에 대한 공식과 계산 방법 그리고 의미를 설명하고 있다. 이 비율은 Ultra PLC의 재무상태표에서 추출한 데이터를 사용하였다.

표 6-14 재무비율

범위	비율
수익성	• 매출총이익률(%) • 이자 및 세금 차감전 이익(%) • 이자, 세금, 감가상각비 차감전 이익(%) • 투하자본이익률(%) • 주주자본수익률(%)
유동성	• 유동비율 • 당좌비율
운전자본	• 재고기간 • 재고자산회전율 • 매출채권회수기간 또는 채권회전일 • 외상매입금지급기간 또는 매입채무회전일 • 현금전환주기
효율성	• 총자산회전율 • 순자산회전율 • 총순자산회전율 • 비유동자산회전율 • 유동자산회전율 • 운전자본회전율
재무구조	• 레버리지(%)

수익성비율

[표 6-15]는 Ultra PLC의 손익계산서와 재무상태표에 포함된 데이터를 사용하여 다섯 가지 대표적인 수익성비율(profitability ratios)을 보여준다. 처음 세 개의 항목은 기업의 손익계산서의 데이터만 사용하는 반면, 투하자본이익률과 주주자본수익률은 손익계산서와 재무상태표 데이터를 모두 사용한다.

표 6-15 Ultra PLC 수익성비율

비율	공식	계산
매출총이익률(%)	(매출총이익/판매수익)×100	($100m/$200m)×100 = 50%
이자 및 세금 차감전 이익(%)	(이자 및 세금 차감전 이익/판매수익)×100	($58m/$200m)×100 = 29%
이자, 세금, 감가상각비 차감전 이익(%)	(이자, 세금, 감가상각비 차감전 이익/판매수익)×100	($64m/$200m)×100 = 32%#
투하자본이익률	(이자 및 세금 차감전 이익/자본사용액)×100	($58m/$250m)×100 = 23.2%
주주자본수익률	(세금 차감후 이익/주주자본)×100	($30m/$150m)×100 = 20%

참고: Ultra PLC의 연간 감가상각액은 600백만 달러로 운영비에 포함됨.

유동성비율

[표 6-16]은 Ultra PLC의 재무상태표에서 추출한 데이터를 사용하여 계산된 두 가지 유동성비율(liquidity ratios)을 보여주고 있다. 유동비율은 유동자산의 가치와 유동부채를 비교한 것이다. Ultra PLC의 경우 유동비율은 1.6이며, 이는 현재 부채 1달러마다 Ultra PLC가 단기 부채를 충당하기 위해 유동자산 1.60달러를 가지고 있다는 것을 의미한다. 당좌비율의 경우 재고자산은 재고가 현금으로 전환되기까지 시간이 걸리기 때문에 유동자산에서 빼고 계산한다. 그러면 당좌비율은 1.0으로 계산된다. 전통적으로 회계 텍스트는 유동비율에 대해 2.0의 기준을 제안했고, 제조기업의 당좌비율에 대해서는 1.0을 제안했다. 그러나 그것은 산업 부문과 현금흐름에 달려 있다.

표 6-16 Ultra PLC 유동성비율

비율	공식	계산
유동비율	유동자산 : 유동부채	$80m : $50m = 1.6 : 1.0
당좌비율	(유동자산 – 재고자산) : 유동부채	($80m – $30m) : $50m = 1.0 : 1.0

조달 실무자들을 위해 특히 강조할 것은 '유동성 역설'이다. 기업이 재무상태표의 재고 수준을 줄이고자 노력하고 있다면, 유동비율로 측정되는 유동성을 약화시킬 수 있다.

운전자본비율

[표 6-17]은 다섯 가지 중요한 운전자본비율(working capital ratios)을 보여주고 있다. 첫 번째는 기업에서 재고를 보유한 평균 일수를 측정한 재고 일수이다. 이 비율은 기업의 매출원가를 계산한 데이터를 통해 계산된다. Ultra PLC의 경우 재고 날짜는 137일이다. 재고관리, 구매 및 경제적 주문량(EOQ: Economic Order Quantity)에 영향을 미치는 조달 결정은 이 비율에 긍정적인 영향을 줄 수 있지만, 제품기획에서 완성까지의 기간과 제품 다양성, 고객 서비스와 관련하여 영업 및 마케팅과 같은 비즈니스 내 다른 기능에 재고 결정이 미치는 영향을 고려하는 것이 중요하다.

재고자산회전율은 사업 내 재고의 회전 속도를 측정한다. 승수(multiplier)를 산출하기 위해 365일을 재고기간으로 나누어 계산한다. Ultra PLC의 재고회전율은 2.66이며, 이는 평균적으로 1년에 2.66번의 재고자산이 회전되는 것을 의미한다.

표 6-17 Ultra PLC 운전자본비율

비율	공식	계산
재고기간	(평균 재고/판매비용)×365	($37.5m/$100m)×365 = 137 days
재고자산회전율	365/재고기간	365/137 = 2.66
매출채권회수기간	(평균 채권/신용 판매)×365	($40m/$200m)×365 = 73 days
외상매입금지급기간	(평균 지급액/신용구매)×365	($25m/$85m)×365 = 107 days
현금전환주기	재고기간+매출채권회수기간－외상매입금지급기간	137＋73－107 = 103 days

매출채권회수기간은 사업 거래 시 신용고객이 지불하는 데 걸린 평균적인 시간을 나타낸다. 일반적으로 재무상태표의 매출채권과 손익계산서에서 얻은 신용판매에서 추출된다. 신용관리와 이용약관과 관련된 결정은 공급망의 중요한 재무적 결정의 사용뿐만 아니라 이 비율에 유리한 영향을 줄 수 있다. 현재 Ultra PLC의 고객은 평균 73일 안에 지불하고 있다.

외상매입금지급기간(또는 매입채무회전일)은 기업이 공급업체에게 지불해야 될 돈을 주는 데 걸리는 시간을 측정한다. 이는 신용으로 구매한 것을 평균 외상매입금으로 나누어 계산한다. 기업은 외상매입금 지불 가능기간을 연장함으로써 현금흐름 혜택을 얻을 수 있다. 그러나 이는 공급업체의 유동성에 영향을 미쳐 재정적 고통으로 이어질 수 있으며, 공급망의 재무적 지속가능성을 위협하게 된다. 공급망의 재무적 도구들이 점점 더 이 공간에 배치되고 있으며, 공급업체와의 관계를 관리함에 따라 조달기능에 대한 관심이 높아지고 있다. Ultra PLC의 경우 공급업체에게 지불하는 기간은 평균 107일 정도이다. 공급업체는 구매자와의 거래 여부를 평가할 때 구매자의 외상매입금지급기간을 확인할 것이고, 최근에 그 기간이 늘어나거나 단순히 긴 기간을 가진 기업들, 미디어에서 거명된 공급업체라면 평판에 영향을 미치게 된다.

현금전환주기는 그 사업이 현금을 회수하는 데 걸리는 시간을 측정한다. 비율은 [표 6-17]에 표시된 것처럼 세 가지 다른 비율의 조합이다. 이 비율은 Ultra PLC의 재고기간(137일)에 평균 매출채권회수기간(73일)을 더하고 평균 외상매입금지급기간(107일)를 빼서 현금전환주기는 103일이 된다. Ultra PLC는 일반적으로 현금 회수를 위해 103일을 기다려야 하므로 유동성 갭이 발생하게 되며, 이는 다음과 같이 줄일 필요가 있다.

- 재고에 묶인 현금을 자유롭게 함
- 고객이 지불하는 시간을 단축
- 공급업체에게 지불할 기간을 연장

효율성비율

[표 6-18]의 효율성비율(efficiency ratios)은 기업의 여러 자산에서 생성된 판매수익의 비율을 나타낸다.

표 6-18 Ultra PLC 효율성비율

비율	공식	계산
총자산회전율	매출액/총자산	\$200m/\$300m = 0.67
순자산회전율	매출액/순자산	\$200m/\$250m = 0.80
총순자산회전율	매출액/총순자산	\$200m/\$150m = 1.33
비유동자산회전율	매출액/비유동자산	\$200m/\$220m = 0.91
유동자산회전율	매출액/유동자산	\$200m/\$80m = 2.50
운전자본회전율	매출액/운전자본	\$200m/\$30m = 6.67

각 비율에 대한 공식은 매출액을 분류된 각각의 자산으로 나누는 방식을 기반으로 한다. 예를 들어, 총자산회전율은 매출(2억 달러)을 총자산(3억 달러)으로 나누어 0.67의 비율이 계산된다. 즉, 1달러의 총자산을 활용하여 67센트의 매출을 기록했다는 의미이다. 이 비율은 산업 부문의 기업별 매출과 관련하여 분류된 각각의 자산들의 성과를 비교하는 데 사용할 수 있다.

비유동자산과 유동자산을 모두 줄일 수 있는 조달 결정은 다음과 같은 효율성비율을 향상시킬 수 있다.

- 비유동자산의 아웃소싱
- 비유동자산의 리스 또는 임대
- 공급업체가 재고를 관리
- 연기

재무구조비율

레버리지비율(gearing ratio)은 총자본사용액의 백분율로서 비유동부채의 가치를 측정한다. Ultra PLC의 경우, [표 6-19]에 설명된 것처럼 총자본사용액의 40%가 1억 달러의 비유동자산으로 자금조달이 되었다.

표 6-19 Ultra PLC 재무구조비율

비율	공식	계산
레버리지(%)	(비유동부채/자본사용액)×100	($100m/$250m)×100 = 40

재무비율의 약점

기업의 재무비율을 비교할 때는 기본적으로 같은 방식으로 비교하는 것이 중요하다. 그렇지 않으면 분석에 결함이 있을 수 있다. 재무비율을 이용하여 기업의 성과를 비교할 때 고려해야 할 많은 요소가 있다. 그것은 다음과 같다.

- 기업이 채택한 회계정책
- 미래의 성과를 과거의 추세에 의존할 수 없다.
- 경제 상황은 성장, 위험 및 인플레이션과 관련한 비즈니스의 지리적 위치에 따라 달라질 수 있다.

기업 성과 측정

이 장에서는 기업 성과 측정에 일반적으로 사용되는 세 가지 프레임워크, 즉 순자산수익률(RONA), 주주가치(SV) 및 자산 과세 후 이자 및 세금 차감전 이익(EAC)에 대해 소개할 것이다.

순자산수익률

순자산수익률(RONA: Return On Net Assets)은 전통적으로 기업 성과의 바로미터로 사용되어왔다. 이것은 손익계산서에서 산출된 이자 및 세금 차감전 이익을 재무상태표의 순자산가치로 나눈 후 100을 곱하여 계산된다. 이 장의 앞부분에서 재무상태표와 관련된 회계식을 소개하였다. 두 번째 식은 순자산이 자본사용액과 동일하게 사용되므로 RONA(순자산수익률)와 ROCE(자본이익률)는 같은 비율이라고 언급했다. RONA는 재무상태표의 타인자본을 차감한 순자산을 사용하는 반면 ROCE는 자기자본에 초점을 맞추어 사용한다. 조달 실무자는 비유동자산, 유동자산 및 유동부채와 관련하여 재무상태표 상반부(타인자본)에 관한 결정을 내린다. 그러나 브룩슨(Brookson)(2001: 43)은 사업에 투자한 돈으로 얼마나 많은 이익을 내고 있는지, 경영이 얼마나 잘되고 있는지를 보여주는 핵심 척도인 RONA/ROCE 비율의 중요성을 강조한다.

순자산수익률(RONA)은 이자 및 세금 차감전 이익을 순자산으로 나눈 후 100을 곱하여 구할 수 있다. Ultra PLC의 경우 5,800만 달러를 2억 5,000만 달러로 나눈 후 100을 곱하면$\left(\frac{\$58m}{\$250m}\times 100\right)$ 23.2%의 RONA가 도출된다. 그러나 이 비율은 순자산회전율과 이자 및 세금 차감전 이익비율을 곱하여 구할 수도 있다. Ultra PLC의 순자산회전율은 0.8이고 이자 및 세금 차감전 이익비율은 29%이다. 이들을 곱하면 [그림 6-3]에서 기술된 것처럼 23.2%의 RONA가 산출된다. 이러한 비율 사이의 관계는 조달 실무자의 구매 의사결정에 의해 두 비율에 영향을 줄 수 있으며, 판매와 판매된 제품비용, 운영비용, 비유동자산 및 유동자산 그리고 유동부채에 영향을 미치기 때문에 조달 실무자에게 매우 중요하다.

[그림 6-3]은 Ultra PLC의 손익계산서, 재무상태표 및 RONA의 관계를 보여준다. 공급자 재고관리(VMI: Vendor Management Inventory)를 채택하여 재고를 50% 줄일 수 있고, 결과적으로 현금을 절약하여 비유동자산을 감소시킨다면 RONA 비율에 어떤 영향을 미칠까? 재고는 1,500만 달러로 감소하고 따라서 순

그림 6-3 Ultra PLC 순자산수익률(RONA)

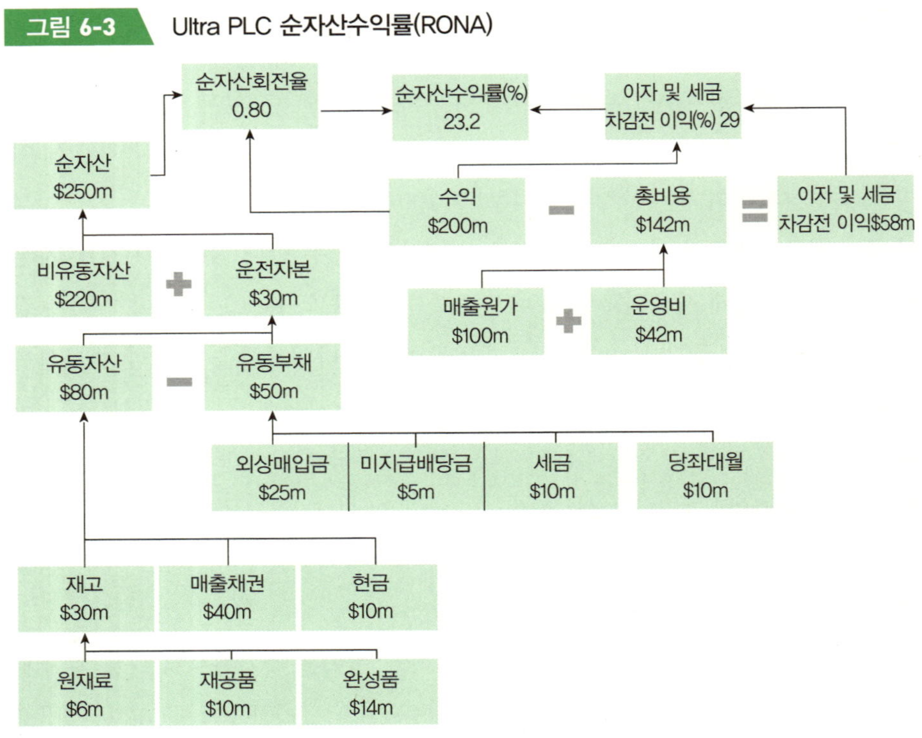

자산은 2억 3,500만 달러로 감소할 것이다. 이자 및 세금 차감전 이익(EBIT)이 5,800만 달러로 일정하게 유지된다면 RONA는 24.7%로 1.5% 증가할 것이다.

두 번째 예를 살펴보자. Ultra PLC가 물류 운영을 제3자 물류로 아웃소싱하면 재무상태표에서 3,000만 달러의 비유동자산을 없애고 비용 중립성을 유지한다면 RONA가 26.4%로 3.2% 증가할 것이다.

조달 전문가는 자신의 결정이 기업의 재무제표에 미치는 재무적 영향을 이해하고 조직 내 재무기능에 미치는 영향에 대해 논의하고 입증할 수 있는 것이 매우 중요하다.

주주가치

영국 공인회계사협회(CIMA)에서 정의한 주주수익률은 다음과 같다(2005: 96).

> 배당금과 주식가치 상승 측면에서 주주들에 대한 총수익은 부채의 시장가치보다 낮은 사업 자본의 가중평균비용으로 할인된 사업의 미래 잉여 현금흐름의 현재가치로 계산된다.

루카스 외 연구진(Lukas et al.)(2005: 414)은 경영자가 주주가치(SV: Shareholder Value)를 높이고 조직의 재무적 지속가능성을 유지하는 데 있어 중요한 역할을 하고 있다고 강조한다. 최고경영자와 이사회는 "경영의 주요 임무는 주주에 대한 수익을 극대화하는 것"이라고 말한다.

부적절한 공급업체를 선택하거나 잘못된 제품 또는 구성요소를 조달하는 것은 조직의 명성을 심각하게 손상시키고 향후 판매에 영향을 미치며 벌금, 보상 및 추가 프로세스로 인해 비용이 많이 들기 때문에 모든 조직에 재정적 재앙이 될 수 있다. 결국 수익성이 저하되고, 현금흐름이 감소하여 주주가치를 떨어뜨리고, 미래 투자자들에게 비즈니스를 덜 매력적으로 만든다.

크리스토퍼(Christopher)(2011: 63)는 주주가치의 다섯 가지 동인을 제시했다. [표 6-20]에는 이러한 동인과 적절한 조달 및 공급망 이니셔티브를 제시하였다.

따라서 조달 결정의 목표는 현금화 속도와 현금 보유율을 높여 현금을 증가시키고, 주주가치를 높이는 것이어야 한다.

표 6-20 주주가치 동인 및 조달 이니셔티브

주주가치 창출	조달 이니셔티브
수익성장	• 신제품 개발 • 목표가격 • 공급업체 감시
운영비용 절감	• 공급자 재고관리 • 제조 또는 구매 • 공급자 관계관리 • 표준화된 구성요소 • 재고 보유비용 • 반품관리 • 재고 처분관리
세금 최소화	• 세금 효율적인 공급망 관리 • 관세와 소비세
고정자본 효율성	• 아웃소싱 • 총소유비용 • 임대 또는 대체 파이낸싱 계약
운전자본 효율성	• 재고관리 • 연기 • 현금 대 현금 속도 • 공급망 금융

출처: Christopher(2011)

자산 과세 후 EBIT(EAC)

자산 과세 후 이자 및 세금 차감전 이익(EAC: EBIT after asset charge)은 경제적 이익의 대용으로 사용될 수 있다. 조직은 이자 및 세금 차감전 이익(EBIT: Earnings Before Interest and Tax)이 사업에 투자한 자본의 기회비용을 초과하는 경우에만 가치를 추가할 것이다. 이런 상황들이 발생할 때 조직의 가치가 증가되어왔다.

이러한 성과 측정지표를 채택한 조직으로 도이치 포스트 월드 넷(Deutsche Post World Net)(2007: 8)이 있다.

우리는 모든 부문이 지속적인 가치 성장에 초점을 맞추기 위해 새로운 주요 측정 기준으로서 자산 과세 후 EBIT를 도입하고 있다. 2008년 1월 1일부터 경영 인센티브도 이 측정기준과 연계될 것이다. 이러한 방법으로 현금 창출을 향상시키는 것을 목표로 한다.

표 6-21 도이치 포스트 DHL EAC

회계연도	2015(백만 파운드(€m))	2016(백만 파운드(€m))	변화율(%)
이자 및 세금 전 수입	2,411	3,491	44.8
마이너스 자산 청구	1,534	1,528	-0.4
자산 과세 후 EBIT(EAC)	877	1,963	> 100
가중평균자본비용(WACC)(%)	8.5	8.5	

출처: Deutsche Post DHL Annual Report(2016: 52)

이러한 접근방식을 채택하려는 동기는 도이치 포스트 DHL(Deutsche Post DHL)의 연례보고서(2013: 50)에 설명되어 있다. 자산 과세를 비즈니스 의사결정의 일부로 만드는 것은 모든 부서에서 효율적으로 자원을 사용할 수 있으며, 운영사업의 현금흐름을 창출하면서 지속적으로 가치를 증가시킬 수 있다.

[표 6-21]은 도이치 포스트 DHL의 EAC 계산을 보여주고 있다. 이 조직은 회계연도 2015년과 2016년에 지속적인 가치 성장을 창출해왔다.

앞에서 논의된 것처럼, 조달 결정은 이 장에서 소개된 세 가지 재무 성과 구조 모두에 영향을 미친다.

데이터 분석을 통한 조달가치 향상

이 장에서는 데이터를 정보로 처리하는 데이터 분석을 채택함으로써 물리적, 정보 및 재무적인 흐름 간의 격차를 해소하고, 조직의 공급망 운영 및 공급망 간에 기능 통합을 강화하는 데이터 이니셔티브를 소개한다.

데이터는 상호작용이 발생할 때마다 생성되고 캡처될 수 있다. 예를 들어, 두 업체 간 거래, 휴대폰 통화, 자동차 엔진관리 시스템, 배송 경로 추적, 회사 웹사이트 방문, 매장 로열티 카드 사용 등이 있으며, 더 많은 사례들이 존재한다. 다음에 슈퍼마켓 쇼핑을 할 때는 영수증과 함께 시간, 장소, 구매한 품목, 수량, 프로모션 및 제안, 지출금액, 결제 방법 및 로열티 포인트 등이 포함된 데이터를 살펴보자.

데이터가 정보로 처리되어 관련 의사결정자에게 전달되면 그 가치는 높아진다. 서로 다른 데이터 세트를 결합하면 정보의 가치를 높일 수 있다. 예를 들어, 판매 및 마케팅, 공급업체와 조직과의 회계 거래로부터 거래 데이터를 수집하여 얻은 시너지 효과를 통해 고객 반품관리의 가시성을 개선할 수 있다.

조달 실무자가 채택할 수 있는 세 가지 데이터 분석 접근방식은 기술, 예측 및 규범적 분석이다. 이러한 데이터 분석 접근방식은 그들이 내리는 의사결정의 영향력을 강화하고, 조직의 재무 성과를 개선하며, 조직에서 그들의 가치를 증가시킬 수 있다. 각 접근방식은 다음에 소개되며, 조달에 대한 그들의 의미가 강조되어 있다.

기술적 분석

기술적 분석(descriptive analytics)은 과거 데이터를 처리하여 과거 사건을 조명하고, 개입이 필요한 문제를 강조하는 정보를 제공한다. 조달 관점에서 예를 들면 다음과 같다.

- 제품 가용성 문제 및 재고 부족
- 재고 보관 단위(SKU)에 의한 고객 반품
- SKU에 의한 재고 감소 또는 처리
- 공급업체에 반품된 제품

- SKU 및 공급업체의 품질 문제
- 제품 리드타임(lead time)
- 고객 불만

조직과 연계된 공급업체와 전자적으로 정보를 공유하고, 기술적 분석에서 생성된 피드백을 기반으로 수정된다면 정보의 중요성과 가치는 더 증가된다.

예측적 분석

예측적 분석(predictive analytics)은 통제 도구 및 기법을 사용하여 과거 데이터 내의 패턴, 관계 및 트렌드를 분석하며, 미래 결과를 예측하는 데 사용할 수 있다. 이 정보는 조달 결정에 매우 유용하다. 예를 들어, 날씨와 제품 수량 간에 긍정적인 관계가 있다면, 날씨 예보에서 포착한 정보를 이용하여 공급업체와 주문을 결정하는 데 사용할 수 있다. EPOS(Electronic Point of Sale) 데이터를 분석하면 소매점 내의 여러 제품 범주 간에 예상치 못한 관계가 있음을 발견할 수 있으며, 이를 통해 프로모션을 개발하거나 제품을 재배치하여 고객 경험을 개선할 수 있다. 구매시간, 날짜와 제품 유형 간의 관계는 조달 실무자가 제품 유용성 및 보충을 보장하는 데 매우 중요한 정보이다. 세 가지 다른 품목이 함께 번들로 제공되는 점심 식사를 예로 들 수 있다.

규범적 분석

규범적 분석(prescriptive analytics)은 데이터를 사용하여 시뮬레이션 모델을 개발함으로써 조달 의사결정을 향상시키는 데 사용할 수 있으며, 이후 미래 시나리오를 최적화하는 데 사용될 수 있다. 예를 들어, 유럽에 기반을 둔 공급업체와 영국의 구매자 사이에 일차 인바운드 분배를 위한 운송방식을 도로 운송에서 철도를 이용하는 복합 운송에 기반한 방식으로 변경하는 것으로 조달 결정이 내려질 수 있다. 변경을 진행하기 위한 결정을 내리기 전에 비용, 리드타임, 서비스 수준, 안전재고 계산, 고객 서비스 및 환경요인에 미치는 영향을 모두 분석 완료해야 한다.

요약 및 결론

조달 결정은 조직의 재무 성과에 의미 있는 영향을 미친다. 즉, 손익계산서의 구성요소(수익 및 비용)에 직접적인 영향을 미치며, 재무상태표에서 조직의 순자산을 구성하는 변수(비유동자산과 유동자산 그리고 유동부채)에도 영향을 미친다. 수익성, 유동성, 운전자본 및 효율성을 측정하는 데 사용되는 비율은 조달 결정에 영향을 받는다.

조달 결정은 공급업체와의 거래 시 공급자 관계관리, 공급업체 감사 및 실사를 채택함으로써 위험을 줄이고, 조직의 기업 평판을 보호할 수 있다. 데이터 분석 기능을 활용하면, 조달 실무자가 조직의 가치를 창출하고 비즈니스에 대한 전략적 가치를 개선할 수 있다.

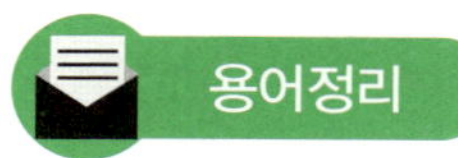

- CIMA(Chartered Institute of Management Accountants) 영국에 기반을 둔 전문기관으로 경영 회계 및 관련 과목에 대한 교육과 자격을 제공
- EOQ(Economic Order Quantity, 경제적 주문량) 주문비용과 재고유지비가 최소가 되게 하는 1회 주문량
- IAS(International Accounting Standards, 국제회계기준) 기업의 회계 처리와 재무제표에 대한 국제적 통일성을 높이기 위해 마련해 공표하는 회계기준으로 2003년 이후로는 명칭을 IFRS(International Financial Reporting Standards)로 변경
- lead time(리드타임) 물품의 발주로부터 그 물품이 납입되어 사용할 수 있을 때까지의 기간
- NRV(Net Realizable Value, 순실현가능가치) 정상적인 영업과정에서 재고자산의 판매를 통해 실현할 것으로 기대하는 순매각금액
- RONA(Return on Net Assets, 순자산수익률) 회사의 당기순이익(혹은 세후이익)으로 회사의 순자산을 나눈 퍼센트값이며, 회사의 자기자금의 운용효율을 평가하는 데 사용
- SKU(Stock Keeping Unit, 재고 보관 단위) 개별적인 상품에 대해 재고관리 목적으로 추적이 용이하도록 하기 위해 사용되는 보관 단위
- SV(Shareholder Value, 주주가치) 주주들이 주식을 보유함으로써 얻을 수 있는 대가

참 • 고 • 문 • 헌

Atrill, P and McLaney, E (2017) *Accounting and Finance for Non-specialists*, 10th edn, Pearson Education Limited, Harlow, Essex

Brookson, S (2001) *Understanding Accounts*, Dorling Kindersley, London

Christopher, M (2011) *Logistics and Supply Chain Management*, Prentice Hall, Harlow, Essex

CIMA (2005) *CIMA Official Terminology*, CIMA Publishing, Oxford

Coca-Cola Company (2017) Mission, Vision and Values. Available at: www.coca-colacompany.com/our-company/mission-vision-values [accessed 31 December 2017]

Deutsche Post World Net (2007) *Annual Report*. Available at: www.dpdhl.com/en/ investors/financial_reports/annual_reports.html [accessed 26 February 2018]

Deutsche Post DHL (2013) *Annual Report*. Available at: www.dpdhl.com/en/investors/financial_reports/annual_reports.html [accessed 26 February 2018]

Deutsche Post DHL (2016) *Annual Report*. Available at: www.dpdhl.com/en/investors/financial_reports/annual_reports.html [accessed 26 February 2018]

Ellram, L M and Liu, B (2002) The financial impact of supply chain management, *Supply Chain Management Review*, 6 (6), pp 30–37

Kidd, A (2007) *The Definitions of 'Procurement' and 'Supply Chain Management'*, CIPS, Australia

Lukas, B A, Whitwell, G J and Doyle, P (2005) How can a shareholder value approach improve marketing's strategic influence? *Journal of Business Research*, 58 (4), pp 414–22

Porter, M (1985) *Competitive Advantage: Creating and sustaining superior performance*, Free Press, New York

Premier Foods plc (2017) *Annual Report and Accounts*. Available at: www.premierfoods.co.uk/investors/results-centre [accessed 26 February 2018]

Unilever (2016) *Annual Report and Accounts*. Available at: www.unilever.com/investor-relations/annual-report-and-accounts/ [accessed 26 February 2018]

Walmart (2017) *Annual Report and Accounts*. Available at: http://stock.walmart.com/investors/financial-information/annual-reports-and-proxies/default.aspx [accessed 26 February 2018]

Chapter 07

전략적 비용관리

리사 엠 엘람 박사(DR LISA M ELLRAM)

전략적 비용관리는 새로운 아이디어는 아니지만, 많은 조직이 실제로 구현하는 데 어려움을 겪고 있는 아이디어이다. 전략적 비용관리의 개념은 '기업의 전략적 위치를 개선하는 동시에 비용을 절감할 수 있는 비용관리기술의 적용'이다(Cooper and Slagmulder, 1998). 1장에서 논의한 바와 같이, 대부분 기업에서 조달조직은 다른 부문보다 더 많은 돈을 소비하며, 제조기업의 경우 약 45%, 대부분의 서비스기업의 경우 20% 이상을 소비한다. 결과적으로 조달조직은 비용을 절감해야 한다는 지속적인 압력을 받고 있다. 궁극적으로 기업은 실제로 낭비되는 유형의 비용을 줄이려고 한다. 이러한 비부가가치 비용을 줄이면, 조직의 수익성이 개선되는데 그것은 수입 감소 없이 비용을 절감하기 때문이다.

이러한 비용을 줄이기 위한 여러 가지 방법이 있다. 첫째, 조직이 고객에게 제공하는 가치를 실질적으로 줄이거나, 둘째, 조직의 경쟁력을 저해하는 방법으로 비용을 줄일 수 있다. 이러한 방법은 비용 절감을 통해 수익성을 향상시키려는 목적을 무력화한다. 고객에게 미치는 영향이 투명하거나 중립적인 방식으로 비용을 절감할 수 있으며, 조직의 가치에 대한 고객의 인식에도 영향을 미치지 않는다. 셋째, 고객에게 조직의 가치가 실제로 향상되는 방식으로 비용을 절감할 수 있다. 세 번째 방법이 전략적 비용관리의 구현 방법으로 선호된다.

이 장의 목적은 여러분이 전략적 비용관리의 본질과 적용에 대한 이해를 돕는 것이다. 비용을 전략적으로 관리하는 방법에 대한 아이디어를 소개한 후, 전략적 비용관리의 세 가지 주제, 즉 총소유/획득비용, 비용 분석과 카이젠(Kaizen) 원가계산에 대해 알아본다.

전략적 비용관리 방법

전략적으로 비용을 관리하기 위한 첫 단계는 조직의 전략적 초점을 이해하는 것이다. 영리조직이나 비영리조직의 경쟁 상황에서 반드시 대답해야 할 질문은 다음과 같다. "고객을 유지하고 경쟁에서 승리하기 위하여 조직은 어떻게 경쟁하는가?" 비즈니스 부문 또는 고객 부문별로 질문에 대한 답변이 다를 수 있다. 조달 조직은 다양한 시장에서 서로 다른 접근방식이 무엇인지 이해하고, 조직의 성공을 지원하기 위한 올바른 결정을 내리는 것이 중요하다. 본질적으로 경쟁적이지 않은 비영리 또는 공공기관의 경우, 특정한 미션을 지원한다는 목표를 가지고 있으며, 미션과 고객이 원하는 상품을 깊이 이해하는 것이 중요하다. 조달이 홍보물, 비품 또는 고객에게 직접 서비스를 제공하는 물품을 구매하든, 조직의 미션과 비전에 일치하는 방식으로 수행되어야 한다. 전략적 비용관리의 세 가지 핵심 요소는 다음과 같다.

① 가치 제안 분석(value proposition analysis)
② 공급망 분석(supply chain analysis)
③ 비용 원인 분석(cost driver analysis)

이들 각각에 대한 설명은 아래에 더 자세하게 하였다.

가치 제안 분석

조직이 수행하는 모든 것이 가치 제안을 지원해야 하므로 전략적 비용관리는 가치 제안을 이해하는 것부터 시작해야 한다. 가치 제안 분석(value proposition analysis)은 기본적으로 조직이 시장 내에서 어떻게 경쟁하는지를 살펴봐야 한다. 다른 잠재적인 공급업체가 아닌 당신 조직의 비즈니스가 고객을 끌어들이는 것은 무엇일까? 경쟁업체보다 어떠한 이점을 고객에게 제공해야 할까? 이를 효과적으로 수행하기 위해서는 전략을 이해하고 말해야 한다. 이것이 최고경영진과 효과적으로 소통하고 조직을 지원하기 위한 올바른 결정을 할 수 있는 유일한 방법이다. 익숙한 몇 가지 일반적인 전략은 다음과 같다.

- 비용 리더십 또는 저비용 제공자(원가우위전략)
- 혁신: 일을 먼저 하는 것(차별화전략)
- 틈새(niche): 특정 고객의 세분화된 요구를 만족시킴(집중화전략)

위의 세 가지 접근방식은 마이클 포터(Michael Porter)(1980)가 그의 유명한 저서인 '*Competitive Advantage*(경쟁우위)'에서 대중화한 고전적인 접근방법이다. 이러한 경쟁방식은 오늘날에도 여전히 유효하다. 그러나 새로운 접근방식도 많이 있다. 그중에서 가장 유명한 것은 다음 요소들을 고려하는 경쟁방식이다.

- **시간 또는 시장 출시 속도:** 이는 1990년대 후반에 매우 인기 있는 전략이었으며, 오늘날에도 중요한 비즈니스 접근방식이다.
- **서비스 · 솔루션 제공자:** 이는 10년 동안 조직들이 경쟁할 수 있는 중요한 방법 중 하나였다. 풀 서비스 솔루션 제공자가 되기 위해서는 고객 요구에 대한 높은 수준의 이해와 고객 요구에 부응할 수 있는 유연성이 필요하다.

MINI-CASE | IBM 솔루션 제공업체로 전환

IBM은 혁신적인 컴퓨터 하드웨어 및 PC 공급업체에서 고객의 문제 해결을 목표로 IT 시스템, 서비스, 컨설팅 및 지원 서비스를 제공하는 혁신적인 풀 서비스 솔루션 제공업체로 전환한 기업 사례이다. "IBM은 문제 해결을 돕고 기업, 정부 및 비영리단체에 우위를 제공하기 위해 세계에서 가장 재능 있는 사람들을 유치하고 보유한다"라고 미션에서 제시하고 있다. 혁신은 IBM 전략의 핵심이다. 이 회사는 소프트웨어 및 시스템 하드웨어와 광범위한 인프라, 클라우드 및 컨설팅 서비스를 개발하고 판매한다(IBM, 2013a). 2017년에 IBM은 2013년과 같은 시스템 및 서비스 판매자가 아닌 솔루션 제공업체임을 강조하면서 미션을 수정하고 확장했다. IBM의 미션은 "컴퓨터 시스템, 소프트웨어, 네트워킹 시스템, 저장 장치 및 마이크로 전자공학을 포함하여 업계에서 가장 진보된 정보기술을 생성, 개발 및 제조를 주도하는 것"이다. 그리고 IBM의 전문적인 솔루션, 서비스 및 컨설팅 비즈니스를 통해 첨단기술을 고객의 비즈니스 가치로 전환하고 있다(IBM, 2017).

IBM이 설명한 것처럼 조직은 위에서 제시된 전략의 조합을 사용할 수 있다. 또한 사용되는 전략은 시간이 지남에 따라 변경될 수 있으며, 제품 및 비즈니스 단위에 따라 달라질 수 있다. 100여 년 전, IBM은 초기에 상업용 저울, 치즈 슬라이서 및 도표작성장치(tabulators)를 판매했다(IBM, 2013b). 따라서 조달 부문에서 알아야 할 중요한 사항 중 하나는 지원하는 제품·서비스에 대한 현재 전략이다. 이러한 이해는 해당 전략을 지원하기 위한 올바른 구매 결정을 내리는 데 도움이 된다. 예를 들어, 조직의 신제품 또는 서비스 라인 판매전략을 알지 못한다면, 품질, 가격 및 공급업체 기술 혁신과 같은 공급업체 선택기준을 어떻게 평가해야 할지 판단할 방법이 없을 것이다. 조직의 전략에 대한 이러한 지식과 이해가 없으면 잘못된 결정을 내리게 되고, 실제로 제품의 장기적인 성공을 저해할 수 있다. 조달 부문은 가치 제안을 염두에 두고, 비용을 절감하면서 가치 제안을 강화하는 방법을 분석할 수 있는 위치에 있다.

공급망 분석

공급망 관리는 최종 처분 프로세스를 포함하여 최초 공급업체에서 최종 소비자까지 정보, 재고, 현금 및 프로세스 흐름을 관리하는 것으로 정의된다. 이러한 정의는 공급망의 광범위한 프로세스 관점을 구체화한 것이다. 따라서 공급망 분석(supply chain analysis)은 공급망 구성원 간의 많은 상호관계 및 상호작용으로 인해 폭넓은 관점을 취해야만 한다.

공급망 관리에 대한 관심이 높아진 이유는 무엇일까? 공급망 비용은 종종 조직의 총비용에서 높은 비율을 차지하고 있다. 기업들이 부가가치의 상당 부분을 공급업체에 의존하는 상황에서 적합한 공급업체를 선정하고, 효과적으로 관리하는 것이 무엇보다 중요하다. 공급망 성과가 좋지 않으면, 조직은 실수를 복구하려고 시도함에 따라 비용이 증가하게 된다. 또한 이것은 고객의 반감을 불러올 수 있고, 결국 고객은 다른 대안을 찾아 떠날 수 있다. 오늘날 급변하는 경쟁 환경에 직면한 조직은 적절한 공급망을 설계하고, 필요에 따라 지속적으로 공급망을 재설계할 수 있는 능력을 통해 민첩성을 유지하고 경쟁우위를 확보할 수 있다.

MINI-CASE | 아마존의 공급망 재설계

경쟁우위를 유지하기 위해 공급망을 지속적으로 재설계한 조직의 사례로 아마존이 있다. 아마존은 1994년에 설립되었고, 1995년에 희귀하고 찾기 어려운 서적을 판매하는 온라인업체로 사업을 시작했으며, 재고나 창고가 없었고 차고에서 출고하였다(Hartmans, 2017). 이렇게 하는 것이 더 이상 수익성을 확보하기 어렵고, 더 많은 고객에게 다가가야 한다는 사실을 알게 되면서 모든 유형의 서적으로 제품 라인을 확대하고, 고객에게 더 나은 서비스를 제공하기 위해 물류센터를 구축하기 시작하였다.

아마존은 다음과 같은 미션을 제시하였다. "우리는 지구에서 가장 고객 중심적인 회사가 되고자 합니다. 우리는 경쟁자보다는 고객에 대한 관심, 발명에 대한 열정, 운영 우수성에 대한 헌신, 장기적 사고라는 네 가지 원칙을 따릅니다"(Amazon, 2017). 이러한 미션을 지원하기 위해 2000년대 초반에 전자제품, CD, DVD 및 비디오 판매, 가정용품, 컴퓨터, 주방 및 장난감 상점을 포함한 많은 다른 제품 라인을 제공하기 시작했다(Amazon, 2017). 아마존은 제품 라인의 추가와 물류센터 위치 및 최신 기술을 추가하여 공급망을 지속적으로 조정하여 고객들에게 보다 완전하고 신속하게 서비스를 제공하고 있다. 2010년부터 2년 동안 139억 달러를 투자하여 50개의 새로운 물류센터를 건설했으며, 10개월 안에 물류센터를 운영할 수 있었다(Kucera, 2013). 2012년에는 물류센터의 정확성과 속도를 향상시키기 위해 7억 7,500만 달러를 Kiva 로봇에 투자했다(McCorvey, 2013). 2017년에는 유타(Utah)주의 단일 창고에 약 2억 달러가 지출되었는데 고용된 인원은 180명 정도이지만, 대신에 많은 로봇들이 일하고 있다(Coombs, 2017).

비용 원인 분석

비용 원인 분석(cost driver analysis)은 공급망에서 실제로 비용을 발생시키는 프로세스, 활동 및 의사결정과 관련이 있다. 비용 원인은 시간이 지남에 따라 다양하며, 제품 및 서비스마다 다르다. 일반적인 비용 원인 중 일부는 다음과 같다.

- 비표준 재료 및 부품 사용
- 긴 승인 프로세스
- 운영 규모, 예를 들어 대규모 제조공장, 소매업체 또는 유통업체는 수익성을 높이기 위해 대량 생산을 해야 한다. 소규모 작업은 초과 근무비용, 운영

의 비효율성, 기계 고장 및 유지관리 문제로 인해 실제로 대량 생산 수준의 수익성이 없을 수 있다.

- 높은 수준의 완제품 믹스. 조직이 고객에게 더 많은 옵션을 제공할수록 더 많은 재고를 보유해야 하고, 생산 운영도 더 유연해야 한다.

비용 원인은 조직의 내부 및 외부 프로세스와도 관련될 수 있다. 기억해야 할 중요한 문제 중 하나는 비용 원인이 본질적으로 좋거나 나쁜 것은 아니라는 것이다. 그것들은 가치와 관련하여 분석되어야 한다. 예를 들어, 높은 수준의 완성품 제품 믹스는 단일 제품 제공에 비해 확실히 복잡하고 비용도 많이 추가된다. 그러나 이는 경쟁업체보다 더 높은 수준의 제품을 고객에게 제공한다는 조직의 가치 제안일 수 있다. 따라서 조직이 추구하는 가치와 관련된 비용 원인과 이러한 비용 원인이 다른 비용과 어떻게 관련되는지 항상 살펴봐야 한다.

그래서 아마존 사례로 돌아가면, 아마존은 2016년 고객 운송비가 2016년 배송 수익을 약 72억 달러 초과하였으며, 유통비용이 지속적으로 증가하였다. 이에 아마존은 공급망에 비용을 투자하기로 결정하였다. 이러한 결정에 대해 아마존은 2016년 연례보고서(2017: 25)에 다음과 같이 언급하였다.

> 우리는 고객들이 우리가 제공하는 운송 서비스를 점점 더 빠른 속도로 받아들이고 사용하는 만큼 운송비용이 지속적으로 증가할 것으로 예상한다. 우리는 더 많은 판매량을 달성하고, 주문처리 네트워크를 최적화하고, 공급업체와 더 나은 조건을 협상하고, 더 나은 운영 효율성을 달성함으로써 시간이 지남에 따라 운송비용을 줄이려고 한다. 우리는 고객들에게 낮은 가격에 서비스를 제공하는 것이 우리의 미래 성공에 필수적이라고 믿고 있으며, 배송 제안을 하는 것이 더 낮은 가격에 서비스를 제공할 수 있는 한 가지 방법이라고 생각한다.

다시 말해서, 아마존은 운송이 비용 원인이라는 것을 잘 알고 있지만, 이를 완화하기 위해 공급망을 설계하고 있으며, 빠르고 유연한 운송이 고객들에게 제공하는 핵심 가치 제안이라고 주주들에게 설명하였다. 새로운 물류센터를 통해 빠른 배송 강화라는 고객가치 제안에 대해 운송 단위당 더 낮은 비용으로 충분한 고객가치를 추구할 수 있을 것으로 기대하고 있다. 전략적 비용관리 접근방식의 이점은 하루아침에 나타나지 않지만, 장기적으로는 비용 절감 및 고객가치 향상으로 나타난다.

전략적 비용관리 요약

전략적 비용관리는 비용을 절감하는 동시에 고객의 가치 제안을 어떻게 강화시킬 것인가를 생각하는 방법이다. 가장 비용 효율적이고 가치가 높은 제품 및 서비스가 시장에 출시될 수 있도록 전략적 비용관리는 신제품 및 서비스 설계의 요소가 되어야 한다. 이러한 접근방식은 종종 목표 원가라고 하며, 제품은 매우 구체적인 비용 목표와 고객 속성을 염두에 두고 설계된다. 전략적 비용관리는 일상적인 비즈니스 운영의 일부분이며, 경쟁 및 고객 요구를 포함한 외부 환경이 진화함에 따라 지속적인 개선 노력을 지원해야 한다. 가장 중요한 것은 전략적 비용관리가 실제로 효과적이려면 조직의 어떠한 수준에서라도 모든 사람이 수용하는 프로세스와 사고방식인 조직 철학의 일부분이어야 한다. 전략적 비용관리를 지원하는 도구 중 하나는 총소유비용 분석이며, 특정 재화나 서비스의 비용을 실제로 이해하는 것이 필요하다.

총소유비용

총소유비용(TCO: Total Cost of Ownership)은 특정 재화 · 서비스를 위해 특정 공급업체와 거래하는 모든 공급망 관련 비용, 프로세스 또는 특정 공급망 설계비용을 이해하기 위한 철학으로 정의된다. 가장 넓은 의미에서 총소유비용은 가격과 다양한 비용을 고려하여 '큰' 그림을 그리는 것이다. 전략적 결정을 내릴 때 관련 비용을 이해하고, 지불하고자 하는 금액에 대한 목표를 설정해야 한다.

TCO 실행을 위한 5단계 프로세스

[그림 7-1]은 조직에서 TCO 접근방식을 실행하기 위한 5단계를 보여주고 있다. 전략적 비용관리 접근방식에서 TCO는 수익에 미치는 영향도 고려해야 한다는 점에서 잘못된 이름이다. 조직이 수익 중립적이지 않은 변화를 만드는 상황에서 단순히 변화의 비용을 포착하는 것만으로는 충분하지 않으며, 수익에 미치는 영향도 파악해야 한다. TCO 분석의 첫 번째 단계는 조직이 TCO 분석을 실행하려는 이유를 결정하는 것이다.

그림 7-1 TCO 실행을 위한 5단계 프로세스

1단계	TCO를 통해 추구하는 이익을 결정
2단계	TCO 분석을 위한 팀 구성
3단계	관련 비용 파악 및 데이터 수집
4단계	민감도 분석을 포함한 TCO 분석 미세 조정
5단계	최고경영진에게 권고사항 제시

1단계: TCO를 통해 추구하는 이익을 결정

TCO 분석의 첫 번째 단계는 분석을 수행할 때 추구하는 이익이 무엇인지 결정하는 것이다. 이미 염두에 두고 있는 프로젝트가 있을 것이다. TCO 분석을 수행하려는 다양한 이유가 있을 수 있다. 잠재적인 원인 목록은 다음과 같다.

- 성과 측정 제공
- 비용 분석을 위한 프레임워크
- 벤치마크 성과

- 더 많은 정보에 의한 의사결정
- 내부 및 공급업체와 비용 문제에 대한 커뮤니케이션
- 기능 간 상호작용 장려
- 공급업체와 함께 외부 팀 지원
- 비용 원인에 대한 통찰력 · 이해력 향상
- 비즈니스 사례 구축
- 아웃소싱 분석 지원
- 지속적인 개선 지원
- 비용 절감 기회를 식별하는데 도움
- 가능성이 높은 기회에 우선순위를 두고 시간을 집중

TCO 분석을 사용하여 달성할 수 있는 이익은 매우 강력해야 한다. 왜냐하면 TCO 분석에는 조직 내 다른 많은 분야뿐만 아니라, 조달 부문에서도 많은 시간과 노력이 필요하기 때문이다. TCO 프로젝트의 모든 단계에서 비용 · 이익을 고려해야 한다. 만약에 "분석의 이점이 비용보다 클 것 같은가?"라는 질문에 "아니오"라고 대답하면, TCO 분석은 권장하지 않는다. 만약에 "예"라고 대답하면, 선택한 프로젝트가 성공적인 TCO 프로젝트의 중요한 특성이 있는지 확인해야 한다.

TCO 분석에 적합한 구매, 아웃소싱 분석 또는 프로세스 분석을 수행하는 특성 중 일부는 구매가 상대적으로 큰 지출금액이며, 조달 부문에서 해당 품목에 현재 인지되지 않은 상당한 거래비용이 있다고 생각하는 경우, 협상, 공급업체 변경 또는 내부 운영 개선을 통해 해당 지출 영역에 영향을 줄 수 있는 기회가 있다고 판단한다.

상대적으로 많은 초기 지출이 발생한 후에도 매년 그리고 매일 사용과 관련된 비용이 계속 발생하기 때문에, 자본 구매는 TCO 분석에 적합한 대상이다. 존슨 앤 존슨(Johnson & Johnson)과 같은 선도적인 조직은 차량 구매와 같은 중요한 구매에 대해 TCO 분석을 수행한다. 인텔(Intel)은 모든 자본 설비, 특히 생산에 사용되는 자본에 대해 TCO 분석을 사용한다. 필립스(Phillips), 하이네켄(Heineken) 및 텍사스 인스트루먼트(Texas Instruments)와 같은 다른 기업에서는 품질, 서비스, 리드타임(lead time) 및 재고 수준과 같은 요소에 중요한 차이가 있을 때, 구성요소 및 부품 공급업체를 선정하기 위해 TCO 분석을 사용해왔다. 소니(Sony)와 같은 기술회사가 영국 펜코드 웨일즈(Pencoed Wales)에서 제조되는 전문 카메라 시스템의 특정 부품을 어디에서 구매해야 하는지 결정하려 한다고 상상해보라. 그 목표에는 더 많은 정보에 의한 의사결정, 비용 절감 기회의 식별 등이 포함될 것이다.

2단계: TCO 분석을 위한 팀 구성

팀 구성은 고려 중인 프로젝트에 따라 달라진다. 때로는 프로젝트가 식별될 때 1단계에서 팀이 구성되기도 한다. 1단계에서 TCO 프로젝트가 구성됨에 따라 특정팀 구성원이 변경될 수 있다. 팀에는 최소한 조달 인력, 사용자 그리고 기능 · 기술 전문가가 포함되어야 한다. 재무 · 회계 인력은 측정의 신뢰성을 강화하기 위해 팀의 일원이 되어야 한다. TCO 분석은 팀으로 진행하는 것이 가장 효율적이다. TCO 분석은 시간이 많이 소요되고 복잡하므로 사전에 다른 사람의 약속과 협조를 얻는 것이 중요하다. 진행하기 전에 고려해야 할 중요한 사항들은 다음과 같다.

- 다른 사람들을 위한 것은 무엇이 있는가?
- 왜 협력해야 하는가?
- 근무 환경과 회사 성과를 어떻게 개선할 것인가?
- 최고경영진의 후원이 필요한가? 누구 그리고 왜?

TCO 분석에 다른 이들의 참여를 이끌어내기 위해서는 설득이 필요할 수 있다. 경우에 따라 조직은 TCO에 중요한 영향을 미치는 주요 고객, 공급업체 또는 물류 제공업체와 같은 공급망 구성원을 포함할 수 있으며, 분석 결과가 이들에게 의미 있는 영향을 미칠 수 있다. 위의 예에서 소니(Sony)가 필요로 하는 공급업체 선정 팀의 구성원에는 엔지니어링 또는 디자인 인력을 포함할 수 있다. 이는 첨단기술 품목, 조달, 제조, 물류 및 프로세스나 잠재적 공급업체들에 대한 중요한 정보를 가지고 있거나 영향을 받을 수 있기 때문이다.

3단계: 관련 비용 파악 및 데이터 수집

이 단계에서 실제 작업이 시작된다. 이 단계에서는 TCO 분석의 범위를 합리적으로 유지하여 이익이 비용을 초과하는지 확인하는 것이 중요하다. 공급업체 옵션과 관련된 비용을 제대로 이해하기 위해서는 각 옵션에 대한 프로세스 맵 또는 흐름도를 그리는 것이 필요하다. 여기에는 각 프로세스 단계에서의 위치, 시간, 비용 및 재고 수준이 포함된다.

팀은 비용 원인에 대한 브레인스토밍을 돕기 위해 프로세스 순서도를 사용한다. 브레인스토밍은 나중에 중요성과 영향에 따라 범위를 좁힐 수 있는 가능한 비용 원인의 목록을 작성하기 위한 훌륭한 접근법이다. 일부 목록은 [그림 7-2]에 포함되어 있다.

비용이 아닌 항목은 비용 분석에 포함하지 않는다. 이러한 문제는 'soft costs'(hard cost는 설비비, soft cost는 설비 도입 시 소요되는 설비비 외 모든 비용을 의미) 또는 기타 문제로 논의된다. 리드타임은 긴 리드타임으로 인해 기업이 더 많은 재고를 보유하거나, 더 이상 쓸모없게 된 품목을 보유하는 데 드는 비용이다. TCO에서는 수익에 직접적인 영향을 미치는 증분비용만 계산에 포함한다. 이제 비용 데이터를 수집할 준비가 되었다.

비용 데이터를 수집하려면 상당한 수의 쿼리 및 수작업이 필요할 수 있다. 인텔(Intel)은 제조 장비를 검토할 때 해당 장비가 생산에 사용되는 다른 장비와 어떻게 연결되는지, 장비에서 발생하는 결함비율, 가동시간, 필요한 유지 보수 빈도, 사용 가능한 용량 대비 필요한 용량 등을 고려한다. 필요한 데이터 대부분은 회계 시스템에 필요한 형식으로 되어 있어 쉽게 사용할 수 없다. 대부분의 TCO 분석은 스프레드시트에서 수행된다. 스프레드시트는 가정이 변경되면 유연하게 변경할 수 있고, 가장 정교한 TCO 분석을 제외한 모든 것을 처리할 수 있다. 대안을 의미 있게 비교하기 위해 비용은 사용 가능한 부품당 비용으로 변환한다. 실행 가능한 대안마다 비용을 확인하고 비교해야 한다.

그림 7-2 다양한 공급업체 선택과 관련된 잠재적 비용 원인

품목가격
품질 수준
리드타임
재고 수준
운송과 관세
지불 조건(현금흐름과 돈에 영향을 미침)
운송 중 손상

4단계: 민감도 분석을 포함한 TCO 분석 미세 조정

TCO 모델 내에서 많은 비용이 추정될 수 있다. 팀은 운송비용 및 손상과 같은 특정 비용요소에 대해 합리적인 비용을 추정하는 '범위'를 가질 수 있다. 이 경우 팀은 모델이 해당 비용의 변화에 얼마나 민감한지 확인하기 위해 다른 비용 추정치로 전체 모델을 재분석하는 '민감도 분석'을 수행해야 한다. 생산량이 현저히 증가하거나 감소하면 어떻게 될까? 이는 각 대안에서 지불하는 가격에 어떤 영향을 미칠까? 자본 설비의 경우, 생산량의 변화에 따라 단위당 TCO가 어떻게 영

향을 받을까? 만약 우리의 추정치가 약간 차이가 나는 경우, 다른 장비를 선호할 수 있을까?

추정치가 변경됨에 따라 의사결정 권고사항이 변경되면, 팀은 이러한 특정 비용요소를 더 신중하게 조사하여 추정치에 대한 신뢰 수준을 개선해야 한다. 다시 말하지만, 이것은 비용 · 이익 문제이다. 어쨌든 분석 결과에 영향을 미치지 않는 특정 비용요소를 매우 정확하게 파악하는 데 얼마나 많은 시간을 투자해야 할까? 추정치가 변경되어도 의사결정에 영향을 미치지 않는다면, 아마도 해당 변수에 대한 추정치를 수정할 가치가 없을 것이다. 팀의 관련 분석이 끝나면 데이터를 의사결정에 사용하거나, 최고경영진에게 결과를 보고할 수 있다. 최고경영진의 "그렇다면 어떻게 될까?"라는 모든 잠재적인 질문에 대답할 준비가 되어 있어야 한다.

5단계: 최고경영진에게 권고사항 제시

일단 팀이 데이터에 익숙해지고 민감도 분석과 추가 데이터 수집을 통해 불확실한 부분을 해결하면, 경영진에게 프레젠테이션을 할 수 있는 준비가 된 것이다. 이 프레젠테이션에는 TCO 분석의 정량적 결과뿐만 아니라 정량화하기 어려운 다른 요소들도 포함되어야 한다. 최고경영진에 대한 보고서 또는 프레젠테이션에 사용하기 적합한 형식은 다음과 같다.

- 요약: 간단한 배경, 대안 요약, 주요 문제, TCO 결과, 주요 민감도 분석 및 권장사항을 포함
- TCO 분석 결과 요약
- 민감도
- 비용이 아닌 항목에 대한 분석 이슈(non-cost issues)
- 권장사항
- 부록(세부 계산 및 가정 포함)

일단 TCO 프로젝트가 승인되면, 구현 및 실제 결과를 모니터링하여 향후 프로세스를 개선할 수 있는 방법을 파악하는 것이 중요하다. 또한 프로젝트 문서는 되도록 전자 인트라넷에 보관하여, 향후 TCO 팀이 관련 프로젝트에서 얻은 정보를 학습하고 활용할 수 있게 한다.

비용 분석

비용 분석(cost analysis)은 전략적 비용관리와 총소유비용 분석을 보완하는 도구이다. 비용 분석에는 상품이나 서비스 상관없이 구매 품목의 기초가 되는 비용에 대한 이해가 필요하다. 여기에는 노동비용, 재료와 구성요소, 설비비용, 간접비 및 합리적인 이윤 추정이 포함된다. 비용구조를 이해하면 조직이 공정한 가격을 지불하는지 이해할 수 있다. 또한 비용 분석을 통해 비용 증가 원인과 잠재적 비용 감소에 대한 영역뿐만 아니라, 생산량 증가로 달성한 규모의 경제에 대한 할인을 기대하는 것이 적절한지 확인할 수 있다. 본서가 비용 분석에 대해 작성되었지만, 이 장에서는 특정 기법보다는 기본 원칙에 초점을 맞출 것이다.

우리는 항상 고객을 염두에 두고 비용 분석을 수행한다. 고객은 무엇을 원하고 필요로 하는가? 그리고 그것을 구매하기 위해 얼마를 지불할 의향이 있는가? 기능의 비용 대비 기능의 상대적 가치는 얼마인가? 오직 비용에만 집중하는 것은 전략적 비용관리 원칙에 위배된다.

비용 분석의 세부 수준 및 정확성

비용 분석에는 라운드 테이블, 비교 및 상세 분석의 세 가지 기본 접근방식이 있다. 라운드 테이블 방식에서 전문가들은 일반적으로 상세한 도면이나 BOM (Bill of Material: 모든 품목에 대해 상위 품목과 부품의 관계와 사용량, 단위 등을 표시한 목록, 도표, 또는 그림) 없이 사양에 대한 제한된 정보로 비용 추정치를 개발한다. 비교 분석은 추정되는 품목과 동일하거나 유사한 품목의 과거 원가를 확인하고, 향후 생산을 위한 과거 원가를 조정하거나 추정하는 것에 기초한다. 이 비교는 비용요소 수준 또는 총가격 수준에서 수행될 수 있다. 상세 분석은 모든 구성요소, 프로세스 및 조립품을 철저히 검토하는 것이 특징이다. 직접 생산비용을 추정하는 세 가지 방법 중 가장 정확하다. 또한 가장 많은 시간과 비용이 든다. 세부적인 수준은 필요에 따라 달라질 수 있다. [표 7-1]에 나와 있는 것처럼 각 접근방식에는 장단점이 있다.

표 7-1 비용 분석을 위한 비용 추정 접근방식

구분	라운드 테이블	비교 분석	상세 분석
상대적인 정확도	낮음 제한된 데이터가 사용되었기 때문에	보통/높음 데이터, 기술 및 견적에 따라	높음 엔지니어링 원리를 기반으로
상대적인 추정량 일관성	낮음 전문가마다 다른 판단	보통/높음 데이터, 기술, 추정량에 따라	높음 원칙의 일관적인 적용에 기초
상대적인 개발 속도	빠름 약간의 자세한 분석	적당히 빠름 반복적인 사용으로 특히 빠름	느림 자세한 설계 및 분석 비용이 필요
상대적인 개발비용	낮음 빠르고 작은 데이터 개발비용	보통 데이터 수집 및 분석의 필요성에 따라	높음 세부 설계 및 분석비용
필요한 상대적인 데이터	낮음 전문가의 판단에 기초	보통 과거 데이터만 필요	높음 상세한 설계 및 분석이 필요

비용 분석의 유형

여기에 제시된 세 가지 비용 분석의 유형은 목표비용 분석, 비용 분석 활용 및 공급업체 비용 공시가 포함된다.

목표비용 분석은 신제품 또는 제품의 주요 변경에 사용되는 접근법으로, 판매 또는 마케팅을 주도하는 조직이 고객이 지불할 금액에 대한 추정치에 근거하여 제품에 대해 지불할 수 있는 금액을 결정한다. 그런 다음 비용은 다양한 비용 카테고리에 할당되며, 공급업체는 목표를 달성하거나 초과할 수 있도록 노력하지만, 때때로 항목의 실제 비용과 거의 관련이 없는 경우도 있다.

비용 분석 활용의 경우, 공급업체 협상 및 개선 계획을 발전시키기 위해서는 항상 비용 분석이 기초가 되어야 한다. [표 7-1]의 모든 변형은 비용 분석의 유형이다. 왜냐하면 우리는 실제로 품목을 생산하는 데 필요한 것에 기초하여 제품의 비용을 추정하기 때문이다. 사전 예방적 비용 분석은 공급업체의 현재 관행과 비교하여 비효율성을 식별하고 개선사항을 권고할 수 있다.

공급업체 비용 공시는 비용의 원인을 더 잘 이해할 수 있도록 공급업체에 비용 내역을 공유하도록 요청한다. 이상적으로는 구매자가 이를 사용하여 개선 영역을 찾을 수 있다. 그러나 공급업체는 구매자가 이를 사용하여 더 적은 마진을 협상할 것을 두려워하여 공개를 주저하거나 잘못된 정보를 공개할 수도 있다. 만약에 공급업체에 이러한 정보를 공유하도록 요구하고 더 나아가 강요한다면, 관계가 손상되고 잘못된 데이터가 생성될 수 있다. 공급업체 비용 공시는 구매자와 공급업체가 신뢰를 바탕으로 긴밀하고 장기적인 관계를 맺을 때 가장 효과적이다. 또한 공급업체의 비용 공시 내역을 비용 데이터 또는 목표 비용 데이터와 비교하는 것은 공급업체 프로세스에 대한 자신의 지식을 확인하고, 추정치가 공급업체의 실제 비용과 동떨어진 영역을 더 깊이 이해할 수 있는 좋은 방법이다.

카이젠 원가계산

카이젠(Kaizen: 改善이라는 한자의 일본식 표현) 원가계산(Kaizen costing)은 폐기물 감소를 통한 비용관리 및 절감을 위한 지속적인 개선 접근방식이다. 모든 린 생산 및 린 방법의 기본 요소로 간주되는 카이젠은 빠른 결과를 목표로 하며 전략적 비용관리 아이디어와 매우 잘 조화된다. 카이젠은 비용 및 프로세스 개선을 위해 기업 내부의 모든 수준, 지식 및 기술 분야의 대표자를 포함한다. 또한 시스템과 프로세스는 항상 개선할 수 있으며, 완벽한 시스템과 프로세스는 없다고 가정한다. 다섯 가지 원인(why)과 그 외 기술을 활용하는 가치 흐름도 및 근본 원인 분석은 낭비를 식별하는 데 도움이 된다. 예를 들어, 도요타(Toyota)는 단순히 증상을 치료하기보다 근본적인 문제를 밝혀내기 위해 '왜'라는 질문을 다섯 번 한다. 예를 들면 다음과 같다.

① "왜 잔디는 갈색이고 말랐습니까?"
"비가 오지 않았고, 잔디에 물을 주지 않았습니다."
② "왜 잔디에 물을 주지 않았나요?"
"스프링클러에서 물이 새고 있기 때문입니다."
③ "왜 새나요?"
"정비 직원이 잔디 깎기 작업 중 스프링클러 헤드 중 하나를 쳤기 때문입니다."
④ "왜요?"
"스프링클러 헤드가 지면 위로 튀어나와 있었기 때문입니다."
⑤ "왜요?"
"지반이 가라앉고 스프링클러 헤드가 부적절하게 높아졌기 때문입니다."

이렇게 해서 우리는 문제에 대한 해결 방법을 찾아냈다. 스프링클러 헤드 배치를 땅을 더 깊게 파서 교체했다.

MINI-CASE | 도요타(Toyota) 제조 시스템

카이젠 원가계산은 도요타 생산 시스템(TPS: Toyota Production System)의 핵심으로 간주된다(Toyota, 2017). TPS는 널리 모방되고 연구된 일련의 원칙으로, 다음과 같은 결과를 제공한다.

- 가능한 가장 짧은 리드타임으로, 적시에 가장 저렴한 비용으로, 최고품질의 차량을 보유한 고객
- 업무 만족도, 직무 안전성 및 공정한 대우를 받는 팀원
- 시장에 유연하게 대응하고, 비용 절감 활동과 장기적인 번영을 통해 수익을 달성할 수 있는 기업(Toyota, 2013b)

도요타 머티리얼 핸들링(Toyota Material Handling)의 유럽 성산 현장에서는 매년 약 3,000건의 개선 제안이 접수된다(Toyota, 2013a). 이 수많은 제안은 '작업에 가장 가까운 사람들이 해당 프로세스의 비효율성과 문제에 가장 익숙하다"라는 카이젠 원칙을 기반으로 한다. TPS는 품질, 비용 및 배송의 개념이 적용된다. 따라서 카이젠의 지속적인 개선 노력은 품질, 비용 및 배송을 지속적으로 개선하는 것을 목표로 하고 있다. 도요타는 전략적 비용관리와 마찬가지로 가치 제안(Toyota, 2017)을 기반으로 모든 시스템이 고객 중심이라는 점을 강조한다.

카이젠 원칙은 영리 및 비영리사업, 정부, 제조 및 서비스 등에 적용할 수 있다. 도요타는 도요타 생산 시스템(TPS)을 공유함으로써 '사회에 공헌'하고 북미 산업 발전을 돕기 위해 도요타 생산 시스템 지원센터(Toyota Production System Support Center)를 설립했다. 카이젠 활동은 여러 어린이 병원에 중심 정맥관 관련 혈류 감염(CLABSI)으로 알려진 심각한 문제를 확인하고 해결하는 데 적용되었다. 이것은 플라스틱 튜브가 심장으로 바로 가는 정맥에 삽입될 때 발생한다. 모든 장비는 다른 의료 절차와 마찬가지로 살균되었지만, 감염은 계속 발생했다. 도요타 자원봉사자들은 이 과정을 반복적으로 관찰한 결과, 문제의 원인이 되는 과정에 포함되지 않은 일부 추가 활동이 발생하고 있는 패턴을 발견했다. 모든 단계를 포함하는 새롭고 표준화된 프로세스를 개발했으며, 이로 인해 감염이 75% 감소했다(Henshall, 2017). 미국 환경보호국(Environmental

Protection Agency)은 폐기물을 감소시키고 환경 성과를 향상시키는 중요한 도구로 카이젠을 추천하였다(미국 EPA, n.d.).

요약 및 결론

전략적 비용관리는 고객 요구를 충족시키고 비용을 절감한다는 측면에서 조직의 성과를 개선하기 위한 중요한 프로세스이다. 이것은 지속적인 개선뿐만 아니라 신제품 개발을 포괄하는 전체적인 프로세스이다. 의사결정에 사용되는 비용이 정확하고 의미가 있도록 전략적 비용관리는 총소유비용(TCO) 분석과 비용 분석을 통한 기본비용 이해를 바탕으로 해야 한다. 전략적 비용관리는 카이젠 원가계산과 완벽하게 호환된다. 이것은 조달 부문이 조직에 전략적으로 기여할 수 있는 중요한 방법을 나타낸다.

- **EPA(United States Environmental Protection Agency, 미국 환경보호청)** 미국 환경에 관련한 모든 입법 제정 및 법안 예산을 책정
- **Kaizen costing(카이젠 원가계산)** 혁신에 의한 대규모 원가절감이 아니라, 기존 생산과정의 개선을 통해 소액의 원가절감을 지속적으로 추구하는 과정
- **query(쿼리)** 데이터베이스에 존재하는 자료를 사용자가 원하는 조건을 통해 검색하고, 검색된 결과를 자유로이 조회할 수 있는 기능 등을 지원
- **sensitivity analysis(민감도 분석)** 위험의 내용이 산출결과에 따라 어떠한 영향을 미치는가를 파악하는 방법으로서, 투자효과를 분석하는 모형의 투입요소에 따라 그 산출결과가 어떠한 영향을 받는가를 분석하는 기법
- **TPS(Toyota Production System, 도요타 생산 시스템)** 다품종 소량생산 혹은 변종변량 생산체제의 시대에 팔리는 제품만 만드는 '철저한 낭비제거'를 통해 기업이윤을 확보하고자 하는 생산방식

참 • 고 • 문 • 헌

Amazon (2017) 2016 *Annual Report*, April 12, 2017. Available at: http://phx.corporate-ir.net/phoenix.zhtml?c=97664&p=irol-reportsannual [accessed 28 November 2017]

Coombs, C (2017) Amazon to spend $200M for one of its most expensive fulfillment centers ever, *Puget Sound Business Journal*, 9 June. Available at: www.bizjournals. com/seattle/news/2017/06/09/amazon-to-spend-200m-on-fulfillment-center-for-130.html [accessed 18 December 2017]

Cooper, R and Slagmulder, R (1998) Strategic cost management: what is strategic cost management? *Management Accounting*, 76 (1), pp 14-16

Hartmans, A (2017) 15 fascinating facts you probably didn't know about Amazon, *Business Insider*, 9 April. Available at: www.businessinsider.com/jeff-bezos-amazon-history-facts-2017-4 [accessed 28 November 2017]

Henshall, A (2017) How Toyota saved children's lives with process implementation, *Business 2 Community*, 13 October. Available at: www.business2community.com/trends-news/toyota-saved-childrens-lives-process-implementation-01931628 [accessed 18 December 2017]

IBM (2013a) *Background*. Available at: www-03.ibm.com/press/us/en/background. wss [accessed 21 September 2013]

IBM (2013b) *IBM Archives: Chronological history of IBM*. Available at: www-03.ibm.com/ibm/history/history/decade_1910.html [accessed 26 December 2017]

IBM (2017) *IBM 2016 Annual Report*. Available at: https://www.ibm.com/annualreport/2016/images/downloads/IBM-Annual-Report-2016.pdf [accessed December 18, 2017]

Kucera, D (2013) Why Amazon is on a warehouse building spree, *Bloomberg BusinessWeek*, 29 August. Available at: www.businessweek.com/articles/2013-08-29/why-amazon-is-on-a-warehouse-building-spree

[accessed 26 December 2017]

McCorvey, J J (2013) Amazonfresh is Jeff Bezos' last mile quest for total retail domination, *Fast Company*, September. Available at: www.fastcompany.com/ 3014817/amazon-jeff-bezos [accessed 26 December 2017]

Office Timeline (2017) *Amazon History Timeline*, 5 July. Available at: www.office- timeline.com/blog/amazon-history-timeline [accessed 28 November 2017]

Porter, M (1980) *Competitive Advantage*, Harvard Business School Press, Boston, MA

Toyota (2013a) *Kaizen*, Toyota. Available at: www.toyotaforklift.com/solutions/the-toyota-production-system [accessed 23 December 2017]

Toyota (2013b) *Quality-Cost-Delivery*, Toyota Forklifts UK. Available at: www.toyota-forklifts.co.uk/EN/company/Toyota-Production-System/Pages/tps- quality-cost-delivery.aspx [accessed 26 December 2017]

Toyota (2017) *Toyota Forklifts Kaizen Difference*, Toyota. Available at: www.toyotaforklift.com/solutions/toyota-forklifts-kaizen-difference [accessed 18 December 2017]

United States Environmental Protection Agency (n.d.) *Lean Thinking and Methods -Kaizen*. Available at: www.epa.gov/lean/lean-thinking-and-methods-kaizen [accessed 18 December 2017]

Chapter

08 조달의 가치

렘코 반 훅 박사(DR REMKO VAN HOEK)

비용 절감, 할인 협상, 회피비용 척도는 조달에서 가장 일반적으로 사용되는 성과지표이며, 지금도 보편적으로 사용된다. 또한 많은 조직에서 조달 부서의 주요한 성과지표로 사용한다. 이 지표를 이용한 측정에는 몇 가지 이점이 있다.

- 정량화할 수 있다.
- 시간이 지남에 따라 비교 가능하다.
- 재무보고와 연결된다.
- 투자수익률 측정(전문 조달 부서, 리더 및 기술에 대한 투자를 정당화하기 위해 사용되며, 또한 종종 이사회 및 조달 관련 비즈니스에도 사용)

결과적으로 이러한 측정은 조달 관리자가 자신의 기여도와 비즈니스 영향력을 입증하고, 재무 및 비즈니스 계획과 연계하려고 하는 데 큰 가치를 갖는다. 그러나 다음과 같은 세 가지 이유로 측정이 제한적이다.

① 정량화할 수 있지만, 비용 절감액에 이의를 제기할 수 있다. 이 수치는 최종 수익에 표시될까? 매년 비용을 절약한다면 어느 시점에 비용이 전혀 들지 않을까? 공급업체가 미리 할인가격을 책정하는 등의 작업을 진행하고 있을까?

② 더 중요한 것은 모든 조달 노력을 비용 절감 측면에서 측정할 수 있다면, 모든 조달 노력 간에 유사성이 있으며, 이는 조달이 단선적인 기여가 있을 수 있다는 것을 의미한다. 결과적으로 모든 조직이 동일한 역할을 하고 있다면, 조달이 어떻게 차별화된 기여를 할 수 있을지 궁금할 것이다.

③ 보다 구체적으로 할인 협상은 조달 관리자가 할 수 있는 유일한 일이 아니며, 더 많은 것이 있다. 도이치 텔레콤(Deutsche Telecom)의 전 CPO인 에바 위머스(Eva Wimmers)는 조달 관리자에게 "오직 비용 절감만으로 명성을 쌓지 마시오"라고 조언한다(Wimmers, 2013).

CPO의 세 가지 인용문은 비용 절감을 넘어 가치에 초점을 맞추기 위해 전환해야 할 곳을 명확하게 파악하는 데 도움이 된다. 하인즈(Heinz) 출신의 존 딕슨(John Dickson)은 다음과 같이 말했다. "고객가치에 대한 흐름을 보여주지 않으면 리트머스 테스트를 통과하지 못합니다. 구매가격 변동은 적절한 측정 항목이지만, 전달되는 가치의 유일한 척도는 아닙니다." 아스트라제네카(Astra Zeneca)의 애슐리 리드쇼(Ashley Readshaw)는 다음과 같이 말한다. "우리가 기업이 더 많이 판매할 수 있도록 도와준다면, 그 가치는 비용 절감으로는 이길 수 없습니다." 그리고 코카콜라(Coca-Cola Enterprises)의 데이비드 코웰(David Cowell)은 "우리는 성장, 이윤 추구 및 혁신을 실현하면서 종단간 공급망으로 이동하고 있습니다"라고 말했다.

분명히 이러한 리더들은 더 넓은 공급망 관점에 주목하며, 고객의 관점에서 조달의 기여도를 살펴보고, 마진을 포함하도록 재무적 측정을 확대하고 혁신을 추진한다. 많은 조달 관리자는 이러한 범위가 흥미롭고 고무적이라는 것을 알게 될 것이다. 문제는 "무엇이 그들을 멈추게 하는가?"이다. 적어도 세 가지 도전과제가 있다. 세 가지 과제는 ① 성공의 정의를 변경하고, ② 유리 천장을 뚫고 조달 관행의 사각지대를 줄이고, ③ 공급망 후방에서 전방으로 이동하고, 공급업체 지원 혁신을 통해 고객가치를 창출하는 데 도움을 주는 것이다.

성공의 정의 변경

조달에서 비용 절감을 성공의 유일한 척도로 사용하는 것에서 벗어나 성과지표는 변화해야 한다. 이 장에서는 조달 팀, 해당 비즈니스, 이사회 및 공급업체 등 주요 이해 관계자에게 사용되고 있는 성과지표를 설명한다. 그 결과는 4장에서 사용된 동일한 설문조사에서 나온 것이다. 더불어 어떤 측정이 사용되고 있는지, 그러한 논의에서는 이러한 측정을 어떻게 해야 가장 잘 사용하고 설계할 수 있는지에 초점을 맞추고 있다.

조달가치 측정을 위한 기존 및 신규 핵심성과지표(KPIs)

첫 번째 결과는 [그림 8-1]의 상단에 제시하였다. 이것은 성과 측정값의 전체

그림 8-1 주요 이해관계자에 보고하는 데 KPIs 평균 사용

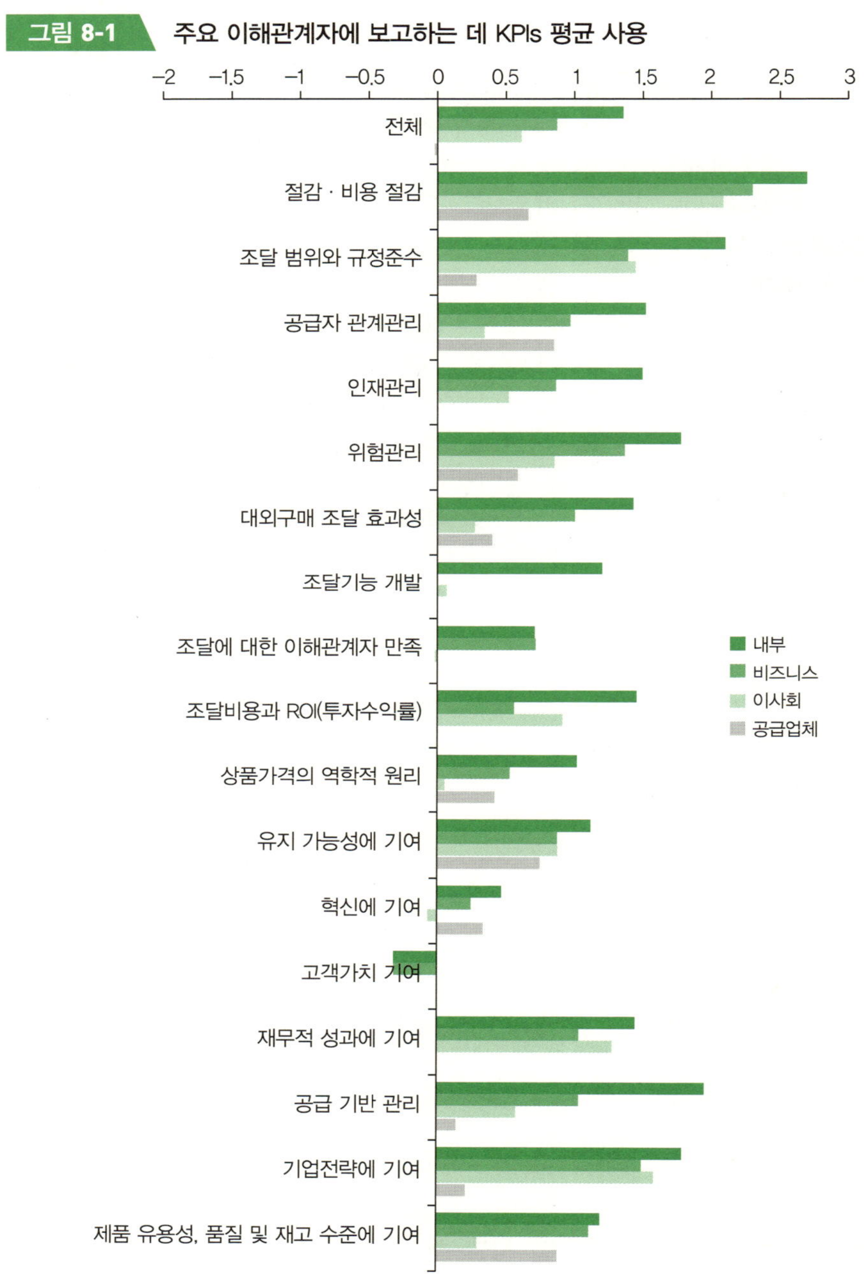

평균을 나타낸다. 이 값은 −3(전혀 사용하지 않음)에서 +3(항상 사용)까지의 척도로 측정하며, 모든 메트릭 설문조사에서 평균으로 계산된다. 기업 내부적으로는 이사회와 다양한 방안에 대해 활발한 교류가 이루어지지만, 공급업체와의 교류는 훨씬 적다. 사실상 이것은 조달 부서가 성공의 정의를 공급업체와 적극적으로 공유하지 않는다는 것을 보여준다. 그 결과 공급업체는 고객의 성공을 도울 방법을 모른 채 지나칠 수 있다. 또한 4장에서 다루었던 공급자 관계관리 영역에서 기회를 진지하게 받아들이고 있다면, 현재 관행을 변화시키기 위해 해야 할 작업이 있다는 것을 보여준다. 중요한 성과와 측정에 관한 개방적이고 지속적인 대화는 필수조건이다.

두 번째 결과는 그림의 나머지 부분에서 파생된 특정 KPIs의 사용을 보여준다. 이것은 많은 전통적인 측정법이 일반적으로 사용된다는 것을 보여준다. 비용 절감이 가장 중요한 척도이며, 다른 재무적으로 관련된 척도들이 이를 보완한다. 재고, 배송 및 품질에 대한 운영 관련 측정은 덜 일반적이다. 이에 따른 위험은 조달이 일상적인 운영에서 제외되고, 협상된 거래를 이행하지 못하는 것으로 보일 수 있다.

세 번째 결과는 조달에 대한 이해관계자 만족도 역시 활용 빈도가 낮다는 것이다. 이로 인해 조달과 조달이 지원하는 비즈니스 간 성공의 기대치와 정의가 잘못 조정될 위험이 있다. 이해관계자의 요구와 피드백을 면밀히 주시하지 않으면 조달은 위험할 수 있다. 즉, 2장에서 소개된 이니셔티브 우선순위는 실현 불가능하고, 조달이 효과적으로 지원해야 하는 조직에서 단독으로 혹은 맹목적으로 진행될 수 있다는 것을 의미한다.

네 번째 결과는 관계, 위험, 지속가능성 및 혁신과 같은 가치 항목에 대한 광범위한 초점과 관련된 새로운 성과 영역이 현재 사용되고 있지만, 오늘날 강도 수준은 감소하고 있다. 아마도 이것은 오늘날 실무 영역이 어디인지를 반영하는 것으로 볼 수 있다.

마지막으로, 오늘날 성공을 정의하는 데 가장 부족한 부분은 아마도 고객 측정일 것이다. 서문에서 피터 크랄직(Peter Kraljic)이 제안한 것처럼 공급망 관점을 사용하면, 고객가치가 궁극적인 초점이며 공급망의 모든 부분에서 실행과 중심을 이끌어야 한다. 반면에 조달은 고객과 직접적으로 상호작용하지 않지만, 코플리(Cofely)와 반더란데(Vanderlande) 사례에서 볼 수 있듯이 고객가치를 창출하는 힘을 발휘할 수 있는 잠재력이 있다. 반대로 고객 관점에서 가치의 정의를 이해하지 못하면, 조달기능은 2장의 동굴 속에 사는 원시인처럼 고립될 위험에 처하게 된다.

MINI-CASE | 코플리(Cofely)의 조달을 통한 고객가치

코플리(Cofely)는 6,000억 유로가 넘는 에너지 및 서비스 대기업인 GDF 수에즈(SUEZ)의 자회사이다. 코플리의 핵심 사업은 기술 서비스와 설치이다. 이 산업은 낮은 마진, 높은 구매 비율 그리고 낮은 진입장벽이 특징이다. 그 결과, 조달은 역사적으로 기업 성과에 중요한 역할을 해왔다. 구매가 매출의 60% 이상인 상황에서, 조달에 따른 모든 유로화 비용 개선은 60센트의 마진 개선으로 이어진다. 그러나 비용 절감이 코플리에서 조달 성공의 유일한 척도는 아니다. 더 중요한 것은 CEO가 시장에서 비즈니스를 성장시키고, 새로운 비즈니스를 수주하는 데 도움이 되도록 조달을 고려하는 것이다. 그것은 공급자시장이 아니라 고객시장이다.

코플리에서 조달은 입찰에서 차별화 요소로 공급업체의 기여도를 활용하고, 비즈니스 개발 및 시장 대면 환경에서 공급업체 협업을 직접 활용한다. 이는 코플리 구매자가 새로운 주제와 기회가 논의되는 주간 비즈니스 개발 회의에 참여한다는 것을 의미한다. 비즈니스의 추진 여부는 조달 권고사항에 따라 결정되기도 한다. 조달 팀은 시장 대응팀과 직접 협력하여 고객 제안을 개발하고 명확하게 표현한다. 이는 조달이 상업적 기능뿐만 아니라 공급망과 연계되어야 하고, 공급업체 협업과 고객가치 획득을 통해 경쟁력을 직접적으로 견인할 수 있다는 것을 보여준다.

출처: 저자 경험

가치 측정: 숫자에서 성과로 이동

조달에 적합한 KPIs는 다음 열 가지 기준을 충족한다.

- 고객가치 요소와의 관련성(조달은 고객과 동떨어진 업스트림 기능이지만,

고객의 가치 창출에 기여하지 않는 구실로 사용되어서는 안 됨)

- 공급망 상황과 측정에 맞추기(공급망의 한 요소가 아닌 사일로(silo: 협력하지 않고 갈등하는 것)로 작동하지 않기 위해)
- 비용 절감에만 국한되지 않음(이전 장에서 논의한 바와 같이)
- 기업과의 관련성을 보장하기 위해 기업 우선순위 및 전략과 연계(또한 모든 기업과 전략이 비용에만 국한되는 것은 아니므로 비용을 절감할 수 없다는 것을 의미함)
- 조달뿐만 아니라 주요 이해관계자들이 사용(관련성 및 연계성의 지표로)
- CFO와 이사회를 대시보드(dashboard)에 쉽게 연결(이사회 회의를 보다 쉽게 하고, 최고경영진(C-suite)에게 성공 정의에 대한 연결을 보장하기 위해)
- 팀 및 개인 목표를 분류(일관된 초점을 설정하고, KPIs를 직원평가 및 보상에 연결하기 위해)
- 우선순위가 변경되고 목표가 달성되고 진행됨에 따라 검토 및 업데이트(동적 및 진행 상태를 유지하기 위해)
- 단순하고 너무 많지 않음(화려하고 다양한 차트로 토론에 방해가 되지 않도록)
- 기회 및 개선사항에 대한 의미 있는 토론의 기초(따라서 목적이 아닌 도구이며, 단순히 보고하는 것이 아니라 사용해야 함)

유리천장 돌파

성공에 대한 새로운 정의를 설정하는 것과 실제로 더 높은 기준에 맞서 성공하는 것은 또 다른 일이다. 이를 위해서는 좋은 계획과 매일의 변화가 필요하다. 디아지오(Diageo)의 CPO인 티보트 아이소티에(Thibaut Eissautier)는 자신의 경험에 비추어 정상적인 조달행동과 'DNA'가 우리를 방해할 수 있다고 말했다. 그는 다음과 같이 결론을 내렸다.

- 조달은 종종 이익이 아닌 비용에 초점을 둔다.
- 우리는 영원한 협상가이다(이는 기업 및 공급업체와의 신뢰를 잃어버릴 위험이 있으며, 할인 협상만 하는 것으로 보여질 수 있음).
- 우리의 결과는 논쟁의 여지가 있다.
- 우리는 재무적인 이해도가 낮은 경향이 있다.
- 우리가 비즈니스를 제대로 이해하고 있는지 확실하지 않다.
- 우리는 더 협력하고 영향력을 발휘할 필요가 있다.

결과적으로 다음과 같이 권고한다.

- 우리는 조달을 잘 수행하는 것에 집중하기보다 어떻게 하면 비즈니스가 성공할 수 있는지 파악해야 한다.
- 우리는 기업과 협력해야 한다.
- 우리는 이해관계자의 언어를 구사해야 한다.
- 우리는 구매자가 될 시점과 그렇지 않은 시점을 파악하고 결정해야 한다.

그렇다면 좋은 조달 계획은 어떠한 것이며, 변화를 위해 집중해야 할 부분은 무엇인가?

좋은 조달 계획의 차원

지금까지 이 장에서 확인한 것은 조달 성공의 정의가 변하고 있으며, 조달 리더는 해당 팀이 비즈니스 및 공급망에 제공하는 범위와 기여도를 확대하기 위해 노력하고 있다는 것이다. 사용되는 성과지표의 조정과 팀의 초점 및 방향의 변화가 필요한 것은 물론, 조달 팀의 계획도 진화할 필요가 있다.

조달 리더가 계획을 변경할 때 고려해야 할 지표는 [표 8-1]에 열거된 것과 같이 최소 10개 이상이 있다. 성취 수준은 지표에 대한 진행 상황을 파악하는 지침 역할을 한다.

표 8-1 조달 계획 차원

지표	설명	성취 수준		
		최소	평균	이상
1. 계획은 사업에 맞게 구성되어야 한다.	2장에서 논의된 것처럼, 비즈니스와의 적절한 연계 없이 조달 계획을 수립하면 처음부터 실패할 수 있다.	조달은 사업 계획을 알고 있다.	조달은 비즈니스 계획을 개발하고 의견을 제공하는 등 도움이 되었다.	조달은 사업 계획의 기둥이며, 사업 계획과 조달 계획의 차이는 거의 없다.
2. 계획은 시장에 의해 알려진다.	조달의 주요 기여 중 하나는 공급시장에 대한 지식을 바탕으로 의사결정에 정보를 제공하는 것이다.	조달은 일부 공급업체와 시장 업데이트를 제공한다.	조달은 전략적 조달에 대한 정보를 적극적으로 수집한다.	조달을 통해 제공되는 정보는 기업이 시장에서 이기도록 도와 투자자와의 약속을 이행할 수 있도록 해준다.
3. 계획은 벤치마킹된다.	모범 사례 성과 및 역량에 대해 수정할 계획을 알려줄 수 있는 많은 벤치마크와 평가 도구가 있다.	조달 부서는 실무 및 성과에 대한 벤치마크를 수행한다.	조달 관리자는 성숙도 점수와 벤치마크에 대한 개별적인 목표를 가지고 있다.	조달 관리자들은 외부 벤치마크에서 상위 백분위 성과를 목표로 하고 있다.
4. 계획에는 조달 범위 개발이 포함된다.	좋은 계획은 현 단계의 조달 책임을 중심으로 계획하는 대신, 조달에 미치는 영향과 기여의 범위를 확장하고 확대되기를 기대한다.	조달 범위에는 전략적 소싱이 포함된다.	계획은 전략적 조달을 넘어 공급자 관계관리로 범위를 적극적으로 이동하는 것을 목표로 한다.	조달 계획은 공급업체 관계기능을 바탕으로 공급업체가 할 수 있는 잠재적인 혁신 기여도를 실현하여 기존 지출관리 이상으로 조달 범위를 확장하여 향후 지출을 창출한다.

5. 계획은 사람 중심이다.	조달의 변화와 발전 특성은 조달 담당자의 업무 수행 요건을 변화시킨다. 그러므로 이를 이행해야 할 인력을 중심으로 계획을 수립하는 것은 매우 타당하다.	조달은 더 나은 다른 구매자를 고용하는 데 중점을 둘 계획이다.	조달은 조달 내·외부에서 인재를 개발하는 데 중점을 둘 계획이다(예 수입 및 수출 인재).	조달은 리더를 일반관리 및 비즈니스 역할로 승격시키기 위해 계획한다.
6. 계획은 공급업체가 포함되어 있다.	조달은 판매처럼 근본적으로 외부적이고 상업적인 기능에 초점을 맞추었다. 공급업체에 근본적으로 중점을 두고 있기 때문에 공급업체를 조달 계획에 포함시키는 것은 논리적인 접근이다.	조달 계획에는 공급업체 관련 고려사항이 포함된다.	계획은 반복적인 프로세스로 공급업체와 함께 개발된다.	계획에는 공급업체와의 합작 투자 목표가 포함된다.
7. 계획은 지속가능성을 목표로 한다.	지속가능성이 기업의 공통적인 우선순위가 되면서, 조달은 확장된 공급망과 공급업체가 환경에 미치는 영향과 더불어 공급망 상류에서 사회적 책임의 중요성을 고려하여 기여할 계획을 세워야 한다.	계획은 기업의 사회적 책임(CSR) 코드와 지속가능성의 야망을 가진 공급 기반의 적용을 추진하는 것을 목표로 하고 있다.	조달은 공급망 지속가능성을 향상시키는 공급업체와의 실제적인 교섭에 자원을 할당할 계획이다.	계획은 지속가능성 초점 및 관행을 바탕으로 공급업체 및 고객을 차별화하고자 한다.

8. 계획은 위험을 방지할 수 있다.	확장된 공급망에서 잘못될 수 있는 부분이 너무 많아서 조달이 계획의 위험방지를 목표로 하는 것이 중요하다.	계획을 수립하는 동안에 위험 정보가 수집되었고, 자원 할당 의사결정에 위험 화면이 사용되었다.	계획수립기간 동안 공급망의 공급업체와 함께 위험 시나리오 및 대응 조치를 개발했다.	위험 정보 및 계획은 비즈니스를 위한 정보의 원천으로 사용된다.
9. 계획은 측정 가능해야 한다.	조달은 입증 가능한 ROI의 기록이 있으므로 계획한 목표에 대해 이정표와 산출물을 측정할 수 있어야 한다.	계획에는 명확한 조달 KPIs가 있다.	KPIs는 비즈니스 부문과 공유 및 공동 소유한다.	KPIs는 공급업체를 고객가치에 연결한다.
10. 계획은 일회성 및 독립형 노력이 아니다.	조달과정에서 진행 중인 주요 변화 중 일부는 하룻밤 사이에 그리고 단독으로 달성할 수 없다.	계획은 조달을 위한 다년간 전략의 일부이다.	계획은 회사의 3개년 전략과 일치하며, 회사의 목표를 명시하고 있다.	계획은 기업과 공급업체가 공동 소유한다.

가장 큰 격차: 조직을 넘어 고객가치 이해하기

조달은 공급망의 일부로 고객가치 창출을 돕는 역할을 한다. 전통적으로 조달 및 조달 관리자는 고객과는 좀 떨어져 있고, 공급자와는 맞닿아 있는 공급망의 상류(upstream)에 집중해왔다. 보다 현대적인 접근방식은 4장에서 논의된 것처럼 공급업체 관계기능을 사용하고, 이를 바탕으로 공급업체 역량에 대한 깊이 있는 이해를 통해 고객과 논의한다. 조달은 혁신 및 고객가치에 대한 공급업체의 기여도를 활용하고, 공급업체를 차별화 및 경쟁적 발전과정의 잠재적 원천으로 생각한다. 그러나 이를 위해 필요한 것은 내부(2장의 비즈니스 조정에 대한 생각) 및 외부관계에 대한 더 높은 수준의 친밀감과 이해이다. 문제는 이러한 역량과 초점의 변화가 일어나고 있는지 여부이다.

이를 알아보기 위해 아시아와 유럽에서 약 200명의 조달 임원들을 대상으로 설문조사를 실시했다. 우리는 조달 관리자가 외부 공급업체와 회사 내부, 내부 고객 및 기타 이해관계자 모두에게 최악의 적이 될 수 있다는 결론을 내렸다. [그림 8-2]는 공급업체 관계로 시작한다.

응답자의 거의 절반이 공급업체에 시장 정보 업데이트 및 새로운 비즈니스 제안을 요청하는 데 시간을 보낸다고 말한다. 이것은 아마도 크지는 않지만, 확실히 고무적으로 들린다. 그러나 실제로 관리자의 3분의 1만이 공급업체를 옹호하

그림 8-2 공급업체 정보 사용

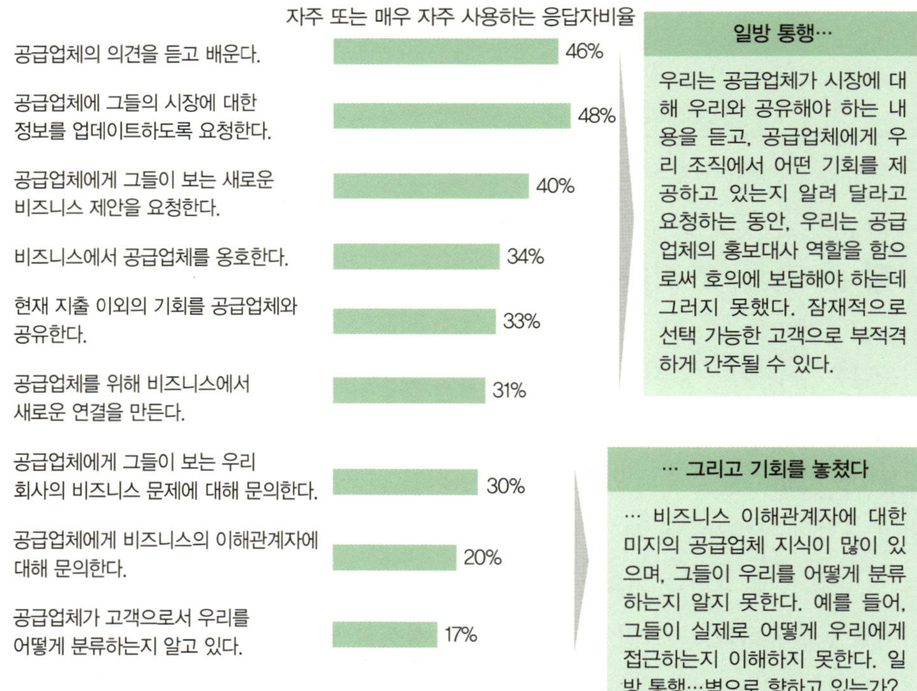

고, 공급업체의 새로운 연결을 촉진함으로써 공급업체의 정보를 조직에 제공하고 있으며, 이는 공급망을 관리하는 누군가가 수행할 수 있는 작업이다. 단지 20%만이 해당 고객들이 공유하는 비즈니스 통찰력을 전달하고 있다고 주장한다. 또한 17%만이 공급업체가 그들의 회사를 어느 부문에 분류했는지 알려줄 수 있었다.

[그림 8-3]은 기업 내부의 상황을 보여준다. 많은 조달 관리자들은 내부적으로 전략적 가치가 있다는 것을 증명하려고 노력한다. 그들은 기업의 이해관계자들에 대한 정보를 체계적으로 수집하고 있으며, 그들의 성공 사례를 알리고 있다. 그러나 그 이상은 되지 않는다. 조달 관리자가 내부 고객 및 이해관계자를 위한 가치 제안을 적극적으로 커스터마이징하고, 만족도 수준을 추적하고 만족을

그림 8-3 조달에서 마케팅 전략의 활용

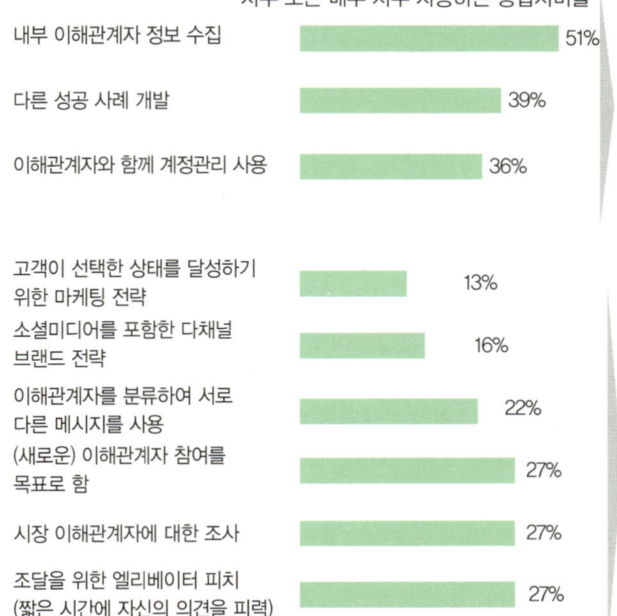

요점은 …

이해관계자에 대한 정보를 수집하고 성공 사례가 있는지 확인하는 일반적인 관행, 응답자의 3분의 1 이상이 계정관리를 사용 …

… 하지만 도구가 없다

…하지만 대부분의 기본 마케팅 도구와 전략은 소수의 사람들만 사용 …

위한 목표를 설정하는 경우는 30% 미만이다.

따라서 조달은 비즈니스에서 공급업체 및 동료와 더 잘 협력하기 위해 해야 할 일이 있다. 반더란데 인더스트리(Vanderlande Industries) 사례는 공급업체가 시장에서 기업을 차별화하는 데 기여하는 등 혁신적인 노력을 기울인 예를 제공한다.

MINI-CASE | 반더란데 인더스트리(Vanderlande Industries): 공급업체와의 공동 혁신으로 '시장에 새로운' 지속가능한 제품 생산

반더란데 인더스트리(Vanderlande Industries)는 공항에서 사용되는 컨베이어 벨트 및 수하물 처리 시스템과 같은 자동화된 자재 처리 시스템의 글로벌 운영 제조업체이자 개발업체이다. 반더란데 인더스트리의 조달 및 물류조직은 세 가지 측면에서 새로운 가치를 창출했다.

- 혁신 기회와 공동 개발 노력에 공급업체 참여
- 제품 및 서비스의 지속가능성에 대한 보다 높은 기준 달성(공급업체가 행동강령에 서명만 하는 것이 아님)
- 새로운 고객가치 창출과 시장 차별화

이 회사는 또한 CEO가 점점 더 많은 조달 관련 사항을 요구하고, 새로운 가치를 추가하기 위한 노력을 지원하였다. 흥미롭게도 회사는 실제로 뒤늦게 시작했다. 2009년에 한 경쟁업체는 지속가능한 것으로 포지셔닝된 신제품을 시장에 출시하였다. 회사의 CEO가 혁신과 지속가능성에 중점을 두고, 공급 기반에 관여하면서 이러한 도전은 조달 및 연례 공급업체 행사에서 제기되었다.

이번 행사에서 60개 공급업체는 시장에서 다른 어떤 제품보다 지속가능성을 높이고 '요람에서 요람까지(Cradle to Cradle®)' 인증 제품을 만들겠다는 포부를 가지고, 신규 컨베이어 시스템 개발을 위해 R&D에 참여한 조달 팀과 함께 과제를 진행하게 되었다. 반더란데 인더스트리는 이미 사내에서 초기 경험을 쌓았지만, 공급업체의 도움을 받아 가속화하여 '서플라이어 데이(supplier day)'에 이를 도입하고자 했다. 이 과제에서 세 개의 하위 프로젝트가 지정되고 공동으로 시작되었다. 따라서 처음부터 혁신 의제와 도움이 필요한 분야의 정보를 공급업체에 제공하였다. 이 회사는 고위 경영진 지원 및 투자 외에도 공급업체를 핵심 팀에 참여시켰다.

공급업체는 프로세스에 대해 많은 것을 제안했다. 예를 들어, 역사적으로 컨베이어 벨트는

PVC 구성 요소와 합성고무 및 섬유 소재를 사용했는데, 이는 수명주기가 끝나는 시점에서는 분리할 수 없으며, 또한 Cradle to Cradle® 표준에서 허용되지 않는다. 한 공급업체는 식품 가공산업에 사용되는 단일 구성 벨트를 제안했다. 그러나 이 벨트는 핸들링 강도를 위해 재설계가 필요했으며, 이를 위해 공급업체와 R&D가 진행되었다. 이러한 발명의 다른 예로는 벨트 아래 크롬 링을 설계하는 것으로, 벨트를 더 가볍게 하고 에너지 소비를 줄였다. 이와 같은 발명은 실제로 프로젝트가 공급망에서 한 단계 이상 진행되었음을 의미한다. 이것은 서류상의 약속이나 행동강령에 따른 것은 아니다. 더군다나 고객에 대한 가치 제안은 새로운 차원의 지속가능성으로 확장되었다. Cradle to Cradle® 제안의 일부는 이제 제품을 회수하여 재사용할 수 있다는 것이다. 이것은 고객이 반더란데 인더스트리와 공급업체를 경쟁사와 차별화하는데 사용하는 선택기준 중 하나가 되었다. 따라서 회사는 후방에서 혁신과 지속가능성의 최전선으로 도약했다. 고객은 이제 지속가능성 노력의 일환으로 제품을 옹호하고 있는 상황에서, 이는 분명히 시장 차별화 및 혁신을 위한 조달 및 공급업체의 새로운 가치 창출 사례이다.

요약 및 결론

많은 조달조직과 많은 조달 전문가는 비용 절감 효과를 거두었다. 비용 영향에 대한 이러한 초점은 사라지지 않겠지만, 현대의 조달전략은 훨씬 광범위하고 포괄적인 성과지표에 초점을 맞추고 있다. 여기에는 혁신에 대한 공급업체 기여, 공급망의 지속가능성에 대한 영향 및 기업의 위험관리에 대한 기여가 포함된다. 여기에 성과보고에서 비즈니스 및 공급업체의 이해관계자와의 적극적인 의사소통으로 측정기준의 활용 범위가 확대되고 있다. 만약 잘 수행된다면, 조달업무를 공급망의 후방에서 전방으로 이동하여 기업의 경쟁력을 높이고 고객가치에 영향을 미칠 수 있다.

- C2C(Cradle to Cradle, 요람에서 요람까지) 제품의 설계, 제작, 사용기간뿐 아니라 새로운 제품으로의 재활용까지 포함하는 제품의 수명주기
- dashboard(대시보드) 다양한 정보를 중앙집중적으로 관리하고 찾을 수 있도록 하는 사용자 인터페이스
- Diageo(디아지오) 영국 런던에 본사를 두고 있는 세계 최대의 프리미엄 주류회사
- GDF SUEZ(GDF 수에즈) 전기 · 천연가스 · 재생에너지를 생산, 공급, 관리하는 프랑스의 다국적 공영 에너지 기업
- silo(사일로) 협력하지 않고 갈등하는 것을 뜻하며, 회사 안에 성이나 담을 쌓고 외부와 소통하지 않는 부서를 가리키는 말

참 • 고 • 문 • 헌

Wimmers, E (2013) Procurement Leaders, World Procurement Conference: Opening address, May 2013, London

Chapter

09 공급망 위험관리

마틴 크리스토퍼 박사(DR MARTIN CHRISTOPHER)

2013년 초 소비자들은 영국과 아일랜드 슈퍼마켓에서 판매 중인 소고기 햄버거에서 말의 DNA가 발견되었다는 소식을 듣고 놀랐다. 최초 발견 직후, 추가 실험적인 조사를 통해, 이 문제는 한 곳에서만 발생한 개별적인 문제가 아니라 유럽 전역으로 확대된 문제로 밝혀졌다. 슈퍼마켓들은 소비자들 사이에 우려가 확산되면서 많은 가공육 제품을 진열대에서 회수할 수밖에 없었다.

유통업체와 패스트푸드 체인점들이 저명한 식품가공 제조업체로부터 이 제품을 구입하는 동안 문제의 원인은 공급망 상류에 있다는 사실이 빠르게 밝혀졌다. 예를 들어, 냉동 쇠고기 주요 생산업체인 핀더스(Findus)는 프랑스 회사인 코미겔(Comigel)에서 구매해 온 쇠고기에 많은 양의 말고기가 포함되어 있다는 것을 발견했다. 코미겔은 또 다른 회사인 스판게로(Spanghero)로부터 고기를 구입했는데, 스판게로는 루마니아에 있는 공급업체를 포함한 다른 상거래 파트너들에게서 고기를 구입했다.

분명히 육류 공급망의 가시성과 투명성의 부족은 이러한 오염(소고기와 말고기 혼합 문제)이 밝혀진 것은 단지 우연에 불과하다는 것을 의미한다. 이 사례는 확장된 공급망이 잠재적으로 매우 해로운 위험의 원천을 숨길 수 있다는 것을 알려준다.

아웃소싱의 결과(종종 해외에 위치한 기업에게) 이러한 유형의 공급망 위험은 최근 몇 년간 크게 증가하고 있다. 상류 공급망에 대한 직접적인 통제력 상실로 기업에 발생하는 위험에는 다양한 사례가 있다. 최근 몇 년 동안 도요타(Toyota), 마텔(Mattel), 네슬레(Nestle)와 같은 글로벌 기업들은 상류 공급망 문제로 제품을 리콜해야 했다. 이러한 문제는 종종 매출과 기업 명성에 큰 영향을 미친다.

공급망에서 이러한 유형의 사건으로 인해 우려의 목소리가 커짐에 따라 나타나는 영향 중 하나는 공급망 위험관리가 중요하다는 것이다. 이전 기업들은 주로 환율 변동, 금리 변동 등의 영향과 IT 장애 또는 내부 운영 중단을 방지하기 위한 비즈니스 연속성 관점에서 위험을 고려하는 경향이 있었다. 이제 이러한 기업들은 비즈니스 건전성에 가장 큰 위험이 더 넓은 공급망에 있다는 것을 인식하고 있다. 따라서 모든 비즈니스에서 공급 관리자와 조달 전문가의 주요 역할은 상류 공급망 위험의 사전관리이다.

MINI-CASE | 공급망 거버넌스와 말고기 스캔들

2012년 12월 아일랜드 식품안전국(FSAI: Food Safety Authority of Ireland)은 아일랜드의 '비프버거(beef burgers)'에서 말의 DNA를 발견했다고 보고했다. 이건 시작에 불과했으며, 이 스캔들은 곧 많은 제품과 사실상 유럽의 모든 나라로 퍼졌다. 테스코(Tesco), 아스다(Asda)(월마트), 이케아(IKEA), 알디(Aldi), 네슬레(Nestle) 등 많은 대형 다국적 기업들이 피해를 입었다.

당초 이 사건은 오보로 보도되었으나, 곧 사기행위의 결과임이 밝혀졌으며, 이미 영국과 네덜란드에서 관련자들이 체포되어 수사가 진행 중이다. 이 사례는 복잡하고 세분화된 공급망에서 비효율적인 통제와 공급망 거버넌스의 명백한 실패를 보여준다.

이 스캔들에 가장 먼저 이름을 올린 회사 중 하나는 테스코였으며, 2013년 1월 중순까지 이 사건은 테스코의 시장가치를 3억 파운드나 떨어뜨렸다. 테스코는 소비자와 투자자들의 신뢰가 훼손될 가능성을 인지하고 고객에게 사과하기 위해 신속하게 움직였고, 관련 공급업체와의 관계를 단절했으며, 이 문제를 해결하기 위한 DNA 검사를 하겠다고 발표했다. 마찬가지로, 이케아는 유명한 미트볼에서 말 DNA 흔적을 발견했을 때, 약 한 달 동안 제품을 회수하고 '농장에서 포크까지(from farm to fork)' 새로운 공급망 관리 내용을 발표해야 했다.

하지만 이 스캔들로 모든 기업들이 피해를 입은 것은 아니다. 공급망에 대한 철저한 관리를 입증할 수 있었던 기업들은 좋은 기회를 얻었다. 영국 테스코의 주요 경쟁사 중 하나인 모리슨(Morrisons)은 자체 정육점을 보유하고 있으며, 현지 농장 커뮤니티를 통해 육류를 공급함으로써 그들에게 직접적인 지식을 제공하고 공급망을 효과적으로 통제하였다. 스캔들 이후 모리슨은 신선한 육류 판매가 18% 증가했다고 보고하면서 경쟁자들로부터 부러운 시선을 얻었다.

출처: Independent(2013)

공급망 위험 프로파일의 이해

오늘날의 공급망은 그 어느 때보다 복잡하다. '복잡성(complexity)'은 공급망에서 한 요소의 변화가 종종 예상치 못한 방식으로 다른 요소에 영향을 미칠 수 있는 공급망 네트워크 전반의 상호 연결성 및 상호 의존성의 상태를 보여준다. 공급망 네트워크 내에서 에이전트와 엔티티 사이의 많은 상호작용이 누적 및 결합 효과를 가질 수 있기 때문에, 공급망 붕괴 및 중단 가능성이 증가한다.

공급망 네트워크에 있는 노드(node)와 링크(link)가 많을수록 공급망 복잡성이 높아진다. 비핵심활동의 아웃소싱으로 인해 오늘날 많은 기업들이 상품과 서비스를 외부 공급업체에 훨씬 더 의존하고 있다. 이러한 외부 공급업체는 또한 2차 공급업체의 네트워크 기업에 의존한다. 공급망 네트워크의 중심에 있는 중심기업(focal frim)은 상류 공급망을 연결하는 많은 2차 또는 3차 공급업체를 인식하지 못할 가능성이 높다. 공급망 우수관리 사례로 농업 장비 제조업체인 존디어(John Deere)의 사례가 있다(MINI-CASE 참조).

MINI-CASE | 존디어의 공급망 상류의 위험관리

존디어(John Dier)가 공급망 복잡성을 인식하고 관리하는 방법은 기존의 통계적 프로세스 제어 접근방식을 통합하는 공급업체 성능 모니터링 도구를 사용하는 것이다. 현재 750개에서 1,000개 사이의 공급업체가 이 모니터링 도구를 통해 사전 모니터링 및 관리되고 있다. 구체적으로 8개월의 예측기간을 다루면서 공급자에게 1년에 두 번 일련의 질문을 하는 웹 환경이 개발되었다. 예를 들어, 2차 및 3차 공급자와 관련하여 공급자가 얼마나 편안한지를 비롯하여 기존 또는 예상 용량 제약 조건도 평가된다.

존디어의 접근방식은 공급 네트워크의 1차뿐만 아니라 공급 네트워크의 하위 단계에서도 공급망 복잡성을 관리하는 것이 중요하다는 점을 알려준다. 상호 긴밀하게 연결된 공급 네트워크와 적시 제조 및 거의 0에 가까운 재고를 통해 연결된 공급업체에 대한 보다 심도 있는 모니터링은 복잡성 관리에 대한 존디어의 성공적인 접근방식의 핵심이다. 주요 활동은 공급 네트워크 용량과 공급 중단 및 재해 발생 가능성을 사전에 모니터링한 후 적절한 대응책을 개발하는 것이다. 성과보고서는 매주 제공된다. 만약 공급 네트워크 용량 문제가 있는 경우, 용량 부족을 해결하기 위한 실행 계획을 개발한다.

존디어의 공급망 관리 시스템은 지속적으로 개선되고 있다. 2012년에 규정 준수를 강화하기 위해 존디어는 공급업체의 행동강령 및 위험 감사와 관련된 모듈을 통합했다. 이 시스템을 통해 해결한 주요 이슈 중 하나는 분쟁 광물과 같은 물질을 제한하도록 기능을 제공하는 것이다. 이 시스템의 목표는 공급업체 검색을 자동화하여 위반사항이 즉시 전달되고 인식되도록 하는 것이다. 이러한 목표를 달성하기 위해 존디어는 69개 주요 공급업체와 경영진 수준에서 논의를 진행하여 비즈니스 연속성 계획 및 위험관리 접근방식이 있는지 확인하고 공급업체와 협력관계를 맺었다.

출처: Simhan et al.(2013)

관리자가 공급망 네트워크의 잠재적 취약성 영역을 더 잘 이해할 수 있도록 공급망 위험 프로파일을 구성해야 한다. 공급망 위험 프로파일 구축 목적은 공급망 연속성에 대한 가장 큰 위협이 어디에 있는지 파악한 다음에, 이 통찰력을 사용하여 공급망 위험 완화전략을 개발하는 것이다. [그림 9-1]은 공급망 위험 프로파일을 작성하는 네 가지 단계를 보여준다.

이 단계를 차례대로 살펴보면 다음과 같다.

그림 9-1 공급망 위험 프로파일 개발

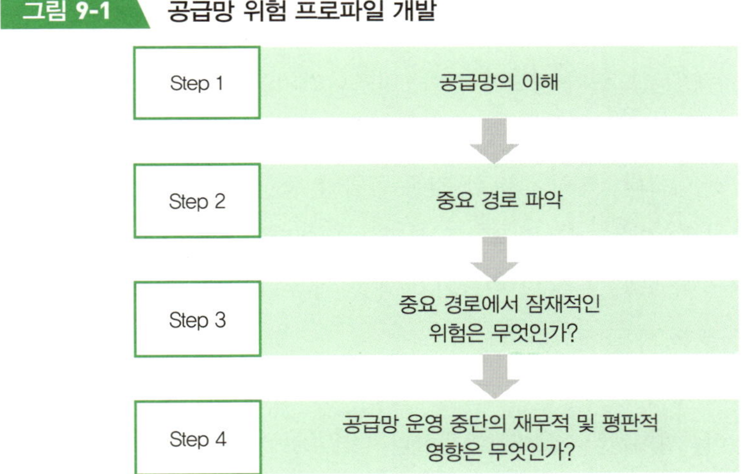

1. 공급망의 이해

공급망 위험관리 프로세스의 중요한 부분은 우선 공급망의 형태를 이해하는 것이다. 다시 말해, 기업의 비즈니스가 속한 네트워크를 매핑할 수 있어야 한다. 이 공급망 맵은 종단간 파이프라인(end-to-end pipeline)을 구성하는 모든 노드와 링크를 포함해야 한다. 이는 상류 공급망에서의 위험을 관리하는 데 있어 1차 공급업체를 넘어 2차 공급 기반과 3차 공급 기반을 이해하는 능력을 의미한다.

공급망 복잡성을 고려할 때 이것은 분명 어려운 작업이다. 그러나 제약산업, 항공우주산업 및 특정 식품산업 공급망의 경우에는 규제 및 규정 준수 법률에 따라 작업을 수행할 수 있다.

공급망 위험 프로파일 작성의 첫 번째 단계의 결과는 회사의 공급망을 구성하는 노드와 링크에 대한 상세한 지도(map)가 되어야 한다.

2. 중요 경로 파악하기

모든 공급 네트워크에는 어떤 이유로든 장애가 발생할 경우 그 장애가 미치는 영향이 상당할 수 있는 노드와 링크가 있다. 비즈니스의 위험 프로파일을 구축하기 위해 우리가 찾아야 할 것은 지속적인 비즈니스 운영에 있어 중요한 업무를 수행하는 노드 및 링크다. 특히 중요한 것은 공급망 중단이 회사의 수익성에 심각한 영향을 미칠 수 있는 네트워크의 일부라는 것이다. 따라서 공급망에 대한 체계적인 검토와 "이 노드 또는 이 링크가 실패할 경우 수익에 어떤 영향을 미칠 것인가?"라는 질문을 하는 것이다.

장애가 가장 큰 영향을 미치는 노드와 링크는 네트워크 전반에 걸쳐 '중요 경로(critical path)'를 형성하는 것으로 간주한다.

중요 경로는 다음과 같은 특성을 갖는다.

- 긴 리드타임(예 주문에서 배송까지 구성요소를 보충하는 데 소요된 시간)
- 단기적인 대안이 없는 단일 공급원
- 동일한 2차 공급업체를 공유하는 2개 이상의 1차 공급업체가 있는 경우
- 항만, 운송 모드 또는 정보 시스템과 같은 특정 인프라에 대한 의존성
- 소재 또는 제품이 흘러야 하는지를 통해 병목현상 또는 '핀치 포인트(pinch points)' 확인
- 장애를 수리하는 데 시간이 걸리는 노드 또는 링크

중요 경로를 파악하는 유용한 도구 중 하나는 고장 모드 및 영향 분석(FMEA: Failure Mode and Effective Analysis)이다(McDermot 등, 2009). FMEA의 목적은 공급망 장애 위험을 줄이기 위해 공급망 네트워크 내에서 주의가 집중되어야 하는 부분을 파악하는 체계적인 접근법을 제공하는 것이다. 이를 위해 각 노드를 살펴보고 연결하여 다음 세 가지 질문에 대한 답변을 작성한다.

- 무엇이 잘못될 수 있는가?
- 이 고장이 어떤 영향을 미치는가?
- 이 고장의 주요 원인은 무엇인가?

다음 단계는 다음 기준에 따라 공급망 네트워크의 잠재적 장애를 평가한다.

- 공급망 실패로 인한 영향의 심각도는 얼마인가?
- 이러한 실패가 발생할 가능성은 얼마인가?
- 공급망 실패가 감지될 가능성은 얼마인가?

그런 다음 [표 9-1]과 같은 등급 시스템을 사용하여 세 개의 점수를 함께 곱하여 통합 우선순위 점수를 만든다. 예를 들어, 세 가지 기준에서 각각 5점을 획득하면 최대 위험 수준인 총점 125점이 부여된다.

표 9-1 고장모드 및 영향분석(FMEA) 시스템

S = Severity 심각성(S)	1 운영 서비스 수준에 직접적인 영향 없음 2 운영 서비스 수준의 경미한 저하 3 운영 서비스 수준의 명확한 감소 4 운영 서비스 수준의 심각한 저하 5 운영 서비스 수준이 0에 근접함
O = Likelihood of occurrence 발생 가능성(O)	1 여러 해에 한 번 발생할 확률 2 여러 운영 달에 한 번 발생할 확률 3 일부 운영 주에 한 번 발생할 확률 4 주간 발생 확률 5 일일 발생 확률

D = Likelihood of detection 탐지 가능성(D)	1 탐지 가능성이 매우 높음 2 발생 전 고장에 대한 상당한 경고 3 발생 전 고장 일부 경고 4 발생 전 고장 경고 거의 없음 5 탐지 가능성은 사실상 0임

3. 중요 경로에서 잠재적인 위험은 무엇인가?

모든 공급망의 원활한 운영에는 잠재적인 위험이 매우 많으므로 가장 가능성이 높은 공급망 중단 원인을 파악할 수 있도록 체계적인 감사가 필요하다. 이 감사에서는 다섯 가지 위험 출처에서 발생하는 비즈니스 중단에 대한 잠재적 위험을 검토해야 한다([표 9-2] 참조).

표 9-2 공급망 위험의 5가지 원인

1. 공급 위험 (supply risk)	• 공급 차질에 얼마나 취약한 사업인가? (글로벌 소싱, 주요 공급업체에 대한 의존도, 공급관리 미흡 등으로 인해 위험이 더 크다.)
2. 수요 위험 (demand risk)	• 수요의 변동성은 어느 정도인가? • 채찍효과가 수요 증폭을 유발하는가? • 다른 제품에 대한 수요가 우리 제품에 대한 수요에 영향을 미치는 상호작용이 있는가?
3. 프로세스 위험 (process risk)	• 프로세스가 얼마나 탄력적인가? • 가시성의 원천을 이해하고 있는가? 예를 들면, 제조 공정은 어떤가? • 어디에서 병목현상이 발생하는가? • 필요한 경우 추가 역량을 얼마나 확보하고 있는가?
4. 통제 위험 (control risk)	• 내부 제어 시스템에 의해 교란 및 왜곡이 발생할 가능성은 얼마나 되는가? (예를 들어, 주문 수량, 배치 크기 및 안전 재고 정책은 수요 신호를 왜곡할 수 있다.)
5. 환경 위험 (environmental risk)	• 외부 힘에 특히 취약한 노드와 링크는 무엇인가? (예 날씨 관련 사건, 지진, 지정학적 격변, 규정 및 규정 준수 문제)

출처: Christopher(2011)

4. 공급망 운영 중단의 재무적 및 평판적 영향은 무엇인가?

공급망 운영 중단이 비즈니스에 미치는 영향은 상당하다. 극단적인 경우 공급망 운영 중단으로 인해 기업이 붕괴될 수 있다. 공급망 실패의 영향은 단기적 영향을 넘는 경우가 많으며, 향후 한동안은 순이익뿐만 아니라 기업의 평판에도 영향을 미친다.

공급망 운영 중단의 재무효과를 측정할 때 유용한 지표 중 하나는 '위험에 처한 현금흐름'이다. 기본적으로 이 개념은 이전에 파악된 각각의 중요 경로에 대해 문제를 수정하는 데 걸리는 시간 동안 고장이 현금흐름에 미치는 영향이 무엇인지 이해하기 위해 정기적으로 '스트레스 테스트'가 수행되어야 한다.

'위험에 처한 현금흐름'보다 더 광범위하고 잠재적으로 보다 큰 피해를 입힐 수 있는 것은 '평판 위험'이다. 2007년 세계 최대의 장난감 제조사인 마텔(Mattel)이 장난감 제조에 사용된 페인트에서 위험 수준의 납 함유량 때문에 2,000만 개 이상의 장난감을 회수해야 했을 때, 그들의 명성에 대한 장기적인 영향은 상당했다. 마텔사는 매출이 이전 수준으로 회복되기까지 몇 년이 걸렸다. 공급망 장애의 장기적인 영향에 대한 유사한 사례들이 많이 있다.

시장에서 기업들이 평판 손실로 인한 실제 비용을 계산한다는 것은 거의 불가능하지만, 공급망 운영 중단 이후 주주가치는 항상 부정적인 영향을 받는다는 강력한 증거가 있다(예 Singhal and Hendricks, 2002).

공급업체 위험 프로파일 생성

비즈니스에서 공통적인 가정은 공급망 위험은 주로 기업이 통제할 수 없는 외부 사건에서 발생한다는 것이다. 허리케인, 홍수, 노동쟁의, 전염병 등으로 인해 공급망이 운영 중단될 가능성은 항상 존재한다. 그러나 오늘날 공급망에서 발생하는 위험의 상당 부분은 조직 자체가 내린 결정 때문이다. 특히 소싱과 조달 결정은 비즈니스의 위험 프로파일의 주요 결정요소가 될 것이다.

이상적으로는 공급업체 선택에 대한 모든 의사결정은 "위험 프로파일이 이 결정으로 인해 어떤 영향을 받습니까?"라는 질문을 통해 형성되어야 한다. 예를 들어, 주요 시장으로부터 다소 거리가 떨어진 저비용 국가로부터 소싱 의사결정이 내려진다면, 리드타임은 어떻게 될 것인가? 급격한 수요 변화는 비즈니스 역량에 어떤 영향을 미칠까? 지정학적 사건이나 규제 변화의 위험이 더 큰가? 등에 대한 대응 방안을 마련해야 할 것이다.

매우 빈번한 소싱 결정은 원가를 협의로 정의하고, 잠재적 위험비용을 충분히 고려하지 않았기 때문에 나타난다. 공급망 위험 프로파일이 소싱 결정에 의해 부정적인 영향을 받는 경우, 더 높은 수준의 공급망 거버넌스에 대한 필요성이 증가한다. 반면에 과거에는 직속 공급업체의 재무 상태를 모니터링하는 경우가 많았지만, 공급망 위험 관련 문제를 항상 검토하지는 않았다. 아웃소싱 활동이 증가하고 짧아진 공급망이 일반화된 현시점에서, 조달 의사결정 프로세스는 소싱 선택이 위험 프로파일에 미치는 영향에 대한 완전한 평가에 기초해야 한다.

조직들이 이 문제를 해결하기 위해 노력하면서 발생하는 즉각적인 문제는 수백, 어쩌면 수천 개의 공급업체를 상대해야 한다는 것이다. 공급 기반에서 이러한 수준의 복잡성을 고려할 때 위험 프로파일을 어떻게 평가할 수 있을까? 앞서 강조했듯이 공급망에는 잠재적 위험요인이 많이 있다. 일부 요인은 공급업체에 영향을 줄 수 있지만, 일부 요인은 그렇지 않다. 이러한 복잡성을 다루는 방법은 공급기준과 위험의 원인을 광범위하게 분류하여 보다 상세한 분석을 위한 우선순위를 파악해야 한다.

지게르와 골드바흐(Giguere and Goldbach, 2012)가 제안한 공급에 기반한 공급자를 분류하는 방법에 따라 공급자를 분류하면, ① 전략적 공급자, ② 전술적 및 핵심 공급자, ③ 거래적 공급자로 분류된다.

1. 전략적 공급자

이름에서 알 수 있듯이 전략적 공급자(strategic suppliers)는 회사의 비즈니스 전략 달성에 매우 중요하다. 그들이 없다면 조직이 사업을 지속하는 것은 어려울 수 있다. 전략적 공급자의 수는 매우 적겠지만 사업에 미치는 영향의 중요성은 상당하다. 이들은 혁신, 지식, 기타 자원의 주요 원천이 될 것이며, 긴밀히 협력함으로써 중심기업(focal firm)은 시장에서 가치 있는 차별화된 이점을 얻을 수 있다. 이러한 공급업체와 함께 기업은 최고경영자부터 공장 현장에 이르기까지 모든 단계에서 가능한 가장 강력한 관계를 구축하고자 할 것이고, 더불어 높은 수준의 교차 경계 작업, 투명성 극대화, 협업문화 조성에 중점을 둘 것이다.

비즈니스는 이러한 공급업체에 매우 의존적이기 때문에, 중심기업은 그들의 위험 프로파일을 이해하고, 그러한 프로파일에 대한 모든 불리한 변화는 공동으로 다루어져야 한다는 것을 인식하는 것이 중요하다.

2. 전술적 및 핵심 공급자

비즈니스의 원활한 운영은 이러한 전술적 및 핵심 공급자(tactical/core suppliers)의 성과에 큰 영향을 받는다. 그들은 그 회사의 전략적 공급자들보다 숫자가 더 많을 것이지만, 여전히 상대적으로 적은 수일 것이다. 이들 공급자들이 폐업할 경우 적어도 일시적으로는 회사의 운영에 심각한 영향을 미칠 수 있다. 그러나 이러한 시스템은 교체될 수 있으며, 잠재적인 장애에 대응하기 위한 비상 계획이 항상 마련되어 있어야 한다.

이러한 공급자가 전체 조달 지출의 상당 부분을 차지할 가능성이 높다. 또한 중심기업은 이러한 공급자가 정시 납품, 운영 및 규제 준수 또는 공급자 재고관리(VMI) 프로그램을 통해 안정적인 성능을 제공하도록 할 것이다. 이러한 이유로 기업은 비용, 품질 및 납품 표준의 필수 수준을 제공하는 공급업체의 능력에 영향을 미칠 수 있는 요소들을 면밀히 모니터링하는 것이 중요하다.

3. 거래적 공급자

세 번째 범주는 거래적 공급자(transactional suppliers)이다. 이들 공급자가 공급하는 제품이나 용역을 대체 공급원으로부터 광범위하게 이용할 수 있다는 의미에서 '일상품' 공급자로 칭할 수도 있다. 따라서 어떤 이유로든 이러한 공급자 중 하나가 사업을 계속 진행할 수 없다면, 다른 공급자를 찾는 것은 어렵지 않을 것이다. 일반적으로 이 범주의 공급자에 대한 소싱 결정을 내릴 때 주로 고려하는 사항은 가격이다. e-경매와 같은 메커니즘을 사용하여 공급업체 검색 및 선택 프로세스를 보다 비용 효율적으로 만들 수 있다.

이러한 거래적 공급자가 다른 두 범주보다 더 많을 가능성이 있으므로, 공급자의 위험 모니터링은 주로 가격과 납품 실적이 경쟁력을 유지할 수 있도록 일부 기본적인 지표로 한정하는 것이 좋다.

이러한 방식으로 공급 기반을 분류한 후에도, 후속 위험 모니터링 프로세스뿐만 아니라 최초 소싱 의사결정에서 고려해야 하는 주요 위험은 무엇인지에 대한 의문이 남는다.

파브르와 맥크리리(Favre & McCreery, 2008)에 의해 제안된 공급망 관리의 위험 유형 분류 방법이 있다. 이들의 제안에 의하면, 위험의 원천은 많지만, 일반적으로 ① 산업 및 일상품 위험, ② 지리적 위험, ③ 환경 위험으로 분류하는 것이 적정하다고 하였다.

1) 산업 및 일상품 위험

일부 산업은 특정 유형의 공급망 위험에 보다 잘 노출되고 마찬가지로 가격 변동, 부족 등 상품 위험에 더 취약하다. 식품산업에서 가뭄과 같은 날씨 관련 요인의 영향은 가용성과 비용에 큰 영향을 미칠 수 있다. 2013년 멕시코에서 극심한 가뭄으로 옥수수 320만 톤과 콩 60만 톤의 손실이 발생했고, 6만 마리 소가 떼죽음을 당했다. 물가에 미치는 영향은 상당했고, 이로 인한 멕시코의 사회적 불안감은 증가했다. 가뭄과 관련된 혼란의 비슷한 사례들이 다른 나라와 지역에서 많이 발견될 것이며, 기후 변화의 영향은 증가할 것으로 예상된다.

이 범주의 다른 산업별 위험 발생 원인은 희토류 금속과 같은 희소 물질 또는 훈련받은 유능한 인력과 같은 기타 희소 자원과 관련이 있다.

제약산업과 같은 일부 산업에서는 규제 변화 가능성이 일반적으로 비즈니스 위험에 광범위한 영향을 미친다. 여기서 전달하는 메시지는 기업이 속한 산업뿐만 아니라 기업이 의존하는 상품과 관련된 특정 위협을 이해해야 한다는 것이다.

2) 지리적 위험

오늘날 많은 공급망이 글로벌화되어 있으므로, 지리적 위험평가는 공급망 위험 프로파일링 프로세스의 일부라는 것을 인식해야 한다. 지리적 위험에는 예를 들어 국유화, 테러 또는 해적 행위, 환율 변동 및 투입비용 변경(예 노동)과 같은 정치적 개입이 포함된다. 여러 전문기관이 잠재적인 장애 원인에 초점을 맞춘 특정 국가 위험 프로파일을 정기적으로 업데이트해서 제공하고 있다.

명확하지는 않지만, 지리적 위험의 한 가지 특징은 글로벌 소싱의 결과 리드타임이 연장되고, 통관 등 추가적인 활동에 따라 국경을 넘는 횟수가 증가한다는 것이다. 따라서 글로벌 소싱은 지리적 위험과 관련성이 있다고 볼 수 있다.

그 결과 공급망 변동성에 맞서 기업들은 공급망 파이프라인에서 추가적으로 안전재고를 확보해야 한다. 따라서 리드타임이 길수록 공급망 변동성이 커지며, 변동성이 클수록 재고도 많아진다.

재고의 위험관리가 항상 완벽하게 파악되는 것은 아니다. 재고를 어떻게 조달하고, 관련 비용을 어떻게 책정하느냐에 따라 재무적 영향이 나타난다. 즉, 시장 수요가 변화할 경우, 재고의 진부화 위험이 존재한다. 마찬가지로 수요가 예상보다 많을 경우, 품절 상황이 증가할 위험이 있다. 이러한 재고 관련 비용의 합계는 매우 높으며, 비즈니스의 수익성과 투자수익률에 실질적인 영향을 미칠 수 있다.

3) 환경 위험

개별 비즈니스 통제 또는 영향에서 벗어나, 공급망 연속성에 영향을 미치는 보다 광범위한 환경에서의 잠재적 위험요인은 많다. 홍수, 쓰나미, 허리케인, 지진, 화산과 같은 자연재해는 사회적 · 경제적 영향과는 별개로 사업에 큰 지장을 초래할 수 있다. 흥미롭게도(혹은 당신의 관점에 따라) 이러한 유형의 사건들이 어떤 이유에서든 증가하고 있다. 이러한 위험 원인은 낮은 확률일 수 있지만, 종종 공급망 운영에 많은 영향을 미친다.

2002년과 2003년 사스가 발병한 이후 세계적으로 우려되었던 것처럼, 조류 독감과 같은 전염병은 공급 연속성이나 여행 제한의 문제를 유발할 가능성이 있다.

이러한 종류의 외부 사건은 명확하게 예측할 수 없지만, 어느 정도 위험에 대한 대응 계획을 사전에 수립할 수 있고, 따라서 위험을 완화할 수 있다. 비상 계획은 '만약에' 질문을 한 후 현재의 공급망 방식에 대한 '스트레스 테스트'와 같은 것을 수행하는 것과 관련이 있다. 스트레스 테스트란, 예를 들어 기업이 북반구에서 발원하는 다양한 화산재 구름이 비즈니스에 미치는 영향을 파악하는 것이다. 기업은 공급망 장애가 발생할 경우 얼마나 잘 대처할 수 있을까? 공급망 강화 또는 증강이 필요한 핵심 노드와 링크는 무엇일까?에 대해 고민해보아야 할 것이다.

공급업체 위험 감사

우리가 소개한 두 가지 아이디어, 즉 공급자의 유형(전략적 공급자, 전술적 및 핵심 공급자, 거래적 공급자)과 위험 범주(산업 및 상품 위험, 지리적 위험, 환경적 위험)를 결합하면, 공급 네트워크가 가장 큰 위험에 처할 수 있는 위치를 파악할 수 있는 기본 프레임워크를 구성할 수 있다. [표 9-3]은 프레임워크의 기본 구성을 보여준다.

전략적 공급자는 위험 프로파일의 변경사항을 파악하기 위해 정기적으로(특히, 일 년에 몇 번씩) 감사를 받아야 한다. 전술적 공급자의 경우, 예를 들어 일 년에 한 번 정도 검토하는 것으로 충분하다. 그리고 다수의 거래적 공급업체는 자동으로 성과 측정(예 정시 인도)과 예외사항을 보고해야 한다.

이러한 방식으로 대규모 공급자 기반에서도 위험평가 프로세스를 관리하는 것이 가능하다. 이러한 체계적인 위험평가 프로세스를 통해 상류 공급업체 간에 주요 취약점이 어디에 존재하는지 보다 명확하게 파악할 수 있다.

표 9-3 공급망 위험평가 프레임워크

		위험 범주			
		산업	지역	환경	
공급자 유형	전략적 공급자				정기적 검토
	전술적 공급자				주기적 검토
	거래적 공급자				예외 보고

사이버 보안에 대한 우려 증가

모든 공급망에서 공통적으로 나타나는 특징은 정보기술에 대한 의존도가 증가하고 있다는 것이다. 공급망이 디지털화됨에 따라 데이터 및 정보의 흐름에 지장을 초래하는 것은 비즈니스 연속성에 가장 큰 위험이 되고 있다.

최근 몇 년간 '사이버 공격'의 건수가 증가하고 있다. 이러한 사이버 공격의 원인이 항상 알려져 있는 것은 아니며, 사이버 공격 동기 또한 명확하지 않다. 이러한 사이버 공격이 계속 증가할 가능성이 있으며, 향후 비즈니스의 최우선 관심사가 사이버 위험이 될 가능성이 높다. 때로는 내부 IT 시스템의 장애로 인해 이러한 사이버 위험이 발생할 수 있고, 많은 기업이 이러한 원인으로 인해 심각한 혼란을 경험했다. 2017년 영국항공(British Airways)은 백업이 이루어지지 않은 상황에서 대규모 IT 시스템 장애를 겪었으며, 이로 인해 며칠 동안 취소, 지연 및 심각한 고객의 부정적인 반응을 경험했다. 그러나 최근 사이버 보안 침해 사례 중 상당수는 외부에서 발생하고, 악의적인 의도로 설계되었다. 아래의 레킷 벤키저(Reckitt Benckizer) 사례(MINI-CASE 참조)에서 강조한 것처럼, 이러한 사이버 공격이 비즈니스 성과에 미치는 영향은 상당하다.

MINI-CASE | 레킷 벤키저(Reckitt Benckiser)가 사이버 공격을 당했다

2017년 7월 우크라이나에서 발생한 것으로 추정되는 '낫 페티아(Not Petya)' 사이버 공격으로 글로벌 주요 기업과 정부 부처가 큰 피해를 입었다. 이번 사이버 공격은 상호 연결된 IT 시스템을 통해 공급망으로 전염이 확산되었다. 이 사이버 공격으로 피해를 입은 회사는 레킷 벤키저이다. 레킷 벤키저는 일용 소비재(fast-moving consumer goods)를 생산하는 세계적인 공급업체 중 하나이다. 이 회사의 일부 공장의 기획 시스템에서 장애가 발생하여 고객 주문을 처리할 수 없었으며, 기획 시스템이 마비되면서 며칠 동안 회사 문을 닫아야 했다. 사이버 공격으로 이 회사는 1억 파운드의 매출 손실을 본 것으로 추산되었다. 이 회사는 이전에 이러한 사이버 공격의 가능성을 인식하고 사이버 보안 시스템 구축을 검토했지만 구축하지 않았으며, 이는 여전히 새로운 공급망 위험들에 취약하다는 것을 보여준다.

사이버 위험이 '백도어(back door)'를 통해 유입될 수 있다는 우려가 커지고 있으며, 이는 악성 프로그램의 공격 진입 지점이 공급업체를 통해 이루어질 수 있음을 의미한다. 이것이 의미하는 바는 조달 및 공급관리기능이 이러한 잠재적 문제를 인식하고, 사이버 위험 전염 가능성을 줄이거나 제거하기 위해 강력한 방화벽으로 공급자 파트너십을 보호하는 데 더 관심을 가져야 한다는 것이다. 다음 10장에서는 기업이 이러한 위험으로부터 자신을 보호하기 위해 적용할 수 있는 몇 가지 사이버 방어에 대해 자세히 살펴볼 것이다.

보다 탄력적인 공급망 구축

공급망 위험평가 프로세스가 아무리 엄격하더라도, 어떤 공급망에서든 오류가 발생할 수 있다. 아무리 잘 운영되는 비즈니스라도 예기치 못한 사건이 발생하는 것은 불가피한 일이다. 그러므로 공급망은 탄력성을 염두에 두고 설계하는 것이 중요하다. 공급망 탄력성 또는 복원성은 시스템이 방해를 받은 후에 원래 상태 또는 원하는 상태로 복귀하는 능력을 의미한다(Cranfield School of Management, 2003).

보다 탄력적인 공급망을 만들기 위해 갖춰야 할 기본 구성요소들이 있다. [그림 9-2]는 탄력적인 공급망 구축을 위한 주요 요소이다.

이 네 가지 요소를 차례대로 살펴보자.

그림 9-2 탄력적 공급망 개발

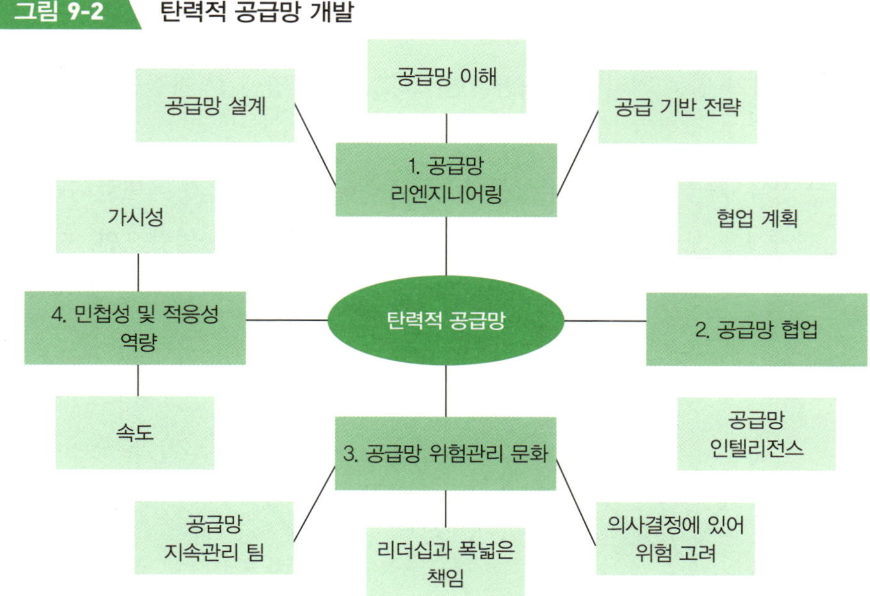

1. 공급망 리엔지니어링

공급망의 실제 설계는 공급망 탄력성에 큰 영향을 미친다. 종종 공급망 네트워크는 비용을 최적화하도록 설계된다. 이 아이디어의 이면에는 경제적 논리가 강하지만, 비용에 최적화된 네트워크가 가장 탄력적이지 않을 수도 있다. 저비용 국가 소싱, 린 제조 및 중앙 집중식 물류센터는 비용은 절감할 수 있지만, 탄력성을 높이지 않는 공급망의 사례이다.

보다 탄력적 공급망 네트워크를 구축하고자 하는 조직은 먼저 기존 규정을 매핑하는 것부터 시작해야 한다. 이 단계는 '공급망 이해'라고 한다. 기본적으로 공급망 맵 구축 목적은 공급망의 '있는 그대로' 상태를 파악하여 특정 병목현상 또는 '핀치 포인트(pinch points)'를 찾고 불필요한 복잡성을 제거하기 위한 리엔지니어링 기회를 파악하는 것이다. 특히 공급망 맵을 최대한 공급망 상류로 확장하여 보이지 않을 수 있는 중요 공급자를 찾는 것이 중요하다. [그림 9-3]과 같이 세 개의 1차 공급자가 동일한 2차 공급자를 공유하는 경우를 예로 들 수 있다. 만약 2차 공급자가 업무 처리에 실패한다면, 그것은 공급망에 큰 차질을 빚는 원인이 될 것이다.

이러한 상류 공급 네트워크의 상세한 매핑을 통해 비즈니스가 직면할 수 있는 잠재적 취약점을 보다 명확하게 이해할 수 있다. 문제점을 파악했으면, 다음은 공급 네트워크에 탄력성을 최적화하는 방법을 결정하는 것이다. 공급망 탄력성

그림 9-3 중요 공급망 상류 공급자

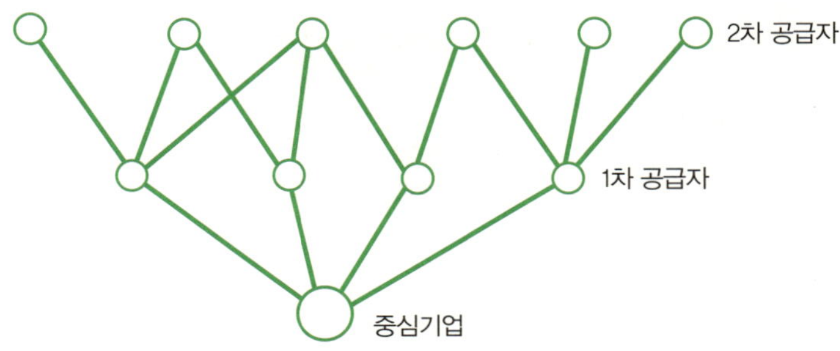

을 구현하는 방법은 특정 노드와 링크를 복제하거나 또는 생산 역량을 증가시킴으로써 중요한 경로에 따라 문제가 된 부족한 부분을 해결해나가는 것이다. 공급망에서 어느 정도의 중복성은 바람직할 수 있지만, 보다 매력적인 해결책은 중요 공급업체와 협력하여 더 높은 수준의 비상 계획을 도입하는 것이다. 예를 들어, 프랑스 자동차 회사인 PSA 푸조 시트로엥(PSA Peugeot Citroen)은 모든 공급업체가 서로 다른 국가에서 대체 공급업체를 보유해야 한다는 정책을 시행했다(Supply Management, 2011). 이러한 지역별 듀얼 소싱 정책은 2011년 일본 지진으로 인한 생산 차질 문제를 겪은 이후 도입되었다.

공급망 탄력성은 기본적으로 '충격 흡수제(shock absorbers)' 역할을 하는 버퍼를 필요로 한다. 일반적으로 이러한 버퍼는 재고, 역량 또는 리드타임에 따라 제공된다. 이러한 모든 메커니즘은 비용이 수반되며, 이는 중단에 대한 보험으로 봐야 한다. 재고를 완충재로 사용하는 것은 'JIT(Just-In-Time)'와 '재고 제로(zero inventory)' 전략이 널리 채택되는 상황에서 논란이 될 수 있다. 그러나 공급 네트워크의 특정 위치에 전략적 재고를 보유하는 것은 상당한 충격 흡수능력을 제공할 수 있다. 마찬가지로 필요할 때 추가 역량에 접속할 수 있는 것도 매우 필요한 '헤드룸(headroom)'을 제공할 수 있다. 그 역량은 기업이 소유할 필요는 없으며, 필요에 따라 지불할 수 있다. 마지막으로 고객이 더 오래 기다리게 하는 것이 아니라 프로세스에서 비부가가치 시간을 줄이고, '만일의 경우를 대비해(just in case)' 사용할 수 있도록 시간을 절약함으로써, 시간을 버퍼로 사용할 수 있는 기회가 있을 수 있다.

공급망 탄력성 향상을 목표로 공급망을 설계하는 것은 오늘날의 불안정한 세계에서 표준 관행이 되어야 한다. 모든 공급망 설계의 기본은 최선의 의사결정을 위해 가장 많은 선택권을 열어두어야 한다. 실제로 많은 공급망 의사결정은 순전히 비용 절감을 염두에 두고 이루어지며, 이러한 결정이 위험 프로파일과 탄력성에 미치는 영향은 거의 고려하지 않고 있다.

2. 공급망 협업

공급망 전반에 걸쳐 보다 높은 수준의 협업 필요성을 주장하는 의견이 많지만, 여전히 예외적인 경향도 있다. 그럼에도 불구하고 더 탄력적인 공급망을 구축하는 것이 목표라면, 공급망 협업이 필수이다.

협업은 공급망 전반에 걸친 가시성을 보장하기 위한 필수요소이다. 공급망 상류(upstream)와 하류(downstream)를 명확히 볼 수 있는 능력이 없다면, 불확실성이 증가하고 사건에 대응하는 능력이 저하될 것이다. 공급망에서 중요 단계를 모니터링하여 계획에서 이탈 여부를 확인할 수 있는 공급망 이벤트 관리(SCEM: Supply Chain Event Management) 시스템은 공급망 파트너 간에 정보 공유 의지가 있어야 효과적일 수 있다. 공급망 파트너 간의 공유 정보로 인한 유익한 효과는 가시성 부족으로 교란이 확대되는 '채찍효과(bullwhips)'의 감소이다(Christopher and Lee, 2004). 또한 협업 계획을 통해 주문 트리거 보충에서 다른 형태의 공급자 재고관리(VMI)로 전환할 수 있다. 공급업체가 고객의 재고를 자동으로 보충하는 VMI를 구현하면, 공급업체가 파이프라인을 더 자세히 파악할 수 있으므로 시스템의 총안전재고량을 크게 줄일 수 있을 뿐만 아니라 예측 정확도도 향상시킬 수 있다.

이러한 협업의 또 다른 이점은 공급망의 핵심 참여자들이 함께 모여 지식과 통찰력을 공유할 준비가 되어 있다면, 공급망 '지능'을 크게 향상시킬 수 있다. 기업은 위험 프로파일을 검토하고, 조직 경계를 넘어 더욱 긴밀하게 협력해야 한다. 또한 추가 통합 기회를 모색하기 위해 정기적으로 만나는 주요 1차 공급업체는 '공급망 위원회(supply chain council)'를 구성해야 한다.

3. 공급망 위험관리 문화 구축

수십 년 전, TQM(Total Quality Management)이라는 아이디어가 많은 기업에서 자리잡기 시작했을 때, 이를 실현하기 위해서는 조직 전반에 걸쳐 품질문화

정착이 필요하다는 것을 빠르게 인식하였다. 공급망 탄력성도 마찬가지라고 할 수 있다. 공급망 붕괴에 대비하려면 기업의 DNA에 위험관리가 내재되어 있어야 한다. 이를 위해 이사회는 공급망 탄력성을 비즈니스 우선 과제로 삼아야 한다. 최고조달책임자(CPO)는 조직의 모든 수준에서 공급망 위험을 고려할 수 있도록 광범위한 프로그램을 개발하는 데 앞장서야 한다. 따라서 이사회 차원이나 현장 차원에서 이루어지는 모든 결정은 "이 결정이 비즈니스의 위험 프로파일에 미칠 수 있는 영향은 무엇이며, 우리의 공급망 탄력성에 영향을 미칠 것인가?"라는 질문에 따라야 한다. 직원과 관리자들이 잠재적 위험에 대한 우려와 그러한 위험을 완화할 수 있는 아이디어를 보고할 수 있도록 권장해야 한다.

몇 년 전, 많은 기업들이 운영 위험을 평가하고 비상 대책을 수립하기 위한 방법으로 BCP(비즈니스 연속성 계획)를 채택했다. 이제 BCP의 개념을 '공급망 연속성 계획'으로 확대되어야 한다는 주장이 나오고 있다.

공급망 연속성 계획은 네트워크 내 개별 기업의 경계를 넘어 확장되어야 하며, 시스템 전체가 시스템 장애에 어떻게 대응해야 하는지를 파악해야 한다. 이를 가능하게 하려면, 공급망 연속성 팀을 구성하여 CPO에게 직접 보고해야 한다. 팀의 목적은 공급업체의 위험 프로파일을 지속적으로 검토하고, 공급망(예 항만, 운송 링크, 인프라 등)에서 잠재적 '핀치 포인트'의 현재 상태를 평가하고, 이 정보를 사용하여 '위험 기록부(risk register)'를 작성 및 업데이트하는 것이다. 팀의 구성원은 조달-납품 프로세스에 참여하는 모든 핵심 관계자를 포함해야 한다.

4. 민첩성과 적응성 역량 개발

공급망의 민첩성(agility)과 적응성(adaptability)을 높이는 데 중점을 두지 않는 한, 보다 탄력적인 공급망을 구현하는 것은 불가능하다. 조직과 시스템이 장애나 운영 중단에 너무 느리게 대응하는 경우, 예기치 못한 상황이 발생할 때 불리하다는 것은 분명하다. 실제로 민첩성은 필요할 때 신속하게 움직일 수 있는 기업의 능력을 결정한다. 그러나 민첩성 못지않게 중요한 것은 적응성이다.

적응성은 환경이 변화할 경우, 공급망이 새로운 요구사항을 충족하도록 변화할 수 있는 역량을 의미한다. 많은 기업들이 가지고 있는 문제는 공급망의 형태를 빠르게 바꿀 수 있는 유연성이 부족하다는 것이다. 일반적으로 적응성 부족은 전통적인 기업(bricks and mortar)에서 나타나고 있다. 이러한 기업들은 공급망에 유연성이 부족하여, 단기적으로 공급망 구조를 변경할 수 없다.

대안으로 제시된 아이디어(Christopher and Holweg, 2011)는 기업이 구조적 유연성(structural flexibility)을 획득하는 데 투자해야 한다는 것이다. 본질적으로 이러한 접근법은 자산을 소유하고, 기존의 공급망 계약과 유통 채널에 고착되어 있는 것이 급변하는 환경에서는 불리할 수 있음을 시사한다. 따라서 공급망 탄력성은 조달의 강조점을 원가 기반 접근방식에서 유연성을 극대화하고자 하는 소싱전략으로 전환함으로써 강화된다고 주장할 수 있다. 기업들이 비용을 절감하고 지속적으로 효율성 향상을 추구하기 때문에 이러한 고전적 관점은 많은 지원을 받지 못할 수 있다. 그럼에도 불구하고 예상치 못한 변화와 공급망 운영 중단에 보다 신속하게 대응할 수 있도록 역량 투자를 우선시하는 기업이 비용 중심 경쟁업체보다 오래 지속될 가능성이 높다.

요약 및 결론

9장에서는 높은 수준의 공급망 취약성으로 인해 기업이 직면하는 과제에 대해 강조했다. 그러나 공급망 위험관리에는 '장점'뿐만 아니라 '단점'도 있을 수 있다는 점을 알아야 한다. 공급망 불확실성과 변화를 수용하고, 공급망 탄력성을 높일 수 있는 역량에 투자할 준비가 되어 있는 기업은 상당한 기회가 있다. 찰스 다윈(Charles Darwin)은 "생존하는 종은 가장 강하거나, 가장 지능적인 종도 아니며, 변화에 가장 잘 반응하는 종이다"라고 말했다.

용어정리

- back door(백도어) 인증되지 않은 사용자에 의해 컴퓨터의 기능이 무단으로 사용될 수 있도록 컴퓨터에 몰래 설치된 통신 연결 기능
- BCP(Business Continuity Planning, 비즈니스 연속성 계획) 예기치 않은 위험이 발생했을 때 비즈니스 운영의 영속성을 유지하기 위한 계획
- bottleneck(병목현상) 시스템의 전체 성능이나 용량이 하나 혹은 소수 개의 구성요소나 자원에 의해 제한받는 현상
- bullwhips(채찍효과) 하류의 고객주문 정보가 상류로 전달되면서 정보가 왜곡되고 확대되는 현상
- FMEA(Failure Mode and Effect Analysis, 고장 모드 및 영향 분석) 설계의 불완전성이나 잠재적 결함을 알아내기 위하여 구성요소의 고장 형태와 그 상위 아이템에 대한 영향을 분석하는 기법
- FSAI(Food Safety Authority of Ireland, 아일랜드 식품안전국) 아일랜드에서 생산, 유통 또는 판매되는 식품이 식품 안전 및 위생 표준, 모범 사례 코드 및 법적 요구사항을 준수하도록 하는 법적 기관
- lean manufacturing(린 제조) 주로 생산 시스템 내 시간과 공급자 및 고객에 대한 응답시간을 줄이는 것을 목표로 하는 생산 방법
- link(링크) 네트워크에서 두 개의 노드를 연결하는 선
- node(노드) 하나의 기능 단위를 뜻하며, 네트워크에서 연결 지점 혹은 데이터 전송의 종점(재분배점)
- Not Petya(낫 페티아) 컴퓨터의 하드 드라이브 암호화를 시도하고 다른 컴퓨터들에게까지 악성코드를 퍼트려 감염시키는 사이버 공격으로 피해자의 시스템을 파괴하기 위한 목적으로 운영
- pinch points(핀치 포인트) 소비자가 공급 안정성에 대해 우려하게 되는 상품 또는 제품의 재고 수준
- TQM(Total Quality Management, 전사적 품질경영) 기업이나 조직에서 제품이나 서비스

의 품질을 개선할 목적으로 모든 구성원들이 소비자의 관점에서 지속적으로 개선점을 발견하는데 주력하도록 하는 방식 및 개념을 지칭

- **VMI(Vendor-Managed Inventory, 공급자 재고관리)** 유통업체가 제조업체에 판매 · 재고정보를 전자문서교환으로 제공하면 제조업체는 이를 토대로 과거 데이터를 분석하고 수요를 예측하여, 상품의 적정 납품량을 결정하는 시스템 환경

참 • 고 • 문 • 헌

Christopher, M (2011) *Logistics and Supply Chain Management*, Prentice Hall, Harlow, Essex

Christopher, M and Holweg, M (2011) Supply chain 2.0: managing supply chains in the age of turbulence, *International Journal of Physical Distribution and Logistics Management*, 41 (1) pp 63–82

Christopher, M and Lee, H (2004) Mitigating supply chain risk through improved confidence, *International Journal of Physical Distribution and Logistics Management*, 34 (5) pp 388–96

Cranfield School of Management (2003) *Creating Resilient Supply Chains: A practical guide*, Centre for Logistics and Supply Chain Management, Cranfield University, UK

Favre, D and McCreery, J (2008) Coming to grips with supplier risk, *Supply Chain Management Review*, September

Giguere, M and Goldbach, G (2012) Segment your suppliers to reduce risk, *Supply Chain Quarterly*, 3

Independent (2013) Asda clears shelves of value burgers as horsemeat scandal knocks £300m off Tesco market value, *Independent*, 16 January. Available at: www.independent.co.uk/news/uk/home-news/asda-clears-shelves-of-value-burgers-as-horsemeat-scandal-knocks-300m-off-tesco-market-value-8453499.html [accessed 8 November 2017]

McDermott, R E, Mikulak, R J and Beauregard, M R (2009) *The Basics of FMEA*, Productivity Press, New York

Simhan, N, Schoenherr, T and Sandor, J (2013) Profiles in supply management, *Supply Chain Management Review*, July/August, pp 10–13

Singhal, V R and Hendricks, K (2002) How supply chain glitches torpedo share-holder value, *Supply Chain Management Review*, January/February

Supply Management (2011) Peugeot Citroen plans risk strategy, *Supply Management*, November

Chapter

10 조달관리를 위한 정보기술

파룩 하비브 박사(DR FAROOQ HABIB)와 마틴 크리스토퍼 박사(DR MARTIN CHRISTOPHER)

조달관리에서의 정보기술 발전

조달 업무의 전략적 위상은 현재 많은 기업에서 인정받고 있다. 이에 따라 조달 업무의 초점은 기존의 관리 및 거래활동에서 공급 네트워크 전반에 걸친 파트너십 및 제휴를 기반으로 하는 보다 전략적인 부가가치를 창출하는 역할로 전환되었다. 이러한 조달 업무의 핵심 역할 전환을 위해서는 조달활동의 일부 또는 전부를 수행하기 위해 통합정보 시스템을 활용하는 e-조달 도구를 도입하는 것이다. e-조달 시스템은 초기 이용자 인증부터 검색, 구매, 주문, 상품 및 서비스 구매, 구매 후 평가 단계를 지원하는 기능을 포함하고 있다(Vanpoucke et al., 2017).

초연결 시대에 조달 관리자는 비즈니스 문제 해결을 위해 강력한 실시간 솔루션의 활용을 기대하고 있다. 그러나 초기 공급망 관리에서 IT 발전은 재무 회계에 국한되어 활용되었다. 1970년대에는 IT 기반 솔루션은 공급망 전반에 걸쳐 확대되어 사용되었다. 조직은 공급망에 존재하는 다양한 유형의 재고관리와 자재 요구사항 및 유통 계획을 개선하기 위해 IT 시스템을 구현했다. 1980년대에는 IT 시스템의 역할이 조직의 내부 기능을 넘어 다양한 공급망 참여자들 간의 정보공유체계를 구축하는 데까지 확대되었다. 예를 들어, 공급망 운영에서 공급업체와 고객 사이의 가시성을 확대하기 위해 소매 부문에 데이터 교환 플랫폼이 구축되었다(Vereecke and Kalchschmidt, 2016).

이러한 IT의 성공적인 활용을 바탕으로, 20세기의 마지막 20년간 IT 역할은 비용 절감과 생산성 향상을 목표로 하는 비즈니스 프로세스 엔지니어링을 포함하며, 기업의 업무활동에 중요한 변화를 제공해주었다. 이러한 IT 활용을 통해 조직은 수동 작업에 대한 의존도를 줄이면서 업무 자동화를 진행하였다. 결과적으로 정보기술은 ERP(Enterprise Resource Planning)와 같은 IT 기반 시스템을 통해 공급망 기업들을 연결하는 중심 역할을 담당하게 되었다. 동일한 데이터 소스를 사용하여 의사결정을 개선하도록 설계된 ERP 시스템은 조직 내의 다양한 기능뿐만 아니라 다양한 네트워크 참여자들 사이의 균일한 데이터 교환을 가능하게 해주었다.

21세기에 접어들면서 조달 영역에서 IT의 역할은 급속도로 확대되었다. 사물인터넷(IoT: Internet of Things)은 기본적으로 공유 데이터를 통해 기술을 통합하는 플랫폼 역할을 한다. 예를 들어, 사물인터넷(IoT)을 활용하면 ERP 시스템이 중단 없는 실시간 데이터 교환을 통해 공급 네트워크 참여기업들을 원활하게 연결할 수 있다.

사물인터넷(IoT)의 가치는 네트워크에 연결된 디바이스가 서로 통신할 수 있을 때 최적화될 수 있으며, 공급자 재고관리 시스템, 고객지원 시스템, 비즈니스 인텔리전스 애플리케이션 및 비즈니스 애널리틱스와 보다 광범위한 산업 환경에서 통합될 수 있다. 협력적인 구매자–공급자 관계를 촉진하기 위해 조직은 공급자 관계관리(SRM: Supplier Relationship Management) 시스템, 고객관계관리(CRM: Customer Relation Management) 시스템과 같은 저비용 웹 기반 상용 솔루션을 광범위하게 도입해왔다(Zimmermann and Foerstl, 2014).

최근 공급 네트워크 참여기업들은 가시성 개선을 강조하고 있다. 더 빠른 네트워크를 통한 무선 연결의 확산, 빅데이터 처리능력 향상, 배터리 수명 연장, 디바이스 구성요소 비용 감소와 같은 요인으로 인해 기업은 소비 동향과 관련된 다양한 데이터에 접근할 수 있게 되었다. 이러한 24시간 상시 접속할 수 있는 빅데이터 환경은 조직이 POS(Point of Sale) 시스템과 같은 정보 공유 시스템을 통해 실시간 소비 추세를 기반으로 보다 적극적인 조달전략을 수립할 수 있게 되었다(Gunasekaran et al., 2017).

21세기 후반에 IT는 빅데이터 예측 알고리즘을 활용하여 수요가 발생하기 전에 사전 수요량을 예측함으로써 보다 효율적인 소싱전략을 수립하게 되었다. 예를 들어, 기업은 블록체인 기술을 사용하여 선적 정보를 추적관리할 수 있게 되었고, 날씨 및 교통과 관련된 데이터 흐름관계를 파악해서 협업 실시간 스케줄링, 적재 순서 최적화 및 도착시간을 예측할 수 있게 되었다(Zimmermann and Foerstl, 2014).

초고속 광대역 네트워크, 클라우드 컴퓨팅 시스템 구축은 블록체인 기술의 빠른 확산을 지원하는 프레임워크를 제공한다. 빅데이터, 클라우드 컴퓨팅과 같은 블록체인 기반 기술이 점점 빠르게 보급되고 있으며, 이는 블록체인 기술의 전략적 조달관리에서의 활용이 예상보다 빠르게 실현된다는 것을 뜻한다(Kache and Seureing, 2017).

조달관리에서 정보의 필요성

공급망 데이터 교환은 일반적으로 네 가지 주요 기능을 제공한다([그림 10-1] 참조).

그림 10-1 공급망 기능을 통한 데이터 교환

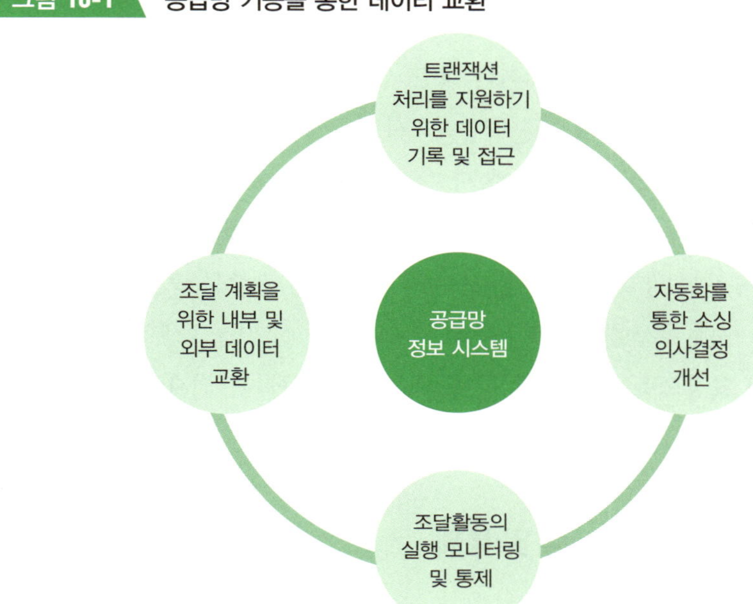

1. 트랜잭션 처리를 지원하기 위한 데이터 기록 및 접근

데이터 교환은 비교적 일상적인 거래활동부터 복잡한 조달전략의 협업 계획 및 실행 지원까지 공급망 기능 전반에 걸쳐 중요한 역할을 한다. 예를 들어, 거래 수준의 의사결정에서 조직은 플릿 카드(fleet cards)를 통해 주유소에서 판매되는 가솔린, 디젤 및 기타 연료의 양을 모니터링할 수 있다. 또한 플릿 카드 소유주 또는 관리자의 재량에 따라 차량 유지 보수 및 비용을 지불할 수 있다. 플릿 카드는 편리하고 포괄적인 보고기능을 제공한다. 플릿 카드 소유주 및 관리자는 실시간 거래 내용을 수신하고, 구매 제어기능을 설정할 수 있어 모든 플릿 카드 관련 비용을 지속적으로 파악할 수 있다. 반면에 플릿 카드 제공업체는 고객의 주소, 신용 및 결제 내역의 기록을 유지하므로 충성고객에게 보너스 포인트를 제공할 수 있다.

2. 자동화를 통한 소싱 의사결정 개선

일상적인 의사결정 수준에서 데이터 교환 시스템은 조직의 자동화된 조달 절차를 표준화해준다. 단, 이 시스템에서 예외사항은 수동으로 처리한다. 예를 들어, 자동화된 재고관리 시스템을 통해 다수의 품목을 취급하는 소매업체(2017년 1월 기준, 월마트는 총 1,680만 개의 제품을 판매)가 수요 예측을 자동으로 수행하고, 올바른 주문 수량을 계산하며, 모든 품목에 대한 재주문 포인트를 설정하고, 필요할 때 구매 주문을 생성할 수 있다. 단, 특정 상황이 발생할 때(예 공급업체에서 기계 고장으로 인한 품목 부족), 조직은 자동화된 의사결정 시스템을 무시할 수 있다(Stevens and Johnson, 2016).

3. 조달활동의 실행 모니터링 및 통제

데이터 교환 시스템은 조달활동의 실행을 모니터링하고 제어하는 의사결정 지원 도구로서 중요한 역할을 한다. 예를 들어, 가전 부문에서 조직은 차세대 제품 또는 서비스에 필요한 기술을 결정하고 수요 예측, 공급업체 포트폴리오 관리, 생산 및 운영관리 결정, 예상 현금 유입 및 유출 측면에서 요구사항을 식별해야 한다. 전략 계획 시스템은 조달활동의 모니터링 및 통제를 가능하게 하는 중요한 정보를 제공하는 의사결정 지원 시스템 역할을 한다(Wang et al., 2016). 예를 들어, 패턴을 검색하는 고급 분석 도구는 공급망 내의 입력과 출력 간의 관계를 설정할 수 있다. 예를 들어, 제품 탄소발자국(product carbon footprints)과 물 발자국(water footprints)을 전체 제품수명주기에 걸쳐 파악하여 조달전략의 환경 영향을 평가할 수 있으므로, 조직은 제품 포트폴리오와 프로세스 관리 의사결정을 통해 지속가능한 조달 촉진 정책을 채택할 수 있다.

4. 조달 계획을 위한 내부 및 외부 데이터 교환

데이터 교환 시스템의 역할은 다양한 기능 수준뿐만 아니라 상류(예 공급자 관계관리)와 하류(예 고객관계관리) 공급 네트워크 참여자 간의 외부 연결 방향에 따라 달라진다. 마찬가지로 데이터 교환 시스템의 역할도 조직 내부의 다양한 기능 사이의 내부 연결 방향에 따라 다양하다([그림 10-2] 참조).

조달과 다양한 기능 사이의 통합 수준 증대 계획 및 구현에는 기술적 및 조직적 과제가 수반된다. 기술적인 측면에서는 조직이 운영, 유통 및 판매에 걸쳐 조달 결정을 통합해야 하는 과제에 직면함에 따라 수요 예측, 재고 최적화, 시뮬레이션 모델의 복잡성이 증가한다. 마찬가지로 조직 차원에서도 조달 부서는 조달 시점에만 관여하는 것이 아니라 향후 비즈니스 전략을 원활하게 실행할 수 있도록 계획 단계 초기에 참여해야 한다(Vereecke and Kalchschmidt, 2016).

그림 10-2 공급 네트워크 참여기업 간의 내부 및 외부 데이터 교환

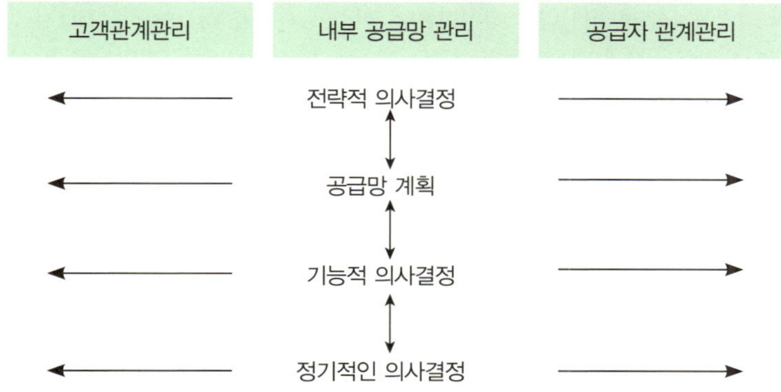

MINI-CASE | 데이터 교환의 예: AIDC 시스템

자동 식별 및 데이터 캡처(AIDC: Automatic Identification and Data Capturing) 개념은 공급망 관리에 IT를 사용하는 다양한 유형의 시스템을 의미한다. 업무 프로세스가 IoT와 정보 시스템에 더욱 의존하게 되면서, 기업들은 비용, 품질, 제공, 서비스, 유연성 및 신뢰성 측면에서 성능을 지속적으로 개선하기 위해 AIDC 활용에 적극적이다. 오늘날 기업들은 RFID(Radio Frequency Identification), 마그네틱 스트라이프(magnetic stripes), 음성 데이터 입력 및 생명공학(biotechnology) 등을 포함한 다양한 AIDC 시스템을 활용할 수 있다. AIDC 시스템은 단순한 항목 식별에서 읽기 및 쓰기 형식으로 항목에 대한 복잡한 세부 정보까지 광범위한 데이터를 인코딩하여 항목을 식별한다. 이를 통해 AIDC는 조직에 항목을 식별하는 신뢰할 수 있는 방법뿐만 아니라 공급망 전체의 이동을 추적할 수 있는 방법을 제공한다. RFID는 ① 송신기와 연결된 태그 형식의 칩, ② 전파를 발신하고 태그로부터 답신을 받는 판독기, ③ RFID 하드웨어 및 엔터프라이즈 애플리케이션을 채널링하는 미들웨어 등 세 가지 변수로 구성된다.

태그는 RFID 시스템의 마지막에 위치한다. 태그의 목적에 따라 ID 정보와 필요한 다른 정보를 저장한다. 태그에는 두 가지 종류가 있다. 능동형 태그는 온보드 전원(일반적으로 배터리)을 가지고 있으며, 이는 더 강한 신호를 전송할 수 있다. 따라서 능동형 태그는 보다 넓은 범위를 가지며, 리더기에 관계없이 주기적으로 신호를 전송할 수 있다. 반면, 수동형 태그는 내부 전원이 없으며 리더기 근처에서 활성화된다. 지하철이나 버스 패스는 일반적으로 수동형 태그로, 리더기에 태그를 터치하면 활성화된다. 이러한 수동형 태그는 리더기에서 전송하는 전파 에너지를 수집한다. RFID 기술에 내장된 전파는 서로 다른 장치 간의 비접촉 실시간 통신을 가능하게 한다. RFID 시스템은 자동으로 데이터를 캡처하여 객체를 추적하고 식별함으로써 거래 처리, 공급망 계획 및 조정, 주문 추적, 재고 조정 및 배송 조정 측면에서 의사결정의 질을 향상시킨다([그림 10-3] 참조).

그림 10-3 능동형 및 수동형 RFID 태그

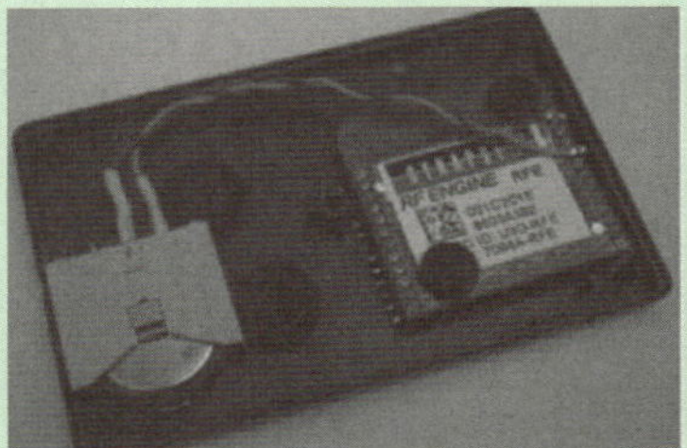

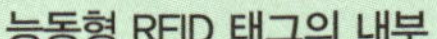

능동형 RFID 태그의 내부

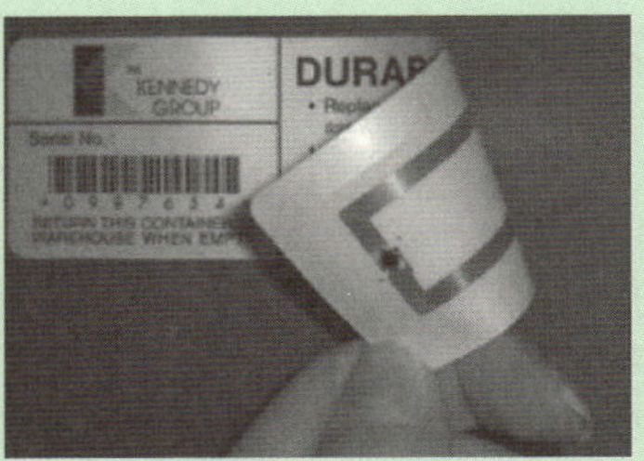

수동형 RFID 태그

조달 업무 영역에서의 IT의 역할

생산성은 조직이 새로운 정보 시스템을 채택하도록 이끄는 중요한 성과 측정 지표이다. 조직은 정보시스템 도입비용 부담이 계속 증가함에 따라 수동 조달 절차(예 기존 입찰 및 경매)를 대처하기 위해 자동화(예 전자 경매 또는 e-경매)에 더욱 의존하고 있다. e-조달 시스템에 IT를 도입하려면 조직 내부만이 아니라, 거래 파트너 전반에 걸쳐 워크플로우를 크게 변경해야 한다. 결과적으로 이전 세대의 닷컴 조직과 달리, 경영진은 이제 공급망 전반에 걸쳐 생산성 향상을 위한 IT 주도 이니셔티브와 관련하여 정량화할 수 있는 혜택과 투자수익률로 검증된 비즈니스 사례를 개발하는 데 매우 신중해졌다. 따라서 조직은 e-조달 시스템과 기타 웹 지원 기술을 구현하기 전에, 내부 프로세스와 활동이 서로 잘 일치하는지 평가하고, 공급업체와 거래 파트너도 살펴보아야 한다([그림 10-4])(Wang et al., 2016).

그림 10-4 SCM에 있어서 IT의 역할

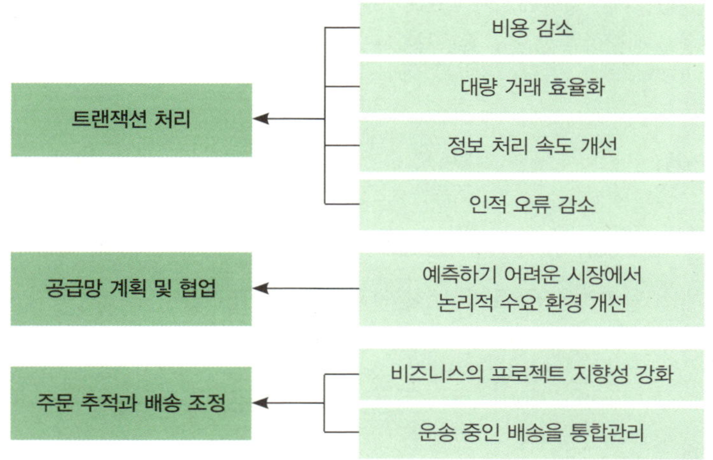

IT 솔루션을 통해 조달 부분에서 잠재력을 최대한 발휘하기 위해서는 BPR (Business Process Reengineering)은 필수적인 전략이다. BPR을 통해 경영혁신 성과를 창출하기 위해서는 모든 업무 영역에서 IT에 정통한 관리자가 포함된 프로젝트 추진 팀과 최고관리자의 지원이 필요하다.

MINI-CASE | 월마트(Walmart): 재고 정보를 대체하다

기존 공급망에서 불확실성에 대한 완충 역할을 위해 네트워크의 여러 계층에서 재고를 보유하는 경우가 많은데 이를 '안전재고(safety stock)'라고 한다. 안전재고는 비즈니스의 수요 및 공급 측면 모두에 불확실성이 존재하기 때문에 존재한다. 수요 측면의 불확실성은 고객의 구매 계획이 항상 알려져 있는 것은 아니며, 종종 예측이 높은 수준의 부정확성을 갖기 때문에 발생한다. 더불어 공급 측면의 불확실성은 구매자가 업스트림 제품 가용성에 대한 가시성이 제한적이거나, 납품(배송) 리드타임이 어떻게 될지 확신할 수 없기 때문에 발생한다.

네트워크 전반에 걸친 불확실성 감소와 추가 재고의 필요성을 줄이는 방법은 공급망 주요 파트너들 간의 정보공유이다.

세계 최대의 전통 소매업체인 월마트에서 재고관리를 위한 정보를 성공적으로 대체한 사례가 있다. 미국 월마트는 주요 공급업체와 소매점의 POS 데이터를 공유한다. 이후 공급업체는 공유 정보를 사용하여 생산 계획 및 일정을 수립하고, 월마트의 유통센터로 후속 제품 배송을 계획한다. 공급업체는 실제 소비자 수요에 대한 가시성이 훨씬 향상되었기 때문에, 안전 재고의 필요성을 크게 줄이고 생산 및 유통시설의 활용도를 높일 수 있다.

e-조달 요인

e-조달(e-procurement)의 주요 요인으로는 ① 전략적 연계, ② 유연한 비즈니스 프로세스 구축, ③ 글로벌 상호 연결, ④ 데이터 관리, ⑤ 전략적 비용 모니터링이 있다.

전략적 연계

전략적 연계는 각각 개별 조직의 다양한 내부 기능(예 조달, 제조, 물류 등)뿐만 아니라 공급망 파트너 간의 원활한 연결을 위해 조직 외부의 거래 파트너(제3자 물류회사, 유통업체, 소매업체, 최종 고객 등) 간에도 중요하다. 공급망 내부 및 외부 파트너 유형 연계를 위해 필요한 수준의 기능 통합은 다음과 같은 과제를 제시한다. 내부 전략적 통합을 위해서는 모든 내부 부서가 격리된 접근방식에서 벗어나 여러 부서, 비즈니스 사이트 및 장소에 걸쳐 동일한 정보 시스템을 사용해야 한다(Stevens and Johnson, 2016). 조직은 단일 통합 ERP 시스템을 통해 이러한 내부 그룹을 함께 연결하면 내부 전략적 통합을 달성할 수 있다. 외부 전략적 통합을 위해서는 모든 거래 파트너가 네트워크 통신 시스템(예 SAP)을 통해 상호 연결되어 공급망의 다양한 지점에서 수요와 공급을 일치시켜야 하며, 이를 통해 조직은 협업 조달 절차 및 정책의 구현을 조정할 수 있어야 한다(Vanpoucke et al., 2017).

유연한 조달 프로세스를 통한 글로벌 연결

역동적인 비즈니스 환경의 요구사항을 충족하기 위해 조직은 공급업체 포트폴리오를 능동적으로 관리할 수 있는 유연한 조달 프로세스 구축이 필요하다. 협상 및 구매자-공급자 계약관리, 공급업체 선정, 개발 및 평가, 가치 공동창출 이니셔티브 구현과 같은 활동은 고객의 변화하는 요구사항을 충족하도록 설계되어야 한다. 급속한 기술 발전으로 인해 조직은 전 세계적으로 비즈니스 관계를 구축할 수 있게 되었다. 그러나 다양한 문화 환경 및 지리적 위치에서 비즈니스를 수행함에 따라, 조직의 조달기능이 글로벌 공급업체 포트폴리오를 관리할 수 있는 시스템을 개발해야 하는 과제도 수반된다(Aral et al., 2017). 따라서 이러한 조직은 거래 파트너 간에 존재하는 소프트웨어 및 하드웨어 비호환성 문제를 해결하기 위해 레거시 시스템(legacy systems)에서 벗어나야 한다. 예를 들어, 과도한 유지 보수 및 프로그래밍 비용을 줄이려면 컴퓨터 네트워킹, 통신 및 웹 기반 애플리케이션 분야에서 새롭게 등장한 하드웨어 기술을 활용할 수 있는 시스템을 채택해야 한다.

데이터 관리

오늘날 조직들은 크고 다양한 데이터 세트(즉, 빅데이터)를 추출, 처리, 저장 및 정렬하여 숨겨진 패턴, 알려지지 않은 상관관계, 시장 동향, 고객 선호도 및 기타 유용한 정보를 파악하여 조직이 보다 많은 정보에 입각한 비즈니스 의사결정에 도움이 되는 정보 시스템을 개발해야 하는 과제를 안고 있다. 새로운 버전의 소프트웨어 프레임워크(예 Apache Hadoop, Microsoft HDI Insight, NoSQL 등), 하드웨어(예 슈퍼컴퓨터), 통신 및 무선 애플리케이션은 중요한 정보(재무, 고객 데이터 및 전사 데이터)와 높은 복원력을 위해 특별히 설계된 장비와 결합된 클라우드 컴퓨팅의 탄력성을 조직에 제공한다. 컴퓨터 기술 공급업체(예 IBM, HP, Oracle, Cisco, Intel 등)는 이제 IT 구현비용을 줄이기 위해 통합 인프라 및 클라우드 기반 컴퓨팅 모델의 채택을 가속화하는 것을 목표로 하고 있다(Wang et al., 2016).

전략적 비용 모니터링

전체 조달-지불주기(procure-to-pay cycle)를 관리하는 비용을 줄이기 위해 조직은 오래된 원가회계 시스템(outdated cost accounting systems)을 기반으로 하는 기존의 종이 기반 수동 시스템에서 벗어나고 있다. 오늘날 조직은 거래 파트너 간의 협업적 의사결정을 촉진하는 데이터 교환에 대해 보다 전체적인 접근방식을 채택하고 있다. 예를 들어, e-경매, e-소싱, e-송장 및 미지급 송장 자동화 기능의 통합 제품군을 통해 비용을 절감하고 조달 프로세스의 구현을 개선할 수 있다. 따라서 주문 작성, 배송 등록 및 구매 송장의 유통 및 승인을 통합 및 자동화하여 조직 내부는 물론 외부 거래 파트너 간의 협업을 개선할 수 있다. 전략적 비용 모니터링을 위한 개선된 내부 및 외부 협업은 자원을 효과적으로 할당하는 데 도움이 되며, 잠재적으로 전체 공급망에서 창고와 물품 보관소에 있는 재고를 크게 줄일 수 있다(Zimmermann and Foerstl, 2014).

조달 업무에 있어 IT 애플리케이션

기업들은 포괄적이고 신뢰할 수 있는 최신 정보를 활용하면, 관련 공급업체와의 커뮤니케이션을 개선할 수 있을 뿐만 아니라, 조달 프로세스를 최적화하고 위험을 관리할 수 있다. 구매자와 공급자 간의 기존 정보교환 시스템은 주문을 이행하고 서비스를 제공하는 여러 단계로 구성된다. 조직은 e-조달 도구를 통해 데이터 오류, 트랜잭션 시간 증가, 직원 시간 및 리소스 사용 증가 등 기존 시스템에 의해 야기된 문제들을 해결하기 위해 통합된 아키텍처 내에서 단일 공급업체 참조 데이터베이스를 설정할 수 있다. 조직이 사용하는 내부 및 외부 소스(예 행정 및 법률 데이터, 연락처, 매출액, 계약, 공급업체 선택, 평가 등)의 수와 다양성으로 인해 기존 데이터의 모든 소스를 중앙 집중화하고, 완전하고 명확한 정보를 제공하기 위한 전략적 조달 데이터베이스를 구축해야 한다. 그리고 관계 이력에서 관련된 위험까지 개별 공급자에 대한 최신 뷰를 제공한다.

e-조달 시스템

기본적으로 e-조달 시스템은 다음과 같이 구성되어 있다. 즉, ① 구매자 측 e-조달 시스템(BSPS: Buyer-Side e-Procurement Systems), ② 공급자 측 e-조달 시스템(SSPS: Supplier-Side e-Procurement Systems), ③ 제3자 마켓플레이스 시스템(TPMS: Third Party Marketplace Systems)의 세 가지 유형이 있다. 구매자에 의해 통제되는 e-조달 시스템(BSPS)은 공급 관리자에게 계약관리를 통해 조달주기를 관리하고, 거래 파트너 관계를 제어할 수 있는 안전한 환경을 제공한다. 초기 투자와 정기적인 업데이트가 필요한 구매자 측 e-조달 시스템(BSPS)은 회사 내에서 개발하거나 e-조달 제품군의 소프트웨어 공급업체를 통해 구입할 수 있다.

공급자가 제어하는 공급자 측 e-조달 시스템(SSPS)은 하나 이상의 공급자 제품 또는 서비스를 포함한다. 공급자 측 웹사이트의 보안은 공급업체가 보장하며 등록은 무료이다. 오늘날 대부분의 공급업체는 웹사이트를 보유하고 있으며, 많은 공급업체는 자사 사이트에서 제품 카탈로그를 제공하며, 온라인 주문 및 결제가 가능하다. 공급자 측 e-조달 시스템(SSPS)은 구매자의 투자를 필요로 하지 않으며, 동일한 플랫폼에서 많은 공급업체의 접근 용이성과 가용성 측면에서 추가적인 이점을 제공하고, 가격 및 품질 비교를 가능하게 한다. 잠재적인 단점으로는 구매조직의 지출을 추적하거나 통제하지 못하는 점과 다양한 보안 수준 등이 있다. 예를 들어, 산업 용품 및 도구 분야에서 인기 있는 공급자 측 e-조달 시스템(SSPS) 웹사이트는 www.usaindustrialsupply.com이다.

(재화를 구매하거나 판매하지 않는) 독립적인 회사에 의해 통제되는 제3자 마켓플레이스 시스템(TPMS)은 웹 포털을 통해 사이버 공간에서 구매자와 공급자를 한데 모아 가치 향상을 통해 e-조달 프로세스를 용이하게 한다. 웹 포털은 다양한 출처에서 정보를 가져오는 전문 웹사이트로 크게 두 가지로 나눌 수 있다.

① **수직 포털**(vertical portals): '보탈(vortals)'이라고도 하며 식품 제조, 의료, 보험 또는 자동차와 같은 특정 시장 또는 틈새산업에 대한 정보에 접근할 수 있다.

② **수평 포털**(horizontal portals): 동일한 경제 분야의 여러 기업 또는 동일한 유형의 제조업체 또는 유통업체를 위한 플랫폼으로 사용된다.

수년간 이러한 수평적 포털 모델의 가치는 전통적인 비즈니스 기업들이 공급업체 측 웹사이트를 통해 웹에서 입지를 구축함에 따라 희미해졌다. 일부 전문 수직 포털은 생존 및 진화했으며, 우수한 시장 지식을 통해 가치를 제공한다. 예를 들어, www.automotive-technology.com은 자동차 액세서리, 테스트 및 보정 시스템, 엔진 부품, 생산 제어 장비 및 테스트 시스템, 스티어링, 서스펜션 및 변속기 부품 등과 같은 다양한 자동차산업 기술 범주에 대한 정보를 제공하는 수직 포털이다.

공급자 관계관리(SRM) 시스템

공급자 관계관리(SRM) 시스템은 내부 및 외부 조달 데이터베이스, ERP 시스템 및 전자문서교환(EDI)을 통해 얻은 거래 파트너에 대한 정보 등 e-조달 도구의 다양한 요소를 통합한다. SRM 시스템은 내부 및 외부 데이터 소스와 구조화된 수학적 모델을 기반으로 [그림 10-5]와 같이 특정 비즈니스 프로세스와 관련된 의사결정 지원에 초점을 맞춘 일련의 전자 처리 도구(http://bravosolution.us)를 사용한다.

e-조달 도구는 프로세스를 간소화하고 기술을 활용하여 조직의 조달 요구사항을 충족하도록 설계되었다. e-조달 도구의 첫 번째 주요 이점은 조직이 조달의 주요 목표를 달성할 수 있도록 지원한다는 것이다. e-조달 도구의 목표는 제품 사양 및 설계, 수요 및 주문 수량 예측, 재고관리 계획, 지급 계획, 송장 세부내역 등의 정보를 외부 거래 파트너(예 공급업체)와 효과적으로 교환하는 것이다. e-조달 도구의 두 번째 주요 이점은 조달 프로세스를 표준화할 수 있다는 것

그림 10-5 e-조달 도구

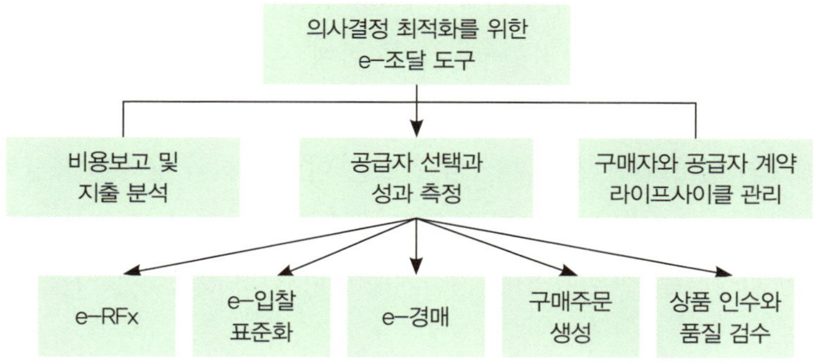

이다. 실제로 주요 국제조직에서는 공급업체 정보가 다양한 도구와 정보 시스템을 통해 전파되는 경우가 많으며, 이는 시간이 지남에 따라 서로 다른 전략적 선택(국제화, 인수, 합병 등)에 따라 점진적으로 시행된다. 이로 인해 지나치게 복잡해지고 조달 부서의 잠재력이 제한된다. e-조달 도구를 설정하는 것은 분산되고 이질적인 공급업체 데이터 문제를 처리하는 데 있어 중요한 과제다. 이는 다양한 공급업체를 포함하여 선택, 입찰 및 평가 프로세스를 그룹 전체에 걸쳐 표준화할 수 있기 때문이다. e-조달 도구의 주요 요소는 다음과 같다.

비용보고 및 지출 분석

전체적으로 자재 소싱 프로세스에 대한 가시성을 제공하기 위해 e-조달 시스템은 공유 데이터 소스를 기반으로 한 관리보고서를 적시에 생성해야 할 뿐만 아니라 데이터 보고 및 시스템 업데이트 빈도가 거래 파트너의 운영 요구사항에 부합하도록 운영해야 한다. 전통적으로 조직은 일괄 업데이트를 통해 날짜 소스를 주기적으로 업데이트했다. 오늘날 클라우드 컴퓨팅 시스템은 실시간 환경에서 작동하여 구매자와 공급업체 모두 실시간 및 현재 데이터를 기반으로 의사결정을 내릴 수 있다. 예를 들어, 가격 예측은 제품의 가격에 영향을 미치는 요인들을 식별하기 위한 수학적 모형 구성이 필요하다. 수명주기 비용곡선(lifecycle cost curves)은 제품수명주기 전체에 걸쳐 예상가격을 파악할 수 있으므로 조직은 조달 예산에 대해 예측할 수 있다(Mithas and Rust, 2016).

지출 분석(spend analysis)이란 비용 절감, 성능 개선 및 계약 준수 기회에 대한 가시성을 확보하기 위해 지출 데이터를 집계, 분류 및 활용하는 프로세스이다. 이는 기업 지출의 분석 및 모니터링을 포함하는 전반적인 지출관리 및 가시성 프로세스의 일부이다. 지출 분석의 목표는 어떤 재화와 용역을 조달하고, 어떤 공급업체로부터 조달하며, 해당 항목에 대한 수요가 조직 내에서 어디에서 발생하는지를 결정하는 것이다. 일단 지출기준이 마련되면, 조직은 지출을 줄일 수 있는 기회를 효과적으로 모색할 수 있다.

지출 분석은 실제로 지출관리 워크플로우의 첫 번째 단계이다. 조직은 일반적으로 지출관리를 구현할 때 구매 수량, 공급업체 수 또는 가격 변동과 같은 요소를 기반으로 상품을 선택하는 일종의 전략적 소싱으로 시작한다. 결국 조직은 비용을 관리하기 위해 어디에서 자원을 소비하는지, 즉 어떤 재화와 서비스를 얼마나 자주, 어떤 비용으로, 어떤 공급업체로부터 구매하는지 파악해야 한다. 이 정보를 수집하고 분류하는 과정이 지출 분석이다. 수집된 데이터를 여러 가지 방법으로 분석하여 유사한 범주의 지출을 확인하고, 범주에 지출을 할당하며, 숨겨진 절약 기회를 포착하기 위한 다양한 전략을 개발할 수 있다.

공급업체 선정과 성과 측정

공급업체 선정은 특히 시장이 매우 빠르게 변화하는 오늘날 기업이 경쟁력을 유지하기 위한 가장 중요한 의사결정 중 하나이다. 새로운 공급업체에 대한 시장조사는 모든 기업이 비용을 최적화하고, 시장 요구에 맞게 제품 범위의 다양성과 유형을 업그레이드하기 위한 우선순위를 고려하는 지속적인 활동이어야 한다. 특히 최근에는 제품수명주기가 일반적으로 매우 짧으며(3~4년), 새로운 설계에 종종 새로운 재료 또는 기술을 필요로 한다. 공급업체 선정은 질적 요인(기준)과 양적 요인(기준)을 모두 포함하는 다중기준 문제이다. 최고의 공급업체를 선정하기 위해서는 이러한 유형 및 무형요소 간의 절충이 필요하며, 그중 일부는 상충될 수 있다. 객관적 또는 정량적 기준의 예로는 구체적인 정량적 차원(원가 등)으로 측정할 수 있는 기준들이 있다. 예를 들어, 제품의 '가격'기준은 측정하기 쉽고 직접 구할 수 있다. 주관적 또는 질적 기준의 예로는 서비스의 품질에 대한 최종 소비자의 만족도를 들 수 있으며, 정확한 측정에는 어려움이 있다.

잘 설계된 공급업체 선정 및 성과 측정 모듈에는 다음과 같은 주요 기능이 포함된다. 즉, 예정된 수령액을 만기일에 대비하여 모니터링, 지연될 가능성이 있는 항목 표시, 서비스 수준 계약(SLA: Service Level Agreement) 준수 이력, 가격 변동과 같은 사전 결정된 핵심성과지표(KPIs)와 공급업체 성과를 비교한다. OTIF(On-Time and In-Full) 제공, 품질 등급 등 다양한 관리 수준에 대한 보고서를 생성한다. 이 e-조달 도구는 조직이 공급업체 개발을 위한 협업 프로그램을 수립할 뿐만 아니라, 객관적인 성과평가를 바탕으로 공급업체 포트폴리오를 정리할 수 있도록 지원한다(Mithas and Rust, 2016).

종종 입찰 실무의 일부인 e-RFx는 'x'에 대한 전자 요청을 가리킨다. 구매자가 제공한 일련의 사양을 바탕으로 'x'는 제안서(RFP: Request For Proposal), 견적서(RFQ: Request For Quotation), 정보요구서(RFI: Request For Information), 입찰서(RFT: Request For Tender)가 될 수 있다. 입찰 실무의 일부인 e-RFx 모듈은 기업의 조달전략과 일치해야 한다. 본 모듈은 구매자에게 필요한 재화나 서비스를 정확하게 제공하는 공급자의 능력에 대한 필요 지식을 얻기 위해, 다수의 공급업체가 심층적인 질문에 답하도록 함으로써 조달 팀이 조달 프로세스를 간소화할 수 있는 표준화된 프레임워크로 데이터를 수집한다.

e-경매는 구매자와 공급자가 경매를 운영하는 '호스트(host)'가 관리하는 온라인 플랫폼을 통해 연결되는 전자 프로세스이다. 호스트는 전문 경매 제공업체이거나 경매 제품을 제공하는 시장일 수 있다. 성공적인 경매를 위해서는 e-조달 목표와 타깃을 설정하고 경매과정에 참여할 잠재적 파트너를 지정하는 등 사전 경매 조건 개발이 필요하다. 경매가 수행되는 이러한 조건은 구매자 또는 공급업체 당사자가 경매 유형(예 정방향 또는 역방향)에 따라 결정한다. 최저가 입찰자는 구매자 또는 공급업체 당사자의 조건을 충족하고 기술적으로 수용할 수 있는 경우 낙찰받을 수 있다. 예를 들어, 역경매는 구매자 지향적이며, 한 제품의 여러 공급업체가 단일 구매자의 사업에 입찰한다.

역경매(https://reverseauctions.gsa.gov)는 한 제품의 여러 판매자가 단일 구매자의 사업을 놓고 경쟁하면서 가격이 하락하는 전자적 공정이다. 입찰은 사전 설정된 입찰기간이 종료될 때까지 또는 판매자가 더 낮은 입찰가격을 제시하지 않을 때까지 계속된다. 일반적인 역경매에서는 모든 판매자에게 가격이 공개되지만, 경쟁자의 신원은 익명으로 유지된다. 순위 역경매에서 판매자는 상대적 순위만 알 수 있으며, 경쟁자의 입찰가격은 알지 못한다. 이러한 e-경매 도구를 효율적으로 활용하기 위해서는 e-경매 도구가 조직의 전반적인 조달전략과 일치하도록 하는 것이 중요하다.

유연한 입찰과정은 종종 표현형 입찰이라고 불리는데, 공급업체가 그들의 장점을 강조하는 방식으로 입찰하기 때문이다. 전통적으로 공급업체는 구매자의 요청에 따라 견적을 제시해야 하며, 그렇지 않으면 입찰에 응하지 않는 것으로 간주된다. e-입찰 최적화는 구매자가 입찰을 검토하고 보다 최적의 솔루션 실현에 있어 분석능력을 높일 수 있는 도구를 제공하는 고급 조달 솔루션이다. 이 소프트웨어 모듈은 다양한 공급 및 비용 시나리오를 평가할 때 구매자를 지원하기 위해 기본적인 수학 알고리즘 세트를 활용한다.

수동 송장 프로세스는 노동 집약적이고 시간이 많이 소요된다. 이로 인해 대금이 연체되거나 할인 기회를 놓치고 공급업체의 불만으로 이어질 수 있다. 구매자는 미지급 계정 및 조달 송장 발행 프로세스를 자동화하면 공급업체 송장을 빠르고 안전하게 관리하여 비용을 절감하고, 공급업체 관계를 증진할 수 있다. e-조달 도구는 미지급 계정을 효율적인 운영으로 전환하기 위해 설계되었으며, 현재 및 실시간 구매 주문에 대한 가시적 조달기능을 제공한다. 이 모듈은 구매 주문을 생성하고, 선택한 각 항목에 대한 구매 주문 번호를 할당하며, 구매 주문 정보를 관련 데이터베이스로 전송한다.

입고 및 검사 모듈은 물품 수령 시 시스템 기록을 업데이트한다. 대부분의 시스템은 모든 인바운드 처리가 완료될 때까지 수신된 항목을 보호 상태(사용 불가)로 유지한다. 정교한 시스템은 필요한 모든 정보를 데이터베이스에 자동으로 전송하는 바코드 리더기를 통해 이 작업을 수행할 수 있다. 이 처리에는 검사(필요한 경우), 자재 이송 및 재고관리 등의 작업이 포함된다. 또한 시스템은 잠재적인 재고 소진 또는 재고 부족이 임박했을 때 주요 이해관계자에게 경고를 보낼 수 있다.

협상과 계약 수명주기관리

공급업체를 선택하고 계약 조건을 협상한 후에는 두 거래 파트너가 모두 정식 계약 조건을 준수하는지 확인하기 위해 전체 수명주기에 걸쳐 계약관리가 필요하다. 일반적으로 수동 계약관리 시스템은 가격 규정 준수, 조건 변경, 대량 할인 임계값, 지급 일정 및 마감일 그리고 계약 불이행 등 우발적 상황에 따른 과제를 안고 있다. 신뢰할 수 있는 계약관리 시스템은 실시간 데이터 수집을 통해 이러한 문제에 대한 최신 정보를 제공한다(Aral et al., 2017).

오늘날 계약관리 수명주기 솔루션(contract management lifecycle software)은 최초 제안요청서(RFP)부터 최종 재협상까지 계약의 전체 수명주기를 관리한다. 계약 프로세스를 완벽하게 제어하면 공급업체 위험을 줄일 수 있을 뿐만 아니라 계약에 대한 통찰력을 높일 수 있어, 전략적 협상 기회를 만들고 현금흐름을 개선할 수 있다. 계약관리 수명주기 솔루션은 계약 획득 및 유지관리를 자동화하고 단순화함으로써 사용자는 일관된 계약 언어 사용, 정기적인 구매 수명주기 및 건전한 재무 계획을 보장할 수 있다. 계약관리 수명주기 솔루션 사용자는 계약 조건을 개선할 수 있는 기회를 파악하는 데 도움이 되는 알림 시스템을 활용할 수 있다. 그 결과, 인수 프로세스가 원활해지고, 공급업체 유지율이 향상되며, 계약 위험이 감소하여 현금관리 관행이 개선될 수 있다(Vanpouke et al., 2017). 계약관리 수명주기 솔루션의 구체적인 기능은 다음과 같다.

- **컴플라이언스 보증**: 자동화는 계약 협상이 컴플라이언스 규정을 충족하도록 사용자에게 보장한다. 필요에 따라 조직 및 산업별 컴플라이언스 프로토콜을 추가할 수 있다.
- **계약서 작성 자동화**: 이 시스템에는 마이크로소프트 워드(Microsoft Word) 또는 기타 문서 작성 프로그램으로 쉽게 내보낼 수 있는 새 계약 템플릿이

포함되어 있는 경우가 많다. 또한 이후 계약은 사용자가 미리 정의한 워크플로우를 통해 자동으로 전송할 수 있다.

- **승인관리:** 승인 절차는 많은 사람의 손을 거친다. 이러한 솔루션을 통해 다음 단계에서 계약을 승인할 준비가 되었다는 자동 알림을 받을 수 있으므로 프로세스 속도가 크게 향상된다.
- **알림 및 경고:** 이 시스템을 통해 사용자는 갱신일, 만료일 및 기타 재협상 기회에 대해 광범위하게 통지를 할 수 있다. 경고는 시스템 내에서 전달되거나 사용자의 이메일 주소로 직접 보낼 수 있다.
- **특별 보고:** 보고기능을 통해 사용자는 계약 조건을 개선할 수 있는 추가 기회를 찾을 수 있다. 보고서는 검색 조회 또는 특정 계약에 따라 생성할 수 있다.
- **회계 및 ERP 통합:** 종종 이러한 시스템은 회계 및 ERP 솔루션과 직접 통합되어 정확한 현금흐름 데이터를 유지하고 재무 예측에 도움이 된다.

IT 조달 솔루션의 기술 발전

IT 조달 솔루션의 기술 발전으로 조직은 주기적으로 e-도구 포트폴리오(예 소프트웨어 패키지)를 평가해야 한다. 그런 다음 현재 시스템의 유용성, 사용 정도, 시스템 역량을 평가해야 한다. 이전 소프트웨어 패키지와 더 이상 사용되지 않는 패키지는 이용을 중단해야 한다. 또한 향후 요구사항과 새로운 e-도구의 구입 가능성을 평가해야 한다. IT 조달 솔루션의 새로운 기술 동향은 다음과 같다.

- 고급 공급 계획 e-도구는 판매 및 운영 계획과 공급 및 재공급 계획 간의 연계기능을 제공한다. e-도구에는 조달의 여러 계층(단계)에 걸쳐 공급망 상류로의 수요(볼륨 및 변동성)를 전환하는 기능이 포함되어 있고, 위험 분석, 위험 회피 전술에 대한 의사결정 및 기타 공급 균형 분석(예 투입 대 매입)

을 개선하는 기능이 제공된다. 또한 e-도구는 병목지점에서 비용 파악뿐만 아니라 수익 및 이익에 미칠 수 있는 잠재적 영향도 파악하도록 지원한다 (Vanpoucke et al., 2017).

- 구매 안내(guided buying) 도구는 ERP 및 e-구축 시스템과 가상 카탈로그, 검색 엔진 및 웹 에이전트를 결합하여 직원들이 선호하는 공급원과 조달 프로세스 및 인력을 안내하는 e-도구이다. 구매 안내 도구는 구글에서 제공하는 시스템과 유사하게 인공지능 요소를 포함하고 있으며, 시간이 지남에 따라 더욱 스마트한 시스템으로 진화할 것이다.
- e-조달을 위한 CRM은 공급 관리자가 내부 고객에게 보다 개선된 서비스를 제공할 수 있도록 지원하는 도구이다. 여기에는 프로젝트 계획 및 스케줄링, 고객 셀프서비스 및 교육, 서비스 수준 계약, 고객 만족도 측정 도구와 같은 기능이 포함된다. 이러한 e-도구는 공급 관리자가 공급시장뿐만 아니라 구매 담당자를 중심으로 조정하도록 도와준다.
- 상생(win-win) 조달 최적화 기법과 지원 e-도구를 통해 공급업체는 자사의 역량을 구매자와 더 잘 일치시키고, 많은 상생 시나리오를 만들 수 있다. 가격 인하 또는 비용 절감을 목표로 한 승자독식 입찰 프로세스를 사용하는 대신 이러한 e-도구를 사용하면, 구매자는 장바구니를 공급업체에 개방하고 자체 수요관리를 통해 유연하게 입찰할 수 있으며, 최적화된 비용구조를 고객에게 전달할 수 있다. 구매자들은 e-도구를 통해 기존의 비공개 입찰 또는 역경매 형식의 강제 가격 검색이 아닌 진정한 기능 검색이 가능하다 (Vereecke and Kalchschmidt, 2016).
- 공급 설계(design for supply)기능은 제품수명주기관리 프로세스의 연장선상에 있으며, 초기 설계 및 조달주기를 평가하고 관리하기 위한 의사결정 지원 도구를 제공한다(예 www.st.com). 이러한 접근방식을 통해 기존 설계의 더 나은 재사용, 신규 또는 대체 설계의 평가, 내부 및 외부 공급업체의 업스트림 제조 및 물류 역량에 대한 설계비용과 타당성을 평가할 수 있다.

- 콘텐츠 지원 애널리틱스(content-enabled analytics)는 내부 공급 계획 프로세스를 외부 공급업체 또는 시장 데이터와 결합하는 의사결정 지원 도구이다(예 https://sievo.com). 이러한 e-도구를 통해 공급 관리자는 수명주기 분석, 가격 및 비용 예측, 수익성 계획, 공급업체 분석, 시장 위험 분석 및 계약관리 등의 예측 분석을 수행한다(Aral et al., 2017).
- 개방형 시스템 e-도구를 통해 내부 및 외부 기술 공급자는 공급 관리자에게 SAP, Oracle과 같은 독립 소프트웨어 공급업체(ISV: Independent Software Vendors)의 소프트웨어 애플리케이션 제품군과 상호 운용이 가능한 맞춤형 애플리케이션을 신속하게 개발하여 제공한다. 소프트웨어 도구는 오픈소스 제품(예 코우파(Coupa)는 지출관리 분석을 위한 클라우드 플랫폼 제공: www.coupa.com), 특정 기능을 제공하기 위해 호스팅 되는 소프트웨어(예 상품 코드 및 지역에 기반한 잠재적 공급업체 목록 제공), 독립 소프트웨어 공급업체 또는 구매자가 개발한 애플리케이션에서 특정 기능을 활용하기 위해 인터넷을 통해 표준화된 통합을 지원하는 제품이다.
- 지식 네트워킹(knowledge-networking)은 사물인터넷(IoT) 기반 협업 도구 및 서비스를 사용하여 내부 및 외부 모두에서 공급 지식을 더 잘 포착하고 전파하는 프로세스이다. 전문가로 구성된 내부 커뮤니티, 동료로 구성된 외부 커뮤니티 또는 구매자 조달과정에서 상품 지식 또는 공급 모범 사례를 수집 및 공유할 수 있도록 지원한다.
- 빅데이터(big data)는 조달활동을 근본적으로 변화시키고, 혁신할 수 있는 가능성을 제공해주는 기술이다(예 www.datamaran.com). 조직은 빅데이터 분석을 통해 효율성, 대응성, 투명성, 생산성 및 품질 향상을 통해 전반적인 조직 성과를 개선하고 새로운 가치를 추구할 수 있으며, 또한 전략적 의사결정을 수행하여 새로운 기회를 모색할 수 있다. 그러나 대부분의 조달 의사결정에는 여전히 빅데이터 특성이 의사결정 모델에 반영되지 않았다. 그러므로 조달 전문가들은 조달 비즈니스 모델을 개발할 때 빅데이터를 중

요하게 고려해야 한다(Kache and Seureing, 2017). 조달활동에 ERP 시스템 구현이 디지털화됨에 따라 방대한 양의 데이터가 생성되고 있으며, 조직에서는 이를 효과적으로 활용할 수 있다. 조직에서 조달활동에 빅데이터를 활용하면 가시성 증대, 보다 정확한 의사결정, 업무관리 역량 개선, 협상 위치 향상, 실시간 의사 결정능력개선, 변화하는 비즈니스 환경에 보다 빠르게 대응할 수 있는 능력 개발 등 여러 가지 이점을 얻을 수 있다(Gunasekaran et al., 2017).

- e-조달을 위한 사이버 보안의 중요성이 증대되고 있다. 전자문서교환(EDI)의 광범위한 사용은 상호 접근 가능한 데이터베이스에 대한 구매자와 공급자의 의존도를 높였다. e-조달 시스템은 현재 상업적으로 민감한 수백만 개의 정보를 담고 있다. 이 모든 정보는 사기적 오용의 대상이 되거나 악의적인 이유로 수정될 위험이 있다. 해커들은 잠재적으로 조직의 운영 무결성을 훼손하는 사이버 공격을 수행하기 위해 여러 가지 방법을 사용한다. 예를 들어, 암호를 해킹하거나 사기를 치려는 목적으로 웹사이트를 구축하여 공식 공급업체인 것처럼 위장해서 자금을 조달하거나 잘못된 정보를 제공한다. 이러한 유형의 공격은 공급업체가 복구될 때까지 자체 온라인 시스템에 액세스할 수 없거나 공급업체의 온라인 시스템에 대한 기존 고객 신뢰도에 부정적인 영향을 미쳐 향후 예상 고객 수가 감소하는 등 여러 가지 방법으로 조직의 SCM 기능을 손상시킬 수 있다(Kache and Seuring, 2017). 이러한 문제를 해결하는 방법에는 클라이언트와 서버 간에 인증 소프트웨어를 추가하여 클라이언트가 인증된 공급자 웹사이트에 연결되어 있는지 확인한다. 대안은 '디지털 서명(digital signatures)'을 사용하는 것이다. 이것은 기본적으로 공개키와 사용자 이름과 주소가 포함된 전자 ID이며, 모두 디지털 서명 및 개인키로 암호화된다.

MINI-CASE | 몰러-머스크(Moller-Maersk): 사이버 공격의 위험 증가

세계 최대 해상 컨테이너선사인 AP 몰러-머스크(AP Moller-Maersk)는 2017년 11월 사이버 공격으로 수익이 현저히 감소했다고 발표했다. 2017년 초에 이 회사의 IT 시스템은 '낫 페티아(Not Petya)'로 알려진 사이버 공격으로 인해 손상되었으며, 이로 인한 시스템 복원 및 사이버 방어 시스템 설치 등 지속적으로 발생하는 IT 비용이 최대 3억 달러에 달했다.

이는 최근 조직의 사이버 보안 침해 사례 중 하나일 뿐이다. 기업이 방화벽을 강화하여도 정교한 보안 공격에 대한 취약성은 계속 증가하고 있다. 이제 조직들은 IT 시스템에 진입할 수 있는 잠재적 위험 지점은 공유 정보 시스템을 통해 자신들과 연결 가능성이 높은 공급업체라는 사실을 인식하고 있다. 따라서 조달 시스템 구축에 있어서 우선순위는 공급업체가 자체 사이버 방어에 투자하고 있는지 확인하는 것이다.

요약 및 결론

오늘날 공급망 관리자는 매우 광범위한 e-조달 도구에 접속할 수 있다. 그러나 현재 조달 업무와 관련된 운영 요구사항뿐만 아니라 미래의 조달업무 요구사항을 충족할 수 있는 기능을 갖춘 e-조달 도구를 파악하기 위해서는 광범위한 연구가 필요하다. 현재 새로운 e-조달 도구 기술이 현재 기술을 보완하고 있으며, 경우에 따라 대체하고 있다. 향후 조달전략은 정보 공유를 지원하는 새로운 e-비즈니스 애플리케이션을 필요로 하는 종단간 솔루션(end-to-end solutions)에 의존할 것이며, 이를 통해 신속한 배송으로 효과적인 주문 이행 프로세스를 구현할 것이다. 그러나 e-조달 도구를 최대한 활용해야 하는 조직들은 많은 과제를 가지고 있다.

첫째, 많은 조직이 이러한 기술을 여러 계층의 고객 및 공급업체에 적용하는데 필요한 기본 조달 인프라를 갖추지 못하고 있다. 조직은 이러한 e-조달 도구를 구현하기 전에 이러한 근본적인 문제점을 수정하여 조달 프로세스를 강화해야 한다. 둘째, 조달 담당자는 향후 e-조달 기술을 개발하고 원활하게 구현하기 위해 재무 및 기술 자원을 능동적으로 구성해야 한다. 셋째, 조달 관리자는 e-조달 도구가 신뢰가 부족하고, 정보 공유를 제대로 하지 않고, 관리하지 않아서 실적이 저조한 공급업체 포트폴리오와 관련된 문제를 해결할 수 없다는 것을 인식해야 한다. e-조달 도구의 성공적인 활용을 위해서는 최고경영진의 책임뿐만 아니라 전략적 소싱 기능을 육성하는 조달관리기술이 필요하다.

용어정리

- AIDC(Automatic Identification and Data Capturing, 자동 식별 및 데이터 캡처) 사람의 개입 없이 자동으로 개체를 식별하고, 개체에 대한 데이터를 수집하여 컴퓨터 시스템에 직접 입력하는 방법
- BA(Business Analytics, 비즈니스 애널리틱스) 과거뿐만 아니라 현재 실시간으로 발생하는 데이터에 대하여 연속적이고 반복적인 분석을 통해 미래를 예측하는 통찰력을 제공
- BI(Business Intelligence, 비즈니스 인텔리전스) 기업이 보유하고 있는 수많은 데이터를 정리하고 분석해 기업의 의사결정에 활용하는 일련의 프로세스
- big data(빅데이터) 디지털 환경에서 생성되는 데이터로 그 규모가 방대하고, 생성주기도 짧고, 형태도 수치 데이터뿐 아니라 문자와 영상 데이터를 포함하는 대규모 데이터
- blockchain(블록체인) 온라인 거래 정보를 수정할 수 없도록 데이터를 블록(block)으로 만들고 암호기술을 사용한 고리 모양의 체인(chain)으로 연결하여 분산 컴퓨팅 기술로 저장 · 관리하는 방식
- BPR(Business Process Reengineering, 비즈니스 프로세스 리엔지니어링) 경영혁신기법의 하나로서, 기업의 활동이나 업무의 전반적인 흐름을 분석하고, 경영 목표에 맞도록 조직과 사업을 최적으로 다시 설계하여 구성
- carbon footprints(탄소발자국) 사람의 활동이나 상품을 생산, 소비하는 전 과정을 통해 직 · 간접적으로 배출되는 온실가스 배출량을 이산화탄소(CO_2)로 환산한 총량
- cloud computing(클라우드 컴퓨팅) 인터넷상의 서버를 통하여 데이터 저장, 네트워크, 콘텐츠 사용 등 IT 관련 서비스를 한번에 사용할 수 있는 컴퓨팅 환경
- ERP(Enterprise Resource Planning, 전사적 자원관리) 기업 전체를 경영자원의 효과적 이용이라는 관점에서 통합적으로 관리하고 경영의 효율화를 기하기 위한 수단
- IoT(Internet of Things, 사물인터넷) 사물에 센서를 부착해 실시간으로 데이터를 인터넷으로 주고받는 기술이나 환경
- ISV(Independent Software Vendors, 독립 소프트웨어 공급업체) 특정 하드웨어나 제조업체에 의존하지 않고도 여러 컴퓨터상에서 동작하는 애플리케이션을 개발하는 소프트웨어 벤더

- legacy systems(레거시 시스템) 새로운 시스템과 구별하여 기존 시스템을 일컫는 말
- OTIF(On-Time and In-Full) 누락된 물품 없이 제시간에 얼마나 많은 배송이 제공되었는지를 나타내는 물류 성과 측정
- RFID(Radio Frequency IDentification) 반도체 칩이 내장된 태그, 라벨, 카드 등의 저장된 데이터를 무선주파수를 이용하여 비접촉으로 읽어내는 인식 시스템
- SLA(Service Level Agreement, 서비스 수준 계약) 서비스 제공업체와 고객 간에 맺는 서비스 품질에 대한 계약
- water footprints(물발자국) 개인이나 지역 집단 등이 소비하는 재화와 서비스를 생산하는 데 필요한 물의 총량

참 • 고 • 문 • 헌

Aral, S, Bakos, Y and Brynjolfsson, E (2017) Information technology, repeated contracts, and the number of suppliers, *Management Science* (forthcoming)

Gunasekaran, A et al (2017) Big data and predictive analytics for supply chain and organizational performance, *Journal of Business Research*, 70 (1), pp 308–17

Kache, F and Seuring, S (2017) Challenges and opportunities of digital information at the intersection of big data analytics and supply chain management, *International Journal of Operations and Production Management*, 37(1), pp 10–36

Mithas, S and Rust, R T (2016) How information technology strategy and investments influence firm performance: conjecture and empirical evidence, *MIS Quarterly*, 40 (1), pp 223–45

Stevens, G and Johnson, M (2016) Integrating the supply chain … 25 years on, *International Journal of Physical Distribution and Logistics Management*, 46 (1), pp 19–42

Vanpoucke, E et al (2017) Leveraging the impact of supply chain integration through information technology, *International Journal of Operations and Production Management*, 37 (4), pp 510–30

Vereecke, A and Kalchschmidt, M (2016) E–business strategy: revising how compa– nies shape their manufacturing and supply chain through the internet: a review and outlook, in *A Journey Through Manufacturing and Supply Chain Strategy Research*, eds E Bartezzaghi et al, Springer International Publishing, Geneva, pp 139–68

Wang, G et al (2016) Big data analytics in logistics and supply chain management: certain investigations for research and applications, *International Journal of Production Economics*, 176 (1), pp 98–110

Zimmermann, F and Foerstl, K (2014) A meta–analysis of the purchasing and supply management practice–performance link, *Journal of Supply Chain Management*, 50, pp 54–57

PART

04

지속가능한 조달 성과

제11장 | 지속가능한 조달

제12장 | 조달의 미래: 조달 부분의 발전을 위한 어려움과 나아갈 길

Leading Procurement Strategy

Chapter

11 지속가능한 조달

카를로스 메나 박사(DR CARLOS MENA)

지속가능한 개발에 대한 재계의 관심은 지난 수십 년간 꾸준히 커져왔다. 처음으로 이 개념을 대중화한 유엔 브룬트란트 위원회(the Brundtland Commission of the United Nations)는 지속가능한 개발을 "미래 세대가 자신의 욕구를 충족시키고자 하는 본능을 억제하지 않으면서도, 현재의 필요를 충족시키는 개발"(UN, 1987)이라고 정의했다. 최근 유엔이 개발한 글로벌콤팩트(Global Compact)는 '보편적으로' 수용하는 일련의 원칙으로서 지속가능한 개발을 지원하고 있다. 글로벌 협약은 인권, 노동, 환경 및 반부패 등의 분야를 포함한다(MINI-CASE 참조).

지속가능한 개발은 일반적으로 '3대 기본 요소(3BL: Triple Bottom Line)'로 알려진 경제, 사회, 환경적인 측면을 고려한다. 예전부터 조달 전문가는 경제적인 효과에 초점을 맞춰 의사결정을 내려왔다. 하지만 지속가능성으로서의 관점이 확산하면서 환경과 사회적인 문제에 대한 대중들의 관심이 증가하고 있다. 이는 조직의 네 가지 자체 장벽을 넘어 공급망 전체가 사회와 환경에 영향을 끼치고 있음을 많은 이들이 인정한다는 의미이다(Lamming and Hampson, 1996). [그림 11-1]은 3BL 모델을 제시하고 조달과 관련된 몇 가지 주요 문제들을 보여준다.

지금까지 본서는 경제적인 관점에서 조달을 바라봤다. 이번 장에서는 지속가능성이 갖는 환경적 · 윤리적인 관점으로 조달을 살펴보고자 한다. 또한 우리는 지속가능한 조달의 구현을 주도하는 요소와, 이를 가로막는 장벽 및 과제도 함께 제시할 것이다. 마지막으로는 지속가능성을 전략적 조달 프로세스와 이때 활용되는 지원 도구에 어떻게 적용할 것인지를 논의한다.

그림 11-1 3대 기본 요소: 조달의 핵심 이슈

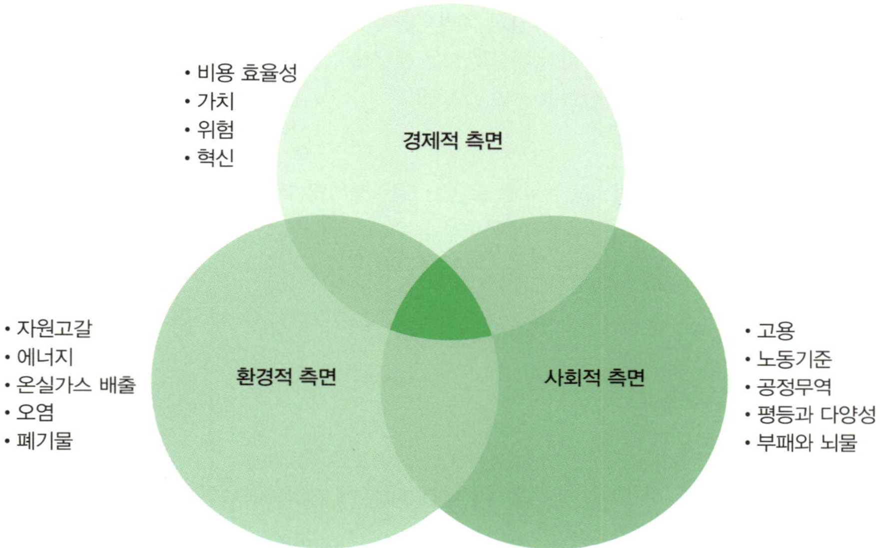

MINI-CASE | 유엔글로벌콤팩트 10대 원칙

유엔글로벌콤팩트 10대 원칙은 인권, 노동, 환경 그리고 반부패 등의 분야에서 보편적으로 합의한 수준에 맞춰 적용한다.

유엔글로벌콤팩트는 기업이 영향을 미치는 범위 내에서 인권, 노동기준, 환경 그리고 반부패 분야가 갖는 핵심 가치를 수용 및 지원하고, 그들의 정책에 반영할 것을 권고한다.

■ 인권

– 원칙 1: 기업은 국제적으로 선언된 인권 보호를 지지하고 존중해야 한다.
– 원칙 2: 인권침해 사건에 연루되지 않도록 한다.

■ 노동

– 원칙 3: 기업은 결사의 자유와 단체 교섭권을 실제로 인정해야 한다.
– 원칙 4: 모든 형태의 강제 노동을 철폐한다.
– 원칙 5: 아동 노동을 확실히 폐지한다.
– 원칙 6: 고용 및 직업에 관한 차별을 철폐한다.

■ **환경**
– 원칙 7: 기업은 환경 관련 과제에 대해 예방적인 접근으로 지원해야 한다.
– 원칙 8: 환경적 책임을 촉진하기 위한 계획을 실행해야 한다.
– 원칙 9: 친환경 기술의 개발과 확산을 장려한다.

■ **반부패**
– 원칙 10: 기업은 갈취 및 뇌물 수수를 포함한 모든 형태의 부패에 맞서야 한다.

출처: 유엔(2000)

조달주기와 지속가능성

조달은 공급 기반 전반에 영향을 미치기 때문에 지속가능성 실현에 상당히 기여할 수 있다. 보다 진보적인 조직은 조달이 내리는 의사결정이 '승수효과(multiplier effect)'를 내며, 조직 내의 어떤 단위활동보다도 경제적, 환경적, 사회적 변화를 훨씬 더 빨리 성공적으로 이루어낼 잠재력이 있음을 인식하고 있다(Crane and Matten, 2004).

지속가능한 조달(sustainable procurement)이라는 용어는 3BL의 세 가지 측면 전반에 걸쳐 생명주기 접근방식을 취하면서, 기업이 재화와 서비스에 대한 요구사항을 충족시킬 수 있는 관리 시스템과 업무를 가리키는 데 사용되어왔다. 녹색 조달(green procurement)은 조달의 환경적인 측면에서 자주 사용하는 반면, 윤리적 조달(ethical procurement) 또는 윤리적 소싱(ethical sourcing)은 사회적인 측면과 관련되어 있다.

지속가능성은 1장에서 소개한 전략적 조달주기([그림 11-2])의 일부로 반드시 통합되어야 한다. 비전을 정의하는 것에서부터 지속적인 개선에 이르기까지, 조달주기의 모든 단계가 지속가능성의 기준을 충족해야 한다. 아래는 지속가능성을 위해 고려해야 할 주요 사항들을 전략적 조달주기 각 단계별로 설명하고 있다.

그림 11-2 지속가능성을 위한 전략적 조달주기의 단계별 핵심 질문

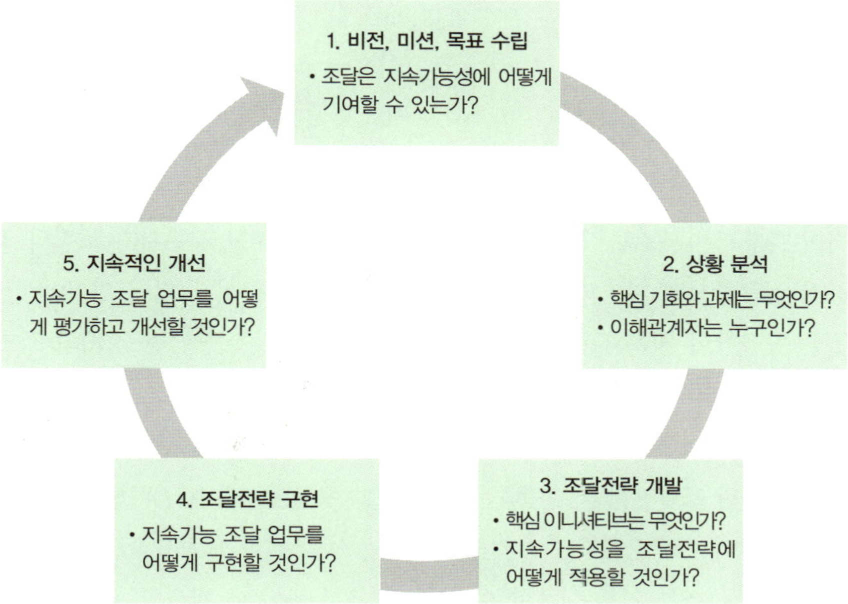

1. 지속가능 조달의 비전, 미션, 목표 수립

지속가능성을 위한 조달의 비전, 미션, 목표는 조직의 지속가능성의 목표와 일치해야 하지만, 이를 수립하는 과정이 하향식(top-down process)이 되는 것은 지양하는 것이 좋다. 모든 직급의 조달 실무자는 조직이 정한 지속가능성 접근방식에 참여하고, 알리고, 기여하기 위해 노력해야 한다.

조달 리더는 이사회에 참석해 공급 기반 전체를 대변하고, 동료들에게는 그들의 의사결정이 지속가능성에 잠재적인 영향을 미칠 수 있음을 알릴 책임이 있다. 많은 조직의 경우 가장 중요한 지속가능성 문제가 공급망 내에 존재한다. 그렇기 때문에 비즈니스 리더의 중요한 역할은 공급망 계층들 전반에서 지속가능성의 기회와 과제를 인식하는 것이다.

또한 조달 리더는 그들 나름대로의 지속가능성 비전, 목표, 목적을 정의할 필

요가 있을 것이다. 이때 공급업체의 참여 및 협업, 성과 측정, 소통, 인재관리, 위험관리, 기술 및 혁신과 같은 문제들을 고려해야 한다.

2. 상황 분석

1장에서 논의한 바와 같이 목적에 부합하는 전략을 개발하기 위해서는 반드시 조직이 운영되는 맥락을 명확히 이해해야 한다. 만약 조달 전문가가 조직의 지속가능성 접근방식에 기여하고자 한다면, 이에 대처할 준비가 되어 있어야 한다. 그들은 공급망이 지속가능성에 미치는 파급효과는 물론, 공급망 전체의 성과를 개선하고 위험을 완화할 수 있는 방안을 이해하고 있어야 한다.

시장 분석, SWOT 분석, 특히 이해관계자 분석과 같은 비즈니스 표준 도구들을 지속가능한 조달전략을 수립하는 데 활용할 수 있을 것이다. 이해관계자 맵이 있으면 각각의 이해관계자가 우리의 지속가능성을 위한 노력을 돕거나 또는 어떻게 방해할 수 있는지를 이해할 수 있고, 협조를 구할 때 필요한 전술을 수립할 경우에도 도움이 될 것이다. 만약 각 이해관계자의 요구사항을 제대로 인식하지 못한다면, 이는 자칫 'PR의 재앙(Public Relations Disasters)'으로 이어져 조직의 평판을 훼손시킬 수 있다.

조달은 각 계층들의 공급업체나 내·외부 고객 등과 같은 일부의 이해관계자는 확실히 파악할 수 있다. 하지만 지속가능성을 위해서는 공급망을 넘어선 이해관계자, 즉 정부, 비정부기구(NGO), 감사기관 및 사회 전반을 이해관계자에 포함해 고려해야 한다. 이러한 이해관계자는 지속가능성의 목표를 달성하는 데 매우 중요하며, 우리가 그들과 어떤 관계를 맺느냐에 따라 그들은 장벽이 될 수도, 조력자가 될 수도 있다. 예를 들어, 적절한 방식으로 참여하는 NGO는 지속가능성의 여정을 지지하는 신뢰할 만한 동반자가 될 수 있다.

지속가능성과 관련한 문제들을 이해하기 위해서는 탄소발자국(carbon footprinting), 생명주기평가(LCA), 전체수명 비용계산, 위험평가기술과 같은 여러 도구들이 필요할 수 있으며, 이는 현 단계와 관련이 있을 수 있다. 이 도구 중 일부는 이 장 뒷부분에 더 자세히 설명하겠다.

3. 지속가능한 조달전략 개발

지속가능성의 비전과 목표(1단계)를 명확히 수립하고, 조직이 운영되는 우선순위와 맥락(2단계)을 잘 이해하면, 조달의 전략 방안을 찾고 실행 계획을 세울 수 있다.

모든 전략적 노력이 그렇듯이 예상되는 지속가능성 관련 사항과 여타 조달전략을 어떻게 통합할 것인지 장기적인 관점으로 우선순위를 정해야 한다. 이를 바탕으로 앞으로 추진해야 할 핵심 계획을 설명하는 전략적 그림을 그리는 것이 가능하다. 전략적 그림과 더불어 구체적인 목표, 성과 측정, 주요 성공요인, 핵심 조력자 그리고 지속가능한 계획을 실행하는 데 필요한 기술 및 자원을 빠짐없이 설명하는 보다 상세한 계획을 개발할 필요가 있다.

지속가능한 전략을 개발 및 실행한 조직의 좋은 예로는 막스앤스펜서(M&S: Marks & Spencer)라는 영국의 소매업체가 있다. 2007년 이 업체는 지속가능성에 대한 비전과 전략을 제공하는 포괄적인 프로그램인 'Plan A'를 시작했다. 최근에 보고된 이 프로그램의 결과는 지속가능성의 주요 성공요인과 향후의 과제를 보여준다(MINI-CASE 참조).

4. 지속가능한 조달전략 구현

지속가능한 조달전략을 구현하려면 사양 정의에서부터 제품 및 서비스 공급업체의 선정, 협상, 모니터링과 평가에 이르는 일상적인 조달 작업에 해당 전략을 반영해야 한다.

신제품 디자인 및 개발의 초기 단계에서부터 조달 부문이 관여하는 것은 성과에 영향을 미치는 기회로 오랫동안 논의되어왔다. 이는 지속가능성과 관련하여 매우 중요하다고 볼 수 있다. 왜냐하면 지속가능한 원자재와 생산 프로세스, 적절한 구매처 선정에 있어, 조달 관련 전문 지식이 필요하기 때문이다.

지속가능성과 관련하여 조달이 가장 큰 영향을 미치는 단계는 공급업체 선정 및 협상 단계이다. 이를 달성하기 위해서는 지속가능성 기준(예 에너지와 수자원 활용, 온실가스 배출, 폐기물관리)이 반영된 철저한 공급업체 선정 프로세스를 갖추어야 한다. 이러한 기준에 반영된 가중치와 중요성은 조달이 공급망 전체의 지속가능성에 미치는 전반적인 영향을 대부분 결정한다.

또한 조직은 자신들의 선정과 협상과정이 공정하고 투명하며, 부패와 뇌물 같은 비윤리적 관행에 대해서는 단호하게 대처할 것임을 확실히 해야 한다. 예를 들어, 월마트(Walmart)는 공급업체 관련 표준의 일부로서 당사 직원에게 제공되는 선물 및 접대, 이해 상충, 공급업체의 부패와 뇌물 관행, 청렴의무 등에 관한 매우 명확한 지침을 재무보고에 포함하고 있다(Walmart, 2017).

MINI-CASE | 막스 앤 스펜서(M&S: Marks & Spencer)의 Plan A

M&S는 런던에 본사를 두고 10개국에서 관련 사업을 전개하고 있는 주요 다국적 소매업체이다. 해당 기업은 의류와 가정용품, 고급 식품의 판매에 주력하고 있다. 2017년의 경우, 85,000명에 가까운 직원을 고용했으며 100억 파운드 이상의 수익을 신고했다.

2007년 M&S는 5년 이내 완수해야 하는 100가지 책무가 포함된 첫 번째 지속가능성 계획, 즉 'Plan A'를 발표했다. M&S는 그 책무를 완수하자, 해당 목록을 2010년, 2014년, 2017년을 기점으로 새로이 완수해야 할 책무로 재차 확장시켰다. 이러한 책무에는 기후변화, 폐기물 감소, 지속가능한 원자재, 윤리적 거래 및 건강한 생활방식 등 다섯 가지의 주요 업무 영역이 포함되어 있다.

가장 중요한 성과로는 순 탄소 배출량 제로(0) 달성, 이산화탄소(CO_2) 배출량 23% 감소, 에너지 효율성 39% 개선, 매립 폐기물 제로(0) 달성, 전체 폐기물 28% 감소, 제품의 79%의 Plan A 기준 품질 달성 등이 있으며, 이를 바탕으로 지속가능한 원자재, 동물복지 기준 또는 기타 Plan A와 관련된 다른 책무들에 대해서도 긍정적인 변화를 만들어내고 있음을 예상할 수 있다. 이러한 결과를 바탕으로 M&S는 연간 약 1억 500만 파운드를 절약한 것으로 추정된다.

M&S는 달성한 결과에 만족하지 않고, Plan A의 규모를 확대하고자 노력하고 있다. M&S는

당면 과제를 해결하고 새로운 기회를 포착하기 위해 이해관계자들과 지속적으로 소통하고 있다. 예를 들어, 공급업체들은 고용 관행 개선과 환경 효율성, 지속가능한 원자재 구매와 같은 분야에 대해 지원을 요청했다. 이는 그들이 이해관계자들의 의견을 듣고 이를 수용할 의향이 있다는 분명한 의사표시로 볼 수 있다.

Plan A는 비즈니스 전체를 대상으로 하는 지속가능성 전략이었지만, 조달 및 공급망 관리와 관련된 많은 책무에 대해 여러 계층의 조달 전문가와 공급업체의 직접적인 참여가 필요했다.

출처: M&S(2017)

5. 지속적 개선

공급망 전반에서 지속가능성의 관행을 유지하고 개선하려면, 해당 전략에서 제시된 목표에 대한 성과평가가 필요하다. 여기에는 공급업체뿐만 아니라 조달 기능에 대한 업무평가도 포함된다.

선정 단계에서 공급업체를 평가하기 위해 개발된 기준은 이 단계에서 성과의 추세를 평가하고 개선 기회를 포착하는 데 활용할 수도 있다. 일부 조직들은 자체적으로 평가를 수행하기도 하지만, 컨설턴트와 NGO와 같은 제3자에 의뢰하여 감사를 실시하고 원거리에 위치한 공급업체를 평가하기도 한다. 그러나 이러한 평가는 공급업체를 폄하하기 위한 수단으로 전락되어서는 안 되며, 관련된 모든 당사자들이 이 평가를 통해 전문 분야에 대한 지식을 습득하고 업무를 개선할 수 있는 기회가 되어야 한다.

지속가능한 조달을 위한 촉발요인과 억제요인

사회와 환경 이니셔티브에 대한 투자는 효율성, 혁신, 평판 개선, 리스크 해결 등을 통해 조직의 경제적 이익으로 이어질 수 있다는 인식이 증가하고 있다(Porter and van der Linde, 1995; Esty and Winston, 2006). 그 결과 많은 공공 및 민간조직이 경제적, 환경적, 사회적 성과를 개선하기 위해 공급망 파트너들과의 협력 조치를 취하면서 그 도전에 나섰다.

다음에서는 기업들이 지속가능성 이니셔티브를 지지하며 인용한 몇 가지 주요 이유에 대해 논의하고, 몇 가지 사례도 살펴보겠다.

고객가치

일부 고객층이 자신들의 제품 소비로 인해 사회와 환경이 영향을 받고 있고, 그래서 그것에 대해 우려하고 있다는 사실을 기업들은 깨닫기 시작했다. 연구에 따르면 생태계에 대한 의식 있는 소비자들은 자신들이 원하는 상품의 구매를 통해 환경 문제를 해결하는 데 도움이 될 수 있다고 믿으며(Roberts, 1996), 다른 연구는 사회적 책임 인식이 브랜드 이미지와 소비자의 특정 브랜드 구매 성향에 영향을 미친다는 것을 보여준다(Ganesan et al., 2009). 물론 고객이 지속가능성을 가진 제품에 얼마를 지불할 의향이 있는지에 관해서는 여전히 논란이 있다.

아직 결과가 나오지 않았지만, 많은 기업들이 경쟁우위를 확보하거나 유지하기 위한 방법으로 '그린 마케팅'에 참여하고 있다(Starik and Marcus, 2000). 일부 기업들은 엄격한 환경 친화 인증을 통과한 프리미엄 제품을 개발했다. 예를 들어, 스위스 식품 대기업인 네슬레(Nestle)의 자회사 네스프레소(Nespresso)는 지속가능한 품질의 제품을 제공한다는 이상적인 신념을 바탕으로, 프리미엄 커피 캡슐 재료 구매에 있어 매우 높은 환경적 · 사회적 표준을 유지하는 것을 그 목표로 한다(MINI-CASE 참조).

일반적으로 조달 및 공급망 관리자가 지속가능성에 큰 영향을 미친다는 점을 감안할 때, 조달 커뮤니티는 고객에게 가치를 제공하고 지속가능한 관행을 통해 경쟁우위를 구축할 수 있는 잠재력이 크다고 할 수 있다.

MINI-CASE | 네스프레소(Nespresso) AAA 지속가능한 품질™

2003년에 시작된 네스프레소(Nespresso) AAA 프로그램은 열대우림동맹(Rainforest Alliance)과의 협력을 통해 개발되었다. 커피 재배 농부와 농업 커뮤니티를 위한 사회적, 환경적, 경제적 여건의 개선을 도모하기 위해 이 프로그램은 품질 및 지속가능성에 초점을 맞추고 있다. 프로그램이 시작된 후 10년 동안 52,000명 이상의 농부가 참여할 정도로 발전했다.

네스프레소는 여러 조직과의 협력을 통해, 그 품질을 유지하면서도 지속가능성과 생산성의 향상을 위해 농부들에게 지원, 교육, 자금 조달 및 기술 지원을 제공한다. 네스프레소는 또한 품질 유지를 위한 프리미엄을 지불하는데, 구체적으로 기술 지원 프로그램에 자금을 지원하고, 농부들이 AAA가 요구하는 모범 사례를 채택하고 시행하도록 그들에게 인센티브를 지원하는 방법을 사용하고 있다. 생산 프로세스를 개선하고, 생산량을 늘리며, 생산비용을 최적화하기 위해 네스프레소는 커피 재배 프로젝트 및 인프라에 공동 투자하고 있다.

한 연구에 따르면, 설문에 참여한 AAA 농장(Rainforest Alliance 인증을 획득한 농장 포함)은 비 AAA 농장보다 사회적 조건은 22.6%, 환경 조건은 52%, 경제적 조건은 41% 더 나은 것으로 나타났다.

출처: Nespresso(2012); Alvarez, et al.(2010)

비용 및 효율성

간결하고 더 효율적인 구매, 생산, 운송 시스템은 더 적은 투입량(예 원자재, 에너지, 수자원)을 필요로 한다. 보다 효율적인 구매로 기업은 환경에 대한 영향을 줄이면서 투입비용과 폐기물 처리비용을 함께 낮출 수 있다(Porter and van der Linde, 1995).

기존의 투자수익률(ROI) 평가를 통해, 경제적 효과는 효율성 이니셔티브를 쉽게 정당화할 수 있다. 폐기물 감축과 같은 이니셔티브는 일반적으로 내 · 외부의 다른 이해관계자에게 더 쉽게 판매할 수 있다(Adenso-Diaz and Mena, 2013; Mena et al., 2014).

위험

환경적 또는 사회적 고려사항을 간과하면 조직은 여러 위험에 노출될 수 있다. 조달 업무 관점에서 가장 중요한 몇 가지 사항은 다음과 같다.

천연자원 가용성

특히 천연자원의 소비 속도가 그것의 보충 또는 회복 속도를 능가할 경우, 천연자원의 개발은 지속 불가능한 상황으로 이어질 수 있다. 그 예로는 화석 연료를 들 수 있다. 왜냐하면 화석 연료는 그 생성 속도가 너무 느려 재생이 불가능한 것으로 여겨지기 때문이다.

천연자원의 부족은 가격 불안정으로 이어질 수 있으며, 궁극적으로는 자원의 가용 불가 상태에 이르게 될 수 있다. 조달의 주요 임무 중 하나가 조직에 필요한 자재를 경제적이고 신뢰할 수 있는 방식으로 구매하는 것임을 감안할 때, 이는 반드시 해결해야 할 분명하고도 중대한 위험이라고 할 수 있다. 적합한 사례로는 1장에서 다뤄진 이케아(IKEA)의 경우를 들 수 있는데, 이는 조직이 운영에 필요한 천연자원을 어떻게 적극적으로 관리하고 있는지 보여준다.

기업 평판

어떤 조직이 윤리적 또는 환경적 문제에 대해 무책임하다는 인식이 퍼질 경우, 기업의 평판은 심각하게 손상되고 그 브랜드에도 영향을 줄 수 있다. 이러한 측면에서 의류 및 스포츠웨어 산업은 가장 큰 영향을 받는 산업 중 하나이며, 프라이마크(Primark), 갭(Gap), 아디다스(Adidas)와 같은 수많은 기업들이 공급망에서 아동의 노동을 사용한 혐의로 평판 위험(reputational risk)에 직면해 있다(Crane and Ali Kazmi, 2010).

이러한 위험은 기업이 지속가능성 리더로서의 그 평판을 높일 수 있는 기회로 볼 수도 있다. 예를 들어, 2011년 유니레버(Unilever)는 자신들의 제품에 대한 환경발자국(environmental footprint)을 절반으로 줄이고, 농업 원자재의 100%를 지속가능한 방식으로 구매하는 것을 목표로 하는 '지속가능한 삶 계획(sustainable living plan)'을 도입했다. 이를 위해서 유니레버는 공급업체에 상당한 수준의 협조를 요청하는데, 이러한 협조에는 전체 공급망에서 제품이 미치는 영향을 적극적으로 측정 · 관리하는 것까지 포함하고 있다. 이는 공급망 전반에 걸친 노력으로 공급업체와 고객 모두가 갖고 있는 유니레버에 대한 평판을 향상시켰다.

규제 및 과세

지역, 국가 및 지방 정부는 종종 노동기준을 관철하고 환경 악화를 방지하기 위해 규제와 세금을 도입한다. 연구에 따르면 법률이 생태학적 대응을 위한 중요한 촉발요인이 되는데, 왜냐하면 벌금과 처벌, 법적 비용이 발생하는 것에 대해 기업이 예방 노력을 하기 때문이다(Bansal and Roth, 2000). 연구에 따르면 법률은 기업에 가장 큰 영향을 미치는 지속가능성 관련 이슈이며, 법률 준수는 환경 이니셔티브의 주요 동기 중 하나이다(Berns et al., 2009). 나아가 사전에 대책을 강구하는 조직은 법률이 제시하는 가이드라인 이상으로 주의를 기울이고, 향후의 입법과정에 참여할 기회까지 갖게 됨으로써 추가적인 비용부담을 회피할 수 있다.

직원 및 일반 대중에 대한 고용주의 보편적인 의무를 규율하는 건강안전법과 같은 일부 규정은 보편적인 성격을 띤다. 기타 규정들은 구체적인 산업에 따라 다른데, 자동차 산업에 대한 폐자동차 처리지침(ELV: End of Life Vehicle)과 전기전자 부문에 대한 전기전자제품 폐기물 처리지침(WEEE: Waste of Electrical and Electronic Equipment) 등을 들 수 있다. 세금 및 보조금은 환경적 관행에 영향을 주기 위해 활용되는데, 그 예로는 쓰레기 매립세와 탄소세를 들 수 있다.

조치에 대한 강력한 논쟁과 많은 조직의 노력에도 불구하고 지속가능한 조달은 아직 초기 단계에 있다. 매킨지(McKinsey)의 설문조사에 따르면 응답자의 절반 미만이 지속가능성을 비즈니스의 최우선 과제로 고려하는 것으로 나타났다(Bonini and Bové, 2014). [표 11-1]은 지속가능한 조달의 주요 동인과 장벽에 대한 요약이다.

표 11-1 지속가능 조달의 동인과 장벽

구분	동인 · 조력자	장벽
인력 · 조직	• 최고경영진의 의지* • 지속가능성 문화 • 교육 증가 • 본사의 지속가능성 기준 • 더 큰 기능적 상호작용	• 지원 부족 • 최고경영진의 합의 부재 • 내부의 회의론
자원과 역량	• 기존 자원과 역량과의 연계 • 투자 유치 • 공급업체의 역량 확보	• 자원 및 역량 부족 • 공급업체의 자원 및 역량 부족
프로세스 · 목표	• 협력사와의 협업* • 장기적인 프로세스 관점 • 지속가능성 계획에 대한 공급업체의 조기 참여 • 글로벌 지속가능성 기준 • 수명주기적 사고 • 평가 및 보상 시스템 • 공급망의 가시성	• 장단기 목표의 불일치 • 지속가능성 기준의 부재 • 적절한 규제의 부재 • 평가 및 보상 부족 • 지속가능성을 평가할 데이터의 부족 • 공급망의 가시성 결여
가치	• 고객 요구사항* • 차별화된 경쟁력 • 이해관계자와의 관계 개선 • 혁신을 자극할 수 있는 기회 • 개선된 품질과의 연관성	• 지속가능한 제품 및 서비스에 대한 최종 고객의 수요 한계* • 제품 · 서비스 가치에 대한 무형의 영향
비용	• 비용 절감, 자원 활용도 향상* • 환경세 면제 • 수명주기 비용 분석(LCA)으로 장기 의사결정 지원	• 구매자와 공급자의 초기 투자* • 기존의 ROI 계산 방식으로 계획을 평가하기 어려울 수 있음 • 경제적 불확실성

위험	• 규정 준수* • 외부 이해관계자의 압력 감소* • 영향력 있는 정책과 기준 • 평판이 실추할 위험성 감소 • 경쟁력 유지 • 연속성 보장, 주요 천연자원 보호	• 공급업체에 부담 가중 • 개념의 생소함 • 공급업체의 회의론 • 공급업체와의 전략적 목표 상충 • 공급업체 이탈의 위험

주: * **특히 강력한 동인 또는 장벽**

출처: Carter and Dresner(2001); Hoejmose and Adrien-Kirby(2012); Giunpero et al.(2012); Mollenkopf et al.(2010); Vachon and Klassen(2008)

지속가능한 조달을 위한 접근방식

조달 부문에서 지속가능성 과제를 해결하기 위해 여러 도구와 기술을 사용할 수 있다. 여기에서는 이러한 접근방식을 '공급망 설계(supply chain design)', '공급망 거버넌스(supply chain governance)', '매핑 및 측정 도구(mapping and measurement tools)' 등의 세 가지 주요 카테고리로 분류했다. 이들 각각은 아래에서 논의된다.

공급망 설계 및 재설계

공급망 설계에는 제품을 생산하는 방법과 장소, 제품을 저장하고 운송하는 방법, 공급업체의 수 및 참여 방법과 같은 중요한 결정사항이 포함된다(Danloup et al., 2015). 이러한 종류의 결정사항은 지속가능성에 매우 중요한 영향을 미칠 수 있다.

전통적으로 공급망은 원자재를 완제품으로 변환하는 선형 프로세스로 여겨져 왔다. 그러나 지속가능성에 대한 압박은 새로운 관점을 촉발시켰으며, 이는 원자재를 땅에서 가져와 다시 땅으로 되돌리거나, 다른 생산적인 방식으로 사용되게 하는 원형 또는 폐쇄 루프 관점 공급망을 만들어냈다. 아래에서는 이러한 순환적 관점을 사용하는 두 가지 접근방식인 '산업 생태학(industrial ecology)'과 '요람에서 요람까지 인증(Cradle to Cradle®)'에 대해 설명한다.

1980년대 후반에 도입된 산업 생태학은 일종의 시스템적 관점을 취하고, 공급망이 마치 생태계처럼 작동할 수 있다고 제안하는데, 이는 한 조직의 폐기물이 다른 조직에서는 자원으로 사용될 수 있다는 것을 의미한다(Frosch and Gallopoulos, 1989). 공급망 내의 조직 간 공생관계는 미가공원료에 대한 수요를 줄일 뿐만 아니라 비용, 폐기물 및 배기가스 배출량을 줄이는 데 도움이 된다. 이를 위해서는 공급망과 관련 조달 관행을 완전히 재설계를 해야 한다.

실제 가장 많이 인용되는 산업 생태학의 사례로는 덴마크 칼룬보르(Kalundborg)라는 도시에서 운영되는 칼룬보르 네트워크(Kalundborg network)이다. 칼룬보르 공생(Kalundborg symbiosis)이란 산업 생산에서 발생된 폐기물이 폐쇄형 루프에서 사고 팔리는 공공 및 민간 파트너십이다. 해당 공생 네트워크에는 스탓오일(Statoil) 정제소, 애스내스(Asnæs) 발전소, 노보 노디스크(Novo Nordisk) 및 칼룬보르시 당국(Kalundborg Municipality)을 비롯한 여러 조직이 포함되어 있으며, 이들은 한 조직에서 다른 조직으로 물리적 운송이 가능한 증기, 열, 슬러리(Slurry: 동물 배설물에 점토, 분탄, 시멘트 따위를 섞은 걸쭉한 물질), 먼지, 가스 같은 제품을 거래한다.

칼룬보르 공생은 연간 기준으로, CO_2 배출량을 240,000톤 줄였으며, 재활용 및 재사용을 통해 300만 입방미터의 수자원을 절약했고, 30,000톤의 짚을 540만 리터의 에탄올로 전환했으며, 천연석고의 수입은 줄이고 150,000톤의 석고를 재활용했다고 주장한다(Kalundborg Symbiosis, 2017). 그러나 이러한 인상적인 결과에도 불구하고, 칼룬보르는 유일무이한 시스템으로 보이며, 이에 비견할 만한 산업 생태학의 포괄적인 사례는 거의 없다.

비록 소규모이지만 유사한 사례로는 브라운가트와 맥도너(Braungart and McDonough, 2008)가 생물학적 시스템에서 영감을 받은 설계 접근방식으로, '요람에서 요람까지(C2C: Cradle to Cradle)'의 개념을 제안했다. C2C의 핵심 원칙은 '폐기물=식품'이며, 어떤 제품으로 말미암아 발생하는 '폐기물'이 다른 제품 또는 서비스의 '투입물'(또는 '식품')로 사용될 수 있도록 제품을 설계해야 함을 의미한다.

'Cradle to Cradle®' 인증은 공급망 전체에서 사용 및 생산되는 모든 성분이 유기적으로 분해될 수 있는 생물학적 재료이거나, 환경에 부정적인 영향을 미치지 않는 무독성 물질이 공업용 재료여야 한다는 것을 요구한다. 공업용 재료는 품질이나 무결성을 잃지 않고 폐쇄형 루프 사이클에서 사용될 수 있다. [그림 11-3]은 C2C 인증의 개념을 요약한 것이다. 이러한 접근방식을 수용한 네덜란드 카펫 제조업체인 데소(DESSO)의 사례는 MINI-CASE에 소개되어 있다.

그림 11-3 Cradle to Cradle® 인증 개략도

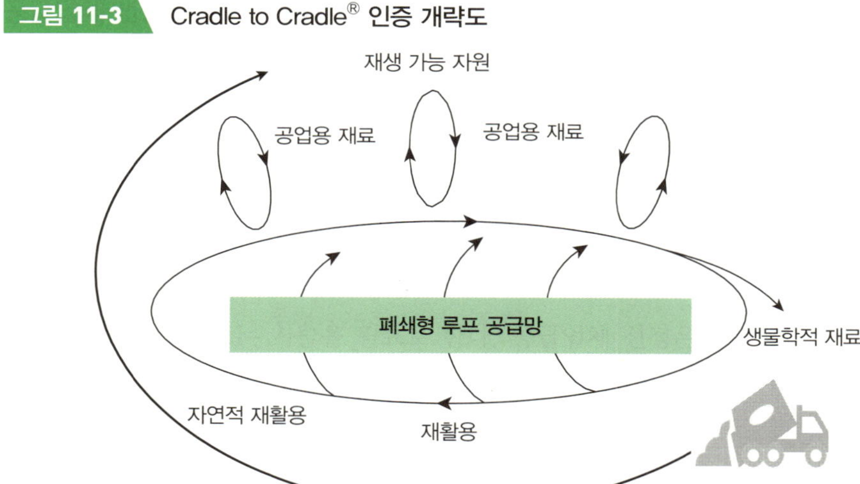

공급망 거버넌스

지속가능성은 공동 환경 목표 설정, 공유 환경 계획, 자원의 활용과 오염 또는 기타 환경 영향을 줄이는 협력의 측면에서 협동하는 공급망 구성원을 포함한다.

지속가능한 조달의 실현을 위한 중요 결정이란 조직이 지속가능성 문제를 해결하기 위해 공급업체와 협력하는 방법에 대한 결정이다. 두 가지 주요 옵션이

적용 가능하다(Winstanley et al., 2002).

- 참여(Engagement): 여기에는 공급업체에 대해 행동강령과 같은 표준과 준수 절차를 설정하고, 협력을 통해 표준을 개선하기 위한 장기적인 목표를 설정하는 것이 포함된다.
- 단절(Disengagement): 여기에는 감사와 같은 표준 준수를 평가하는 수단과 함께, 공급업체에 대한 명확한 표준을 설정하는 것도 포함된다. 표준을 충족하지 못할 경우 공급업체와 단절로 이어질 수 있다.

MINI-CASE | 데소(DESSO)의 Cradle to Cradle® 인증

데소(DESSO)는 네덜란드에 본사를 둔 카펫 타일의 세계적인 제조업체이다. 2007년 5월, 데소의 경영진은 'Cradle to Cradle®' 인증의 접근방식을 수용하고, 지속가능성 개념을 중심으로 회사를 다시 시작하기로 결정했다. Cradle to Cradle® 인증을 달성하기 위해 데소는 5가지 업무 흐름을 정의했다. ① 원료물질의 안정성, ② 물질의 재활용성, ③ 재생 에너지, ④ 수자원관리, ⑤ 기업의 사회적 책임이다.

2020년까지 그들은 유해한 모든 독소를 제거하고(특정 화학 성분이 제규정 범위 내 허용 성분임에도 Cradle to Cradle® 인증을 충족할 만큼 무해하지 않기 때문), 재생 에너지를 사용하며, 미가공 자원을 계속 사용할 필요가 없도록 회수 후 새로운 제품을 만드는 데 재사용될 수 있는 제품을 생산하기로 약속했다.

Cradle to Cradle® 인증 시스템의 구현에는 내 · 외부적으로 데소에 대한 상당한 노력이 수반되었다. 모든 원자재가 엄격한 과학적 분석 및 품질 테스트를 통과해야 했기 때문에 핵심 과제는 공급업체를 참여시키는 것이었다. 이를 위해 제품 및 프로세스에 대한 중대한 재설계 및 재개념화가 수반되었다.

공급업체로부터 적절한 수준의 참여와 지원을 받는 것은 비용과 시간이 많이 소모되는 일이었다. Cradle to Cradle® 인증에는 제품 및 프로세스에 대한 많은 정보가 필요하며, 궁극적으로 제품 제조방식의 변경을 필요로 한다. 이는 공급업체가 느끼기에 터무니없는 요청이어서 모든 공급업체가 참여하기를 원하는 것은 아니었다. 일부 공급업체는 필요한 정보나 기술적 전문 지식을 갖추지 못하고 있었다.

프로그램을 시작하기 위해 데소의 대표자들은 공급업체들을 만나 Cradle to Cradle® 인증에 대한 데소의 책무를 전달했다. 그 범위와 프로젝트 계획을 공급업체들에 설명하고 공급업체들의 의견을 반영했다. 경쟁이 치열한 시장에서, 주요 공급업체가 이탈하는 것은 위험할 수 있으며, 심지어는 기업에 치명적일 수도 있다. 데소는 공급업체들에 대한 너무 무리한 압박으로 인해 해당 공급업체들이 요구사항이 적은 다른 거래처로 옮기는 것을 우려했다.

바스프(BASF) 및 다우케미컬(Dow Chemical)과 같은 대형 공급업체와 협력하면 많은 이점도 있었지만 어려움도 존재했다. 이러한 기업들은 제품 사양의 세부사항을 공유하는 데 익숙하지 않으며, 지적재산권에 대해서도 매우 민감하게 반응한다. 이 문제를 해결하기 위해 데소와 일부 주요 공급업체는 새로운 조치를 취했다. 그들은 제3의 연구기관(EPEA International, 독일 환경보호 장려기관)에 정보를 제공하는 데 동의했으며, 이 기관은 필요한 테스트를 수행하고 데소에 대해 자료의 적합성을 확인해주었다.

데소는 또한 다양한 방식으로 공급업체를 지원했다. '있는 그대로'의 상황을 매핑하기 위해 데소는 문서 절차 및 형식을 공급업체에 제공했다. 공급업체에 대한 지원은 시스템과 방법뿐만 아니라, 제품 및 프로세스의 기술적 특성에 대해서도 이루어졌다. 예를 들면, 데소는 공급업체가 카펫 타일의 역청(bitumen)을 대체할 수 있는 재료를 개발하도록 지원했다.

또한 데소는 필요한 각 원자재에 대한 다중 공급업체 전략을 개발하여, 여러 Cradle to Cradle® 인증 공급업체를 확보하고, 결과적으로는 전체 산업을 보다 지속가능하게 만들 수 있었다.

출처: Saghiri et al.(2013); DESSO(2017)

이러한 접근방식은 상호 배타적이지 않으며, 조직은 일부 공급업체와는 협력하고 다른 공급업체와는 협력하지 않기로 결정하는 일종의 포트폴리오 전략을 취할 수 있다. 각 제품 카테고리는 서로 다른 지속가능성 과제에 직면할 가능성이 높으며, 개별 카테고리에 대한 특정 전략을 개발해야 할 수도 있다.

기업이 어떤 참여 접근방식을 따르기로 결정했는지에 관계없이 공급망을 올바른 방향으로 이끌 수 있는 특정한 거버넌스 메커니즘이 필요하다. 이러한 메커니즘에는 계약과 표준, 행동강령이 포함되며, 간략한 설명은 다음과 같다.

1. 지속가능성을 위한 계약

계약은 가장 일반적인 공급망 거버넌스 메커니즘이다. 조직의 지속가능성 가치와 전략을 반영하는 환경 및 사회 관련 조항을 계약에 포함하는 것은 허용되며 보편화되는 추세이다. 공공기관의 경우에는 EU 조달 규정에 의해 지속가능성과 관련된 특별 조항을 두는 것이 허용되는데, 성과와 관련된 조항은 계약이 체결된 후에도 허용되며, 공급업체 선정과 관련된 조항은 허용되지 않는다.

조항에는 지속가능성을 위한 계획 및 지표 개발과 같은 일반적인 사항뿐만 아니라 재활용, 재사용 용기, 폐기물(포장 포함), 운송, 유해 물질 취급과 같은 특정 문제에 대한 조항이 포함될 수 있다. 계약은 또한 표준 및 행동강령과 같은 다른 거버넌스 메커니즘을 참조할 수 있다.

2. 표준

지속가능성 표준 및 인증은 조직이 이 분야에서의 자신들의 성과를 공개하기 위해 자발적으로 채택하는 사회적, 윤리적, 환경적 이슈와 관련된 일련의 규범과 원칙이다. 이러한 표준들은 국제표준화기구(ISO: International Organization for Standardization)와 같은 국제기구, 미국표준협회(ANSI: American National Standards Institute), 독일표준협회(DIN: Deutsches Institut für Normung), 영국표준협회(BSI: British Standards Institution)와 같은 국가기관 그리고 공정무역(Fairtrade), 열대우림동맹(Rainforest Alliance), 국제사회책임기구(SAI: Social Accountability International) 및 국제산림관리협의회(FSC: Forest Stewardship Council)와 같은 비정부기구들에 의해 정해진다.

수백 가지의 지속가능성 표준이 존재하지만, 본서는 모든 표준에 대한 포괄적인 목록 작성을 그 목적으로 하지는 않는다. 그러나 다양한 표준의 폭과 범위에 대한 이해를 돕고자 [표 11-2]에서 가장 일반적으로 사용되는 지속가능성 표준 목록을 제시했다.

표 11-2 지속가능성 공통 표준

표준	발행기관	설명	주안점
ISO 14000 계열	ISO	조직이 환경 문제를 관리할 수 있도록 지원하기 위한 인증 표준 군. 여기에는 환경경영체제(EMS: Environment Management System)의 체계인 ISO 14001이 포함	En
ISO 26000	ISO	사회적 책임에 대한 포괄적인 표준. 필수사항(requirement)이 아닌 가이드라인을 제공하기 때문에 인증을 받을 수 없음	Ec, En, S
ISO 20400: 2017	ISO	ISO 26000에 설명된 바와 같이, 조달 내에 있는 지속가능성을 통합하는 조직에 가이드라인을 제공함	En, S
PAS 2050	BSI	제품 및 서비스의 생명주기상에서 배출되는 온실가스의 양을 평가하기 위한 세부항목	En
SA8000	SAI	감사가 가능한 인증 표준으로서, 사회적으로 허용되는 업무 관행을 현장에서 개발, 유지, 적용할 수 있도록 조직이 권장함	S
공정무역 (Fairtrade)	공정무역	감사가 가능한 인증. 원래는 농업 종사자를 위한 최저 가격과 공정무역 프리미엄(social premium)을 보장하는 데 초점을 맞추던 것에 최근 환경적 목표를 추가함	Ec, En, S
열대우림동맹 (Rainforest Alliance)	열대우림동맹	보존, 지속가능한 생계, 토지 사용 관행, 비즈니스 관행 분야를 대상으로 하는 인증 및 검증 표준 군	En, S
국제산림관리협의회(FSC)	국제산림관리협의회	임산물의 인증 및 표시(labelling)를 포함하는 원칙과 표준 모음	S

주: En=환경, S=사회, Ec=경제

3. 행동강령

기업은 공급업체의 지속가능성 성과를 판단하기 위한 지침으로 사용할 수 있는 행동강령을 개발하거나 채택해야 한다. 유용한 몇 가지 강령에는 산업강령(예 ETI 기본 코드), 전문가강령(예 CIPS 행동강령(MINI-CASE 참조), ISM 원칙 및 윤리 공급관리 행동표준), 기업강령(예 도요타 강령, 공급업체에 대한 월마트의 표준)(Crane and Matten, 2004)이 있다. 또한 조직은 강령 준수에 대한 평가 방법을 정해야 하며, 여기에는 제3자에 의한 감사와 평가뿐 아니라 직접적 참여와 협업의 병행 활용 또한 포함될 수 있다.

MINI-CASE | CIPS 행동강령

다음 사항을 지킴으로써 직업적 위상을 높이고 보호한다.

- 직업적으로든 개인적으로든, 관련 직업 또는 공인구매조달전문가협회(CIPS: Chartered Institute of Procurement and Supply)의 평판을 떨어뜨리는 행위에 절대 개입하지 않는다.
- 뇌물 또는 선물을 받지 않는다(내 고용주가 승인하고, 신고를 마친, 액수가 적은 선물은 허용).
- 접대를 제안하는 것 또는 기득권이 있는 사람이 내 비즈니스 결정에 영향을 미치거나 영향을 미치는 것으로 인식되는 것은 허용되지 않는다.
- 직장생활 밖에서의 나의 처신이 본인이 전문가로 인식되는 제반 과정에 영향을 미칠 수 있음을 인식한다.

다음 사항을 지킴으로써 모든 비즈니스 관계에서 최고 수준의 청렴성을 유지한다.

- 합리적으로 볼 때 부적절하다고 생각되는 모든 비즈니스 관행을 거절한다.
- 재정적 이익을 위해 내 권한이나 지위를 사용하지 않는다.
- 나의 직속 상사에게 공정한 의사결정에 영향을 줄 수 있거나, 다른 사람들에게 영향을 미치는 것으로 보일 수 있는 내 개인적인 이해관계를 신고한다.
- 업무과정에서 내가 제공하는 정보가 정확하고 오해의 소지가 없는지 확인한다.
- 내 직업적 역할에 따라 제공받는 정보의 비밀을 절대 누설하지 않는다.
- 진실하고, 공정하며, 투명한 경쟁을 위해 노력한다.
- 내가 갖고 있는 기술, 경험, 자격에 대해 정직해야 한다.

다음을 통해 비윤리적인 비즈니스 관행 근절을 도모한다.

- 모든 비즈니스 관계에서 인권, 사기 및 부패 문제에 대한 인식을 제고한다.
- 비윤리적 관행이 드러날 수 있는 모든 비즈니스 관계를 책임감 있게 관리하며, 이를 보고하고 해결하기 위한 적절한 조치를 취한다.
- 강제 노동(현대판 노예제) 및 기타 인권침해, 사기 및 부패와 관련하여 적절한 공급업체

관계에 대한 실사를 수행한다.
- 강제 노동(현대판 노예제), 인권, 사기 및 부패 문제에 대해 계속해서 관련 지식을 쌓고, 이를 직장생활에 적용한다.

다음을 통해 직업의 숙련도와 위상을 향상시킨다.
- 개인 및 소속기관의 능력을 향상시키기 위해 계속해서 관련 지식을 쌓고 이를 적용한다.
- 내가 책임져야 하는 사람들 사이에서 가장 높은 수준의 직업능력을 키운다.
- 소속기관의 이익을 위해서, 내가 관할하는 자원에 대해서는 사명감을 갖고 그 사용을 최적화한다.

다음을 통해 법률 및 규정을 철저히 준수한다.
- 내가 업무를 수행하고 있는 국가의 법을 준수하고, 해당 국가에 관련 법이 존재하지 않는다면 이 행동강령에 내재하는 표준을 적용한다.
- 합의한 계약 의무사항을 이행한다.
- 전문 실무에 대한 CIPS 지침을 따른다.

출처: Chartered Institute of Procurement and Supply(CIPS)의 허가에 따른 사용(2017)

지속가능한 조달을 위한 매핑 및 측정 도구

지속가능성에 대한 영향을 분석, 이해, 측정하는 데 유용한 도구는 성과를 개선하는 데 필수적이다. 경제적 성과 측정은 항상 경영활동의 핵심이 되며, 7장에서 성과 측정 목적으로 사용되는 총소유비용(TCO) 및 카이젠 원가계산(kaizen costing)과 같은 여러 가지 도구들에 대해 알아보았다. 이 장에서는 환경 및 사회적 측면을 측정 · 관리하는 데 사용할 수 있는 몇 가지 주요 도구에 대해 집중적으로 논의할 것이다.

탄소발자국

탄소발자국이란 조직, 사건, 제품, 사람에 의해 발생하는 총온실가스 배출량(GHG: Greenhouse Gas Emissions)을 매핑하고 측정하는 것을 포함한다

(Wright et al., 2011). 탄소발자국은 모든 출처, 흡수원(대기 중 온실가스를 흡수하여 지구온난화 현상을 줄이는 활동이나 체계), 저장을 고려하기 때문에 제품의 탄소발자국을 측정하려면 전체 공급망에서 데이터를 수집해야 한다. 이를 위해서는 공급업체 및 고객과의 긴밀한 협력이 필요하다.

탄소발자국이 파악되면 이를 줄이거나 보완하기 위한 전략을 수립하는 것이 가능하다. 탄소발자국과 탄소 라벨(carbon labels)은 이해관계자에게 제품이나 서비스의 환경적 성과를 보여주기 위해 사용된다. 영국에서 탄소 라벨을 획득한 최초의 브랜드는 2007년 워커스 크리스프스(Walkers Crisps)였으며, 총탄소발자국을 7% 줄인 후 2009년 탄소 라벨을 유지한 첫 번째 기업이 되었다(MINI-CASE 참조).

생명주기평가

생명주기평가는 공급망의 모든 단계와 관련된 모든 환경 영향을 평가하기 위한 도구이다. 생명주기평가는 공급망 전반에 걸쳐 모든 투입 및 산출의 목록을 수집하고, 그것들이 갖는 잠재적인 환경 영향을 평가하기 때문에 탄소발자국에 비해 훨씬 광범위한 초점을 갖고 있는데, 그 대상에는 이를테면, 인체 독성, 오존층 파괴, 수질 산성화, 재생 불가능 에너지 소비, 광물 추출 등이 있다.

분명히 생명주기평가는 제품이 갖는 모든 환경 영향에 대한 포괄적인 평가를 제공하기 때문에 탄소발자국보다 더 정교한 도구이다. 그러나 장단점은 있다. 생명주기평가는 신뢰할 수 있는 결과를 생성하기 위해 훨씬 더 많은 데이터, 시간, 전문 지식을 필요로 한다. 이는 그 평가의 비용이 더 크다는 것을 의미한다. 즉, 기업은 정확성과 충분한 이해를 얻기 위해 시간과 돈을 투자해야 한다.

물발자국(Hoekstra et al., 2011) 및 생태발자국(Ewing et al., 2010)과 같이 제품과 서비스의 환경 영향을 측정하는 다른 도구가 있으며, 이러한 도구는 일부 조직과 연관이 있을 수 있다. 그러나 탄소발자국과 생명주기평가가 가장 일반적으로 적용된다.

MINI-CASE | 탄소발자국 및 워커스 크리스프스(Walkers Crisps)

2007년 4월, 워커스 크리스프스(Walkers Crisps)는 치즈와 양파 칩 제품 생산과정에서 몇 그램의 CO_2e(이산화탄소등가물, 총탄소발자국을 측정하는 표준지표)가 배출되었는지를 나타내는 탄소 라벨을 붙이기 시작했다.

카본 트러스트(Carbon Trust)와 공동으로 수행한 연구에 따르면, 37.5g의 칩 한 봉지를 생산할 때 75g의 CO_2e가 배출되는 것을 확인할 수 있었다. 배출 결과값에는 농사, 생산, 포장, 유통, 폐기 및 소매에 이르기까지 공급망의 모든 단계를 포함하지만, 해당 연구에서는 소매 및 소비 단계가 제외되었다. [그림 11-4]는 공급망 전반에서의 배출량 분포를 보여준다.

이 연구는 워커스 크리스프스의 경영진으로 하여금 탄소 배출이 주로 원자재와 생산 단계에서 이루어지며, 에너지의 소비가 탄소 배출의 핵심 요인이라는 것을 인지하게 했다. 즉, 에너지원이 제품에 있어서 중요한 결정적 요인임을 의미한다.

그림 11-4 워커스 크리스프스 제품 한 봉지의 탄소발자국

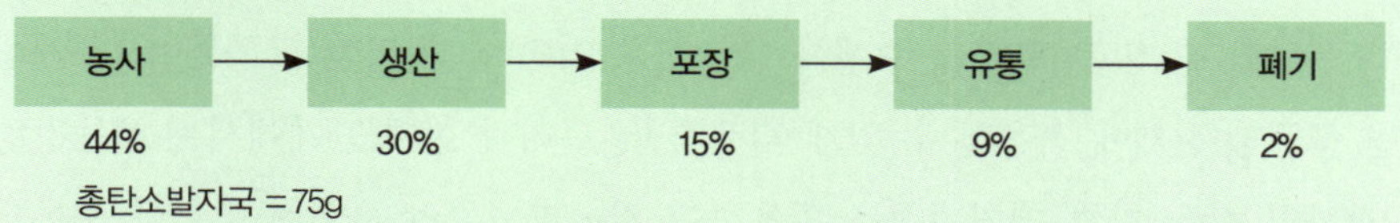

해당 연구를 통해 뜻밖의 기회도 포착할 수 있었다. 워커스 크리스프스는 총중량을 기준으로 감자를 매입했기에, 농부들이 감자의 수분 함량을 높이기 위해 습한 저장고에 감자를 보관함을 확인했다. 그 결과, 워커스 크리스프스는 여분의 수분 제거를 위해 감자를 더 오랫동안 튀겨야 했다. 두 프로세스는 모두 불필요한 에너지 소비를 유발하기에, 총중량 기준에서 건조중량 기준으로 구매 기준을 변경하기만 하면, 워커스 크리스프스는 튀김시간은 10% 줄이고, 동시에 감자를 습하게 보관하려는 유인(원인)도 제거할 수 있었다. 이 측정은 관련 비용과 탄소 배출량뿐만 아니라 에너지절약에도 도움이 되었다.

탄소발자국을 측정함으로써 워커스 크리스프스는 전체 탄소발자국을 7% 줄일 수 있었다. 여기에는 생산 단계의 가스 소비량 41% 감소, 생산 단계의 전력 소비량 37% 감소, 골판지 상자 무게 10.5% 감소, 운송 관련 배출량 5% 감소, 포장 관련 배출량 4.5% 감소가 포함된다.

출처: BBC(2007); Economist(2011); Carbon Trust (www.carbontrust.com)

트리플 바텀라인(TBL: Triple Bottom Line; 기업 이익, 환경 지속성, 사회적 책임이라는 세 가지 기준으로 기업 실적을 측정하는 비즈니스 원칙)의 사회적 측

면을 측정하는 것은 경제적 및 환경적 측면을 측정하는 것보다 훨씬 더 복잡하다. 그러나 정확한 측정 수단이 없다는 이유로 이런 이슈에 대한 관리를 회피하는 것은 정당화될 수 없다.

사회적 영향을 측정하기 위한 도구 개발의 시도는 일부 존재해왔다. 예를 들어, 유엔환경계획(UNEP, 2009)은 근로자, 소비자, 지역사회, 공급망 내 기타 행위자와 같은 다양한 이해관계자의 안녕(well-being)을 보살피는 S-생명주기평가(S-LCA: Social Life Cycle Assessment)라는 도구를 개발했다. S-생명주기평가는 인권, 근로 여건, 건강 및 안전, 문화유산, 거버넌스 및 사회경제적 파급효과 등 여러 가지 영향을 주는 카테고리를 평가한다.

조달 결정의 사회적 영향을 평가하는 데 도움이 되는 정량화 가능지표들이 있긴 하지만, 측정의 정확성이 부족하고 데이터 수집 메커니즘이 제대로 마련되지 않아 신뢰할 수 있는 평가를 수행하기가 매우 어렵다. 이러한 도구들이 더 개선되면 공급망 전체에 적용할 수 있게 되겠지만, 그러나 현재 단계에서는 행동강령 및 감사와 같은 다른 메커니즘을 활용하여 지속가능성의 사회적 측면이 충족되도록 하는 것이 더 효과적일 수 있다.

요약 및 결론

지속가능성 과제는 '해결을 요하는 위험' 또는 '경쟁우위를 확보할 수 있는 기회'로 여겨질 수 있다. 대부분 조직의 경우 둘 다 해당되는데, 일부 과제들은 단순한 해결전략만 필요할 수 있지만, 조직의 가치와 핵심 역량, 전략에 부합하는 다른 과제들은 경쟁우위를 확보하는 기회로 활용해야 한다.

지속가능성 과제 해결에 대한 압박은 여전히 존재하며, 조달 전문가들은 이에 대비해야 한다. 우리는 조달 전문가들의 결정이 지속가능성에 미치는 영향을 이해해야 하고 성과를 개선하기 위해 무엇을 해야 하는지 알고 있어야 한다. 다양한 계층의 공급업체에 대해 조달이 미치는 영향을 감안할 때, 이는 모든 조달 전문가가 주도하여 소속기관과 전체 공급망뿐만 아니라 사회 전반에 긍정적인 기여를 할 수 있는 좋은 기회이다.

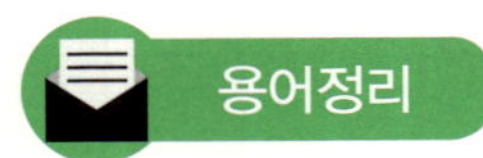

용어정리

- Brundtland Commission of the United Nations(브룬트란트 위원회) 각국 정부가 지속가능한 개발을 실행하도록 힘을 모으기 위해 구성된 위원회
- carbon labels(탄소 라벨) 여러 재료와 제품의 생산 · 유통 · 소비 · 폐기과정에 얽힌 지구온난화 정보를 계량화해 라벨(label)로 내보이는 체계
- Carbon Trust(카본 트러스트) 영국 정부가 2001년 설립한 친환경 제품 인증 비영리기관으로 제품의 제조 이전 단계부터 생산까지 발생하는 탄소와 물 사용량이 환경에 미치는 영향을 측정해 '탄소발자국'과 '물발자국' 인증을 수여
- ecological footprint(생태발자국) 사람이 사는 동안 자연에 남긴 영향을 토지의 면적으로 환산한 수치
- ELV(End of Life Vehicle, 폐자동차 처리지침) 자동차 제품의 수명 종료를 다루는 유럽연합 지침
- environmental footprint(환경발자국) 인간의 의식주에 필요한 자원을 생산하고 폐기하는 데 드는 비용을 토지 면적으로 환산하여 나타낸 지수
- ETI(Ethical Trading Initiative) 기본 코드 기업의 노동 관행에 대한 가이드라인으로 ILO의 근로기준에 근거하여 작성된 고용과 노동조건에 관한 글로벌 기준을 바탕으로 하여, 기업, 노동조합, NGOs 등이 공동으로 만들어낸 일종의 파트너십
- industrial ecology(산업생태학): 자원을 활용해 제품을 생산하는 산업활동을 마치 자연생태계의 형태처럼 유기적으로 이뤄질 수 있도록 하기 위한 개념
- multiplier effect(승수효과) 경제현상에서 어떤 경제요인의 변화가 다른 경제요인의 변화를 가져와 파급효과를 낳고 최종적으로는 처음의 몇 배 증가 또는 감소로 나타나는 총효과를 의미
- NGO(Non-Governmental Organization, 비정부기구) 정부기관이나 정부와 관련된 단체가 아니라 순수한 민간조직을 총칭하는 말
- Rainforest Alliance(열대우림동맹) 생물의 다양성 보존, 환경보호, 노동자의 권리를 보호하고자 설립된 국제비영리기구

- UNEP(United Nations Environment Programme, 유엔환경계획) 환경 분야에 있어서 국제협력을 촉진하기 위해 국제연합총회 산하에 설치된 환경 관련 종합조정기관
- WEEE(Waste of Electrical and Electronic Equipment, 전기전자제품 폐기물 처리지침) 폐가전제품의 의무재활용에 관한 규제로 EU에서 이 규제를 제정해 2005년 8월부터 시행을 시작했으며, WEEE II는 2012년 8월부터 시행

참 • 고 • 문 • 헌

Adenso-Diaz, B and Mena, C (2013) Food industry waste management, *Sustainable Food Processing*, pp 435-62

Alvarez, G, Pilbeam, C and Wilding, R (2010) Nestle Nespresso AAA sustainable quality program: an investigation into the governance dynamics in a multistakeholder supply chain network, *Supply Chain Management: An International Journal*, 15, pp 165-82

Bansal, P and Roth, K (2000) Why companies go green: a model of ecological responsiveness, *Academy of Management Journal*, 43 (4), pp 717-36

BBC (2007) What's the carbon footprint of a potato? Available at: http://news.bbc.co.uk/1/hi/ magazine/7002450.stm

Berns, M et al (2009) The business of sustainability, *MIT Sloan Management Review*, 51 (1), pp 20-26

Bonini, S and Bové, A-T (2014) *Sustainability's strategic worth: McKinsey Global Survey results*. Available at: www.mckinsey.com/business-functions/sustainability-and-resource-productivity/our-insights/sustainabilitys-strategicworth-mckinsey-global-survey-results [accessed 18 December 2017]

Braungart, M and McDonough, W (2008) *Cradle to Cradle: Re-making the way to make things*, Jonathan Cape, London

Carter, C and Dresner, M (2001) Purchasing's role in environmental management: cross-functional development of grounded theory, *Journal of Supply Chain Management*, 37 (3), pp 12-27

CIPS (2017) *Code of Conduct*, Chartered Institute of Procurement and Supply. Available at: www.cips.org/en/aboutcips/cips-code-of-conduct/ [accessed 7 November 2017]

Crane, A and Ali Kazmi, B (2010) Business and children: mapping impacts, managing responsibilities, *Journal of Business Ethics*, 91, pp 567-86

Crane, A and Matten, D (2004) *Business Ethics: A European perspective*, Oxford University Press, Oxford

Danloup, N, Mirzabeiki, V, Allaoui, H, Goncalves, G, Julien, D and Mena, C (2015) Reducing transportation greenhouse gas emissions with collaborative distribution: a case study, *Management Research Review*, 38 (10), pp 1049–67

DESSO (2017) *Cradle to Cradle®*. Available at: www.desso.com/c2c-corporateresponsibility/cradle-to-cradle/ [accessed 7 November 2017]

Economist (2011) Following the footprints, *Economist*, 2 June, Available at: www economist.com/node/18750670 [accessed 21 August 2013]

Esty, D and Winston, A (2006) *Green to Gold: How smart companies use environmental strategy to innovate*, create value, and build a competitive advantage, Yale University Press, New Haven and London

Ewing, B et al (2010) *Calculation Methodology for the National Footprint Accounts*, 2010 Edn, Global Footprint Network, Oakland, CA

Frosch, R A and Gallopoulos, N E (1989) Strategies for manufacturing, *Scientific American*, 261 (3), pp 144–52

Ganesan, S et al (2009) Supply management and retailer performance, emerging trends, issues, and implications for research and practice, *Journal of Retailing*, 85 (10), pp 84–94

Giunipero, L C, Hooker, R E and Denslow, D (2012) Purchasing and supply management sustainability: drivers and barriers, *Journal of Purchasing and Supply Management*, 18, pp 258–69

Hoejmose, S U and Adrien-Kirby, A J (2012) Socially and environmentally responsible procurement: a literature review and future research agenda of a managerial issue in the 21st century, *Journal of Purchasing and Supply Management*, 18, pp 232–42

Hoekstra, A Y et al (2011) *The Water Footprint Assessment Manual: Setting the global standard*, Earthscan, London

Kalundborg Symbiosis (2017) *A Circular Ecosystem of Economy*. Available at:www.symbiosis.dk/en/ [accessed 7 November 2017]

Lamming, R and Hampson, J (1996) The environment as a supply chain management issue, *British Journal of Management*, 7, pp S45–S62

M&S (2017) *Overview and 10 Years of Plan A*, Marks & Spencer. Available at: http://planareport.marksandspencer.com/#downloads [accessed 7 November 2017]

Mena, C et al (2014) Causes of waste across multi-tier supply networks: cases in the UK food sector, *International Journal of Production Economics*, 152, pp 144-58

Mollenkopf, D et al (2010) Green, lean, and global supply chains, *International Journal of Physical Distribution and Logistics Management*, 14 (1/2), pp 14-41

Nespresso (2012) *Nespresso AAA Sustainable Quality™ Program: A triple-win collaboration between Nespresso and the Rainforest Alliance*. Available at: www.nestle-nespresso.com/newsandfeatures/nespresso-aaa-sustainable-qualitytm-program-a-triple-win-collaboration-between-nespresso-and-the-rainforestalliance [accessed 22 August 17]

Porter, M E and van der Linde, C (1995) Green and competitive: ending the stalemate, *Harvard Business Review*, 73, pp 120-34

Roberts, J (1996) Green consumers in the 1990s: profile and implications for advertising, *Journal of Business Research*, 36, pp 217-31

Saghiri, S, Mena, C and Bernon, M (2013) *Supply Management in Cradle to Cradle® Programmes: DESSO approach*, Case Study, Centre for Strategic Procurement and Supply Management, Cranfield School of Management, UK

Starik, M and Marcus, A (2000) Introduction to the special research forum on the management of organizations in the natural environment: a field emerging from multiple paths, with many challenges ahead, *Academy of Management Journal*, 43 (4), pp 539-47

UN (1987) *Brundtland Commission-Our Common Future*, Report of the World Commission on Environment and Development

UN (2000) UN Global Compact. Available at: www.unglobalcompact.org/aboutthegc/thetenprinciples/ [accessed 13 August 2013]

UNEP (2009) *Guidelines for Social Life Cycle Assessment of Products*, United Nations Environment Programme, ISBN: 978-92-807-3021-0

Vachon, S and Klassen, R D (2008) Environmental management and manufacturing performance: the role of collaboration in the supply chain, *International Journal of Production Economics*, 111, pp 199–315

Walmart (2017) *Responsible Sourcing*. Available at: https://corporate.walmart.com/ responsible-sourcing [accessed 7 November 2017]

Winstanley, D, Clark, J and Leeson, H (2002) Approaches to child labor in the supply chain, *Business Ethics: A European Review*, 11 (3), pp 210–23

Wright, L, Kemp, S and Williams, I (2011) 'Carbon footprinting': towards a universally accepted definition, *Carbon Management*, 2 (1), pp 61–72

Chapter

12 조달의 미래: 조달 부분의 발전을 위한 어려움과 나아갈 길

렘코 반 훅 박사 (DR REMKO VAN HOEK)

조달의 미래는 밝다. 30년간 조달과 관련된 산업 분야의 발전으로 조달 전문가들은 미래를 위해 나아갈 방향을 모색해야 하는 기로에 서있다. 12장에서는 조달의 나아갈 방향과 기업의 조달 혁신 사례 및 조달 예산 수립과 관련된 최신 이슈를 설명할 것이다. 또한 12장에서는 기업의 조달 업무 수행에 나타나는 문제점과 어려움을 설명할 것이고, 이를 극복하기 위한 조달 부분의 발전과 혁신 방향을 제시할 것이다.

본서의 12장 끝부분까지 학습한다면, 미래 조달 발전 방향에 대해 명확하게 이해를 하게 될 것이다. 조달의 미래는 매우 역동적일 것이며, 현장의 조달 분야 리더들은 조달 부분에서 나타나는 여러 가지 한계를 뛰어넘을 것이고, 조달은 지속적으로 발전할 것이다. 우리는 당신이 본서의 학습을 통해 짧은 기간에 조달에 대해 흥미를 느끼길 바란다.

조달 성장 사다리

프로큐어먼트 리더 네트워크(Procurement Leaders Network)는 다양한 국가의 여러 산업군에 근무하는 약 200명의 조달 전문가를 대상으로 설문조사를 통해 흥미로운 결과를 발표했다. 이 설문조사에서 응답자(조달 전문가)들은 앞으로 몇 년 동안 어느 조달 분야에서 더 시간과 노력을 줄이고 싶은지, 어느 조달 분야에서 보다 많은 시간과 노력을 할애하기를 희망하는지에 대해 응답을 하였다. [그림 12-1]은 조달 성장 사다리를 보여준다.

[그림 12-1]은 조달의 핵심 부분, 시간, 자원 할당에 있어서 어느 부분이 미흡

그림 12-1 조달 성장 사다리

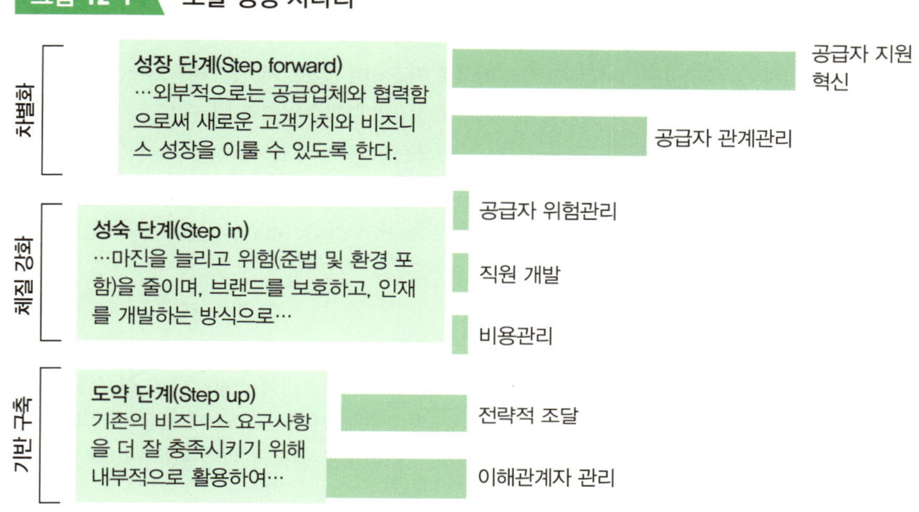

한지를 보여주며, 조달의 다양한 부분에서 개선 방향을 알려준다. 또한 이해관계자 관리와 전략적 조달이 기능을 발전시키고, 업무 폭을 확대하여 다양한 영역에서 기능을 개선하는 데 도움을 준다.

[그림 12-1] 중간에 있는 작은 막대그래프는 유지되어야 할 핵심 영역이다. 조달활동은 수익 개선, 공급 위험 감소, 인재 기반 개발에 중점을 두어야 한다. 오른쪽의 막대그래프는 중요한 영역이다. 이제 이해관계자가 참여하고 조달 프로세스가 활성화됨에 따라 조달은 초기 거래를 넘어 공급업체와 장기적으로 협업 관계로 발전하는 데 관심을 두어야 한다. 바라건대, 이해관계자는 비즈니스 성과를 창출하기 위해 조달을 추구해야 할 것이다. 공급업체와의 협업은 기존 지출을 위한 조달을 넘어 미래 경쟁력을 강화하기 위한 혁신을 제공해줄 것이다. 조달기능은 단순히 특정 사양을 설정하고 그에 대한 공급 제안을 요청하는 것이 아니라 공급업체와 협력하여 우리가 아직 해결하지 못한 문제에 대한 대안을 만드는 것이다.

MINI-CASE | 블룸버그(Bloomberg)의 위험관리

블룸버그(Bloomberg)는 실시간 재무 데이터를 제공하는 정보 서비스 제공업체이다. 기업들은 이 정보 서비스를 이용해 위험을 모니터링하고 있다. 블룸버그가 내부적으로 개발한 새로운 서비스는 위험 모니터링을 공급망으로 확장하는 것이다. 많은 회사가 그들의 주요 공급업체와 고객에 대해 공개적으로 위험을 파악함에 따라, 블룸버그의 애널리틱스 팀은 공급망 관계를 파악할 수 있게 되었다. 현재 회사의 위험평가는 해당 공급업체 및 관련 공급업체에 대한 위험 데이터로 파악할 수 있게 되었다.

통합 솔루션

공급업체 위험 대시보드(supplier risk dashboard)는 실시간 위험사항에 대한 경고를 해주고, 뉴스, 지리적 위험, 회사 소송, 세부 재무, 공급망 관계를 분석하여 제3자 공급업체의 위험을 완화하고 관리할 수 있는 통합 플랫폼을 제공한다. 다음은 공급망 위험관리 통합시스템에서 제공하는 기능이다.

- **공급망 관리기능:** 공급망 중앙기업과 그들의 공급업체, 동료 회사, 고객사의 관계 형성 및 수익 창출을 고려해 기업의 공급망에 대한 정교한 분석 및 평가를 수행한다.
- **소송 검토기능:** 회사의 소송 프로파일을 분석하여 회사와 관련된 사건의 양, 사건 유형 및 일정에 대한 관련된 뉴스, 법률 문서 및 통계 자료를 검토하고 제시한다.
- **재무 분석기능:** 예측 분석과 푸시 기술을 활용하여 기본 신용 위험, 레버리지비율, 재무제표, 신용등급과 같은 측정지표를 통해 공급업체 재무 생존 가능성을 평가한다.
- **뉴스 및 소셜미디어 기능:** 소셜미디어를 포함하여 전 세계 150,000개의 고유한 소스에서 뉴스 기사를 모니터링한다. 지정된 이름 또는 키워드는 감정 변화, 비정상적인 뉴스 흐름, 독자층 급증을 추적하고 경고하는 데 도움이 된다.
- **비즈니스 지도기능:** 운영, 제3자 공급업체, 자연재해, 지정학적 위험 간의 상호작용을 이해하기 위해 동적 지리적 분석을 수행한다. 제품과 서비스 범주가 제어할 수 없는 요소와 상호작용 방식을 시각적으로 이해하여 위기 상황에 대한 대응 시나리오를 개선한다.

조달관리의 문제점: 대부분 기업 스스로 유발

[그림 12-2]의 조달 성장 사다리는 각각의 그래프를 통해 조달과정에서 나타날 수 있는 문제점을 알려준다. 조달 프로세스에서 발생하는 문제는 대부분 기업

스스로 유발한 것이다. 그리고 이 조달 문제에 대한 해결책을 찾기 위해 기업 내부를 분석하는 것은 중요하다. [그림 12-2]를 살펴보면, 조달 부서에는 장벽이 존재하지만, 자체적인 노력으로 극복하고 해결할 수 있다. 이에 대한 해결책은 이해관계자 연계 및 변화관리에서 시작된다. 다음으로는 새로운 인재 양성 및 직원 역량을 개발하고 공급업체가 지원하는 조달 업무 혁신을 가능하게 하는 공급업체 관계 역량을 개발해야 한다. 다음 단원에서는 이러한 문제를 차례로 다룰 것이다.

그림 12-2 조달 성장 사다리: 조달과정에서 나타날 수 있는 문제점

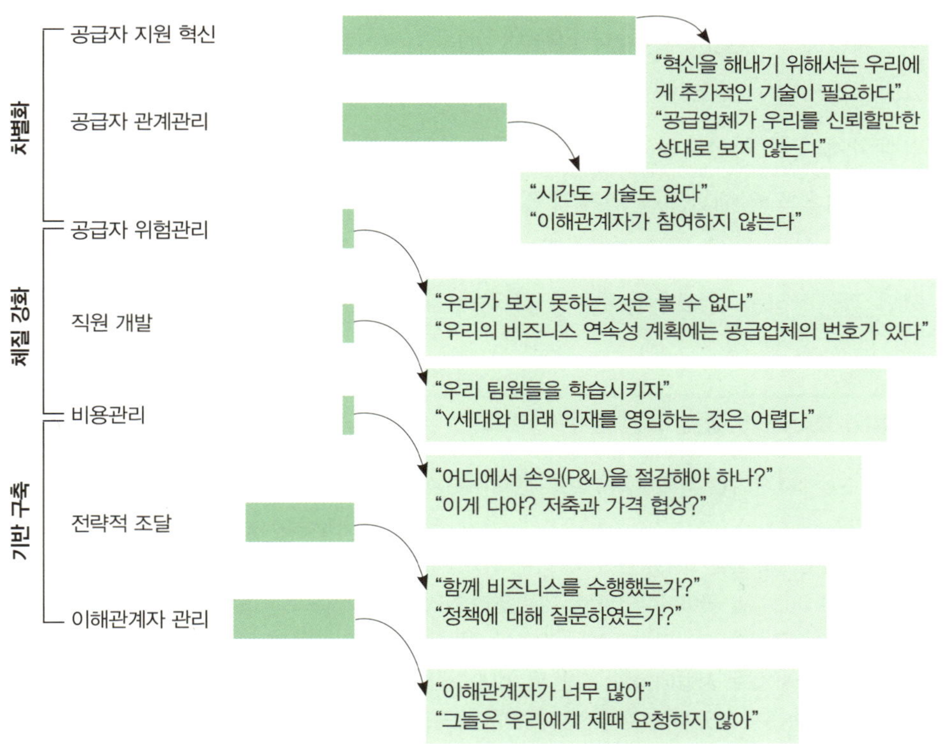

이해관계자 연계: 연계 없이는 아무 일도 할 수 없다

조달 업무는 대규모 외부 지출에 영향을 미치고, 대차대조표의 지출 관련 계정에 높은 비율로 직접적인 영향을 미치며, 지속적 공급으로 업무가 운영되도록 하는 데 중요한 역할을 한다. 조달 업무는 비즈니스에서 재무 성과와 운영 성과를 높인다. 이를 위해 기업들은 조달과 관련된 예산 수립, 운영 및 공급 요구사항을 파악해야 한다. 결과적으로 조달 업무는 이해관계자의 요구와 우선순위에 맞춰 업무를 진행하고, 단독으로 진행하는 것은 피하는 것이 중요하다.

2장에서는 회사 리더십과 비즈니스 리더십과의 연계에 대해 다양한 측면에서 논의하였다. 조달의 미래를 고려할 때, 이해관계자 연계는 조달 업무를 수행하는 구성원들에게 중요한 일이다. 다양한 업무 지원기능을 좋아하지 않는 이해관계자가 있고, 오히려 다른 업무 영역에 집중하려는 이해관계자가 있으며, 기존 운영방식에 대한 혁신적인 접근방식을 좋아하지 않는 이해관계자가 있다.

결과적으로 이해관계자 연계에 활용할 수 있는 다양한 기술이 있다. 이해관계자의 비즈니스 참여가 제대로 이루어지고, 협업 소싱이 이루어질 수 있도록 실질적인 접근방식을 취해야 한다.

MINI-CASE | 협업 소싱 실무 가이드

이해관계자 연계를 통해 지속적으로 신뢰하고, 수익을 제공할 수 있는 중요한 방법은 다음과 같다.

1. **공급업체에 납품 요구사항 문의:** 아무리 까다로운 이해관계자라도 여러분이 어떻게 도와줘야 하는지를 물어본다면 이에 대해 알려줄 것이다. 그러므로 이해관계자에게 질문하는 것은 중요하다. 그러면 그들은 여러분의 출발에 도움을 줄 것이다.
2. **약속하지 않은 사항에 대한 지원 및 기대 이상 배송 서비스 제공:** 다음으로 만약 여러분이 약속하지 않았지만, 현실적인 지원을 제공한다면, 그것은 보다 높은 평가를 받을 수 있게 될 것이다. 만약 당신이 고객이 동의한 기본적인 수준의 기대치보다 더 많은 것을 잘 수행할 수 있다면, 당신은 놀라울 정도로 좋은 기회를 얻을 수 있을 것이다.
3. **조기에 승리할 수 있는 소규모 배송 옵션 찾기:** 그리고 약간의 추가 서비스로 고객에게

놀라움을 제공하라. 모든 사람들은 깜짝 선물을 좋아하며, 만약 여러분이 일찍 업무 성과를 창출할 수 있다면, 여러분은 동료들의 편에 서서 힘찬 출발을 할 수 있다.

4. **일관된 배송 서비스 제공:** 그리고 진정으로 신뢰할 수 있는 비즈니스 파트너가 될 수 있는 위치에 서라.
5. **혁신적인 새로운 분야로 인도:** 물론, 여러분은 1단계에서 다러한 분야에 대한 공헌 가능성을 인식하지 못한 것에 실망했을 수도 있지만, 이제 여러분들은 경기(비즈니스)에 참여할 수 있는 면허를 획득한 것이다. 여러분들은 비즈니스에 수동적이 아닌 보다 능동적으로 접근하라.

공급업체 지원 혁신(SEI): 약자를 위한 것이 아니다

SRM은 공급업체 혁신을 위해 중요하다. 많은 기업들이 곧장 공급업체 지원 혁신(SEI: Supplier Enabled Innovation)으로 가려는 함정에 빠져 있다. 기업들은 공급업체들을 행사에 초대하고, 그들에게 비즈니스 혁신을 함께 하기를 요청한다. 이것은 매우 위험한 제안이다. 수십 년 동안 조달 팀이 소싱에 집중해왔고, 계약 단계 이후에 공급업체와의 관계를 지속적으로 고려하지 않았다면, 공급업체들은 이러한 혁신 노력을 불신할 것이다. 공급업체 지원 혁신에는 계약 이행 및 지속적인 개선과 마찬가지로 많은 공동 작업이 필요하지만, 조달은 전통적으로 이에 관여하지 않았다. 지금 우리에게 필요한 것은 무엇인가? 조달 팀은 먼저 SRM 기능을 혁신적으로 개선해야 할 것이다.

SRM을 시작하는 실용(현실)적인 방법은 다음과 같다.

① **자신의 팀에 할당되는 일이 많더라도 놀라지 말아라:** [그림 12-2]의 조달과정에서 나타날 수 있는 문제점은 SRM으로의 이동에 대해 우려하는 구매자들이 종종 말하는 몇 가지 내용이다. 그리고 이러한 SRM에 대한 우려의 일부는 옳다. 그러나 툴링(tooling), 플레이북(playbook), 신기술 및 현실적인 접근방식을 통해 SRM은 비즈니스 성공에 대한 조달의 기여도와 참여를 높일 수 있다.

② **너무 일찍 출발하지 말아라:** 당신은 뒤에서 단계를 밟아가며 SRM을 시작해야 할 것이다. 앞서 언급한 바와 같이 공급업체는 관계에서 조달의 역할을 인식하지 못할 수 있다. 그러므로 SRM은 새로운 프로세스 및 플레이북을 나타내므로 사전에 완료해야 할 과제가 있다. 이를 이행하지 않는다면 공급업체 관계가 오히려 나빠지기 쉽다.

③ **플레이북을 개발하라:** 이미 회사 주변에 SRM 관행 요소가 있을 수 있으며, 이러한 SRM 관행 요소를 수집하는 것은 좋은 시작이다. 구매자, 비즈니스 및 공급업체를 위한 플레이북을 개발하는 것은 훨씬 더 좋다. 그것은 우리가 정말로 제공할 준비가 되었는지 확인하는 데 도움이 된다. 예를 들어, 정보기술을 활용하면 간단한 공급업체 세분화체계를 개발하고, 대시보드를 통해 관련 사항을 확인하는 데 도움이 될 것이다.

④ **사업을 함께 수행할 공급업체를 찾아라:** 기업들은 공급업체를 그들의 사업 파트너로 간주할 가능성이 높다. 특히, 기업의 조달 부분에서 공급업체와 밀접한 관련성을 맺을 필요가 있다. 비즈니스를 함께하기 위해서는 지속적으로 프로세스를 개선하기 위한 제안이 포함될 수 있다. 기업들은 공급업체와 협력에 대한 구조화된 양방향 관계를 구축해야 한다.

⑤ **현실적으로 시작하고 결과에 따라 너무 앞서 나가지 말아라:** 기업들은 새로운 도구와 프로세스로 SRM을 진행해야 하며, 실질적으로 사업을 진행하는 것이 중요하다. SRM은 공급업체와 이해관계자 간 납품 불능의 위험을 줄이기 위한 매우 현명한 접근방식이다. SRM을 도입하고 사용 경험이 누적된다면, 보다 친밀한 관계 형성이 가능해질 것이다. 이는 비즈니스 성공을 가능하게 하는 좋은 방법이다.

⑥ **SRM 전담 팀을 확보하라:** 이것은 궁극적으로 새로운 표준이 될 것이다. 플레이북 개발, 새로운 프로세스 설계, 기술 업그레이드, SRM 파일럿은 모두 전담 팀에서 수행할 수 있다. 초기 SRM 프로그램 단계에서는 일부 자원으로부터 이익을 얻을 수 있지만, SRM 프로그램이 성숙 단계로 진행되면서

일부 도구가 완벽하게 업무를 지원할 것이고, 추후에는 모든 비즈니스 업무를 지원할 것이다. SRM은 비즈니스뿐만 아니라 이제 공급업체들에게 추가적인 가치를 제공하는 새로운 표준이 될 것이다.

P&G는 자사 제품에 들어가는 많은 부품에 대한 연구개발(R&D)이 자사 연구소 외부의 공급망에서 발생한다는 사실을 인지하였다. 그리고 최고경영진(C-suite) 지원을 통해 조달 관행을 개선하기 위한 프로세스 변경 작업에 착수했다.

① **공급업체에 대한 칭찬 및 감사하다는 대화는 관계를 바꾸는 좋은 출발점이다:** 사소한 것처럼 보일 수도 있지만, 공급업체에 감사하다는 말을 할 수 있는 기회를 만드는 것은 공급업체와의 대화를 바꾸기 시작하는 데 큰 도움이 될 수 있다. 이러한 노력은 공급업체의 헌신과 비즈니스 참여도를 높인다.

② **공급업체에게 고객으로서 어떻게 지내고 있는지 묻는 것은 매우 강력한 관계를 형성하는 데 도움이 된다:** 공급업체는 당신 회사의 업무를 잘 알고 있으며, 조달 부분에 있어서 당신 회사와 거래하는 업무에 대해 더 많이 알고 있는 경우가 많다. CRM 솔루션은 기존 SRM 솔루션보다 우수하며, 구매자보다 훨씬 많은 거래처 관리자가 있다. P&G는 공급업체들에게 피드백과 제안을 요청하는 것이 큰 효과가 있다는 것을 발견했다. 공급업체는 일반적으로 조달 개선 제안을 기꺼이 공유하지만, 이를 위한 메커니즘이 없는 경우가 많다. P&G는 공급업체들과 조달 부분의 혁신을 위해 대화를 나누기 시작했다.

③ **기존의 협상 규칙을 깨고 여러분이 모르는 것을 기꺼이 공유하길 바란다:** P&G는 공급업체의 정보공유 제안을 수용한다고 발표했다. 정보공유는 처음에는 불편했다. 구시대적 협상은 정보의 비대칭성을 이용하였지만, 최근에는 정보공유를 통해 부족한 점을 보완하여 경쟁우위를 창출하는 데 초점을 맞춘다.

④ **공급업체의 제안을 실제로 관리할 수 있는 내비게이터를 만들어라:** 이것은 제안을 받고 멈추는 것이 아니라 실천하는 것이 중요하다는 것을 의미한다.

P&G가 공급업체들에게 조달 업무에 대한 피드백을 요청하기 시작한 후에, 공급업체들이 그들의 제안을 어느 부서에 해야 할지 모르고 있다는 것을 알게 되었다. P&G 조달 부서는 새로운 방향을 제시하기 위한 조달 혁신 작업을 착수하였다. P&G의 조달 전문가들은 공급업체들을 위해 P&G의 복잡한 조직을 탐색하고, 공급업체들과 함께 사업하는 방향에 대해 논의를 하였다. P&G는 공급업체로부터 받은 제안을 통해 조달 부분을 혁신하여 공급업체로부터 높은 신용을 얻었다. P&G는 공급업체로부터 조달과정에 대한 도움을 받아 높은 성과를 얻었다고 평가했다.

MINI-CASE | 일렉트로룩스(Electrolux)의 공급업체 지원 혁신 프로그램

일렉트로룩스는 식기세척기, 진공청소기 등 가전제품 제조업체다. 일렉트로룩스는 협력사와 함께 공급업체 혁신을 촉진하는 프로그램을 개발했다. 이 프로그램은 공급업체가 일렉트로룩스보다 연구 및 개발(R&D)에 더 많은 돈을 지출한다는 단순한 인식에서 시작되었다. 이 프로그램에는 다음과 같은 몇 가지 핵심 요소가 포함되어 있다.

- 일렉트로룩스는 공급업체에 의견을 구하는 분야와 기술을 공개하였다. 이를 통해 공급업체 제안의 타당성을 확인하고, 제안을 수용하려는 진정한 의지를 보여주었다.
- 일렉트로룩스는 공급업체의 제안을 검토하고 받아들였으며, 이를 위해 CEO가 제안 검토의 최종 단계에 참여한다.
- 이 공급업체 혁신 프로세스에는 공급업체 프레젠테이션 및 공급업체에 대한 일렉트로룩스의 피드백이 포함된다. 이러한 프로그램은 공급업체들의 제안이 무시되지 않고, 고려되고 있다는 것을 인지하도록 하는 데 도움을 준다.
- 공급업체가 제안하여 선정된 아이디어는 일렉트로룩스와 공급업체가 공동의 혁신 팀을 구성하고, 일렉트로룩스는 공급업체와 독점적 관계를 형성한다. 공급업체는 일렉트로룩스와 독점적으로 긴밀한 협력관계를 구축할 수 있게 되었다.

일렉트로룩스는 공급업체 혁신 프로그램을 운영한 첫 2~3년 동안 2,000건의 제안을 받았다. 이 중 350여 건이 검토 대상이 되었고, 100여 건이 개발에 들어갔다. 그중 하나는 접시를 올리고 내리기 쉽게 하기 위해 경첩에 하단 서랍을 붙인 식기세척기이다. 이 제안은 가구업계의 한 공급업체로부터 나왔고, 식기세척기에 새로운 기능을 제공하게 되었다.

출처: World Procurement Congress(2016)

새로운 주제: 신기술

기술의 지속적인 진화는 조달에 큰 영향을 미친다. 조달 업무의 오래된 역할은 자동화되고, 로봇에 의해 조달 업무가 수행될 수도 있다. 신기술은 조달 전문가의 업무를 추진하는 데 새로운 도구를 제공한다. 예를 들어, 소비자 및 공급업체 시장에 대한 좋은 데이터를 보유하는 것은 조달전략을 수립하는 데 중요이다. 이해관계자들과 데이터를 공유하는 것은 이해관계자들에게 종종 가치 있는 일이다. 머신러닝과 빅데이터 기술은 조달 업무 지능을 높이고, 조달전략 개발을 강화해줄 것이다.

마찬가지로 블록체인은 정보 규칙을 변화시켜준다. 전통적인 협상전략은 구매자의 이익을 위해 정보 비대칭성을 이용했지만, 블록체인상의 계약 및 거래의 공공성은 보다 완전한 정보를 공개적으로 이용할 수 있다. 결과적으로 블록체인 기반 정보를 활용해 협상함으로써 진정한 협력 비즈니스를 수행할 수 있게 되었다.

조달 부문에서 업무의 자동화 및 로봇화는 큰 축복이다. 예를 들어, 청구-지불 프로세스(R2P: Requisition-to-pay Process)에는 프로세스 신뢰성에 대한 압력, 프로세스 비용에 대한 압력, 프로세스의 늦은 처리에 대한 압력이 존재하는 경향이 있다. 청구-지불 팀(R2P team)은 회사에서 중요한 역할을 수행하지만, 때때로 일처리 관련 작은 문제를 야기하는 경우도 있다. 조달 부분에서의 자동화 및 로봇화는 청구-지불과 관련된 문제를 해결해준다. 많은 로봇화 파일럿과 투자가 조달 영역에서 이루어지고 있다. 이는 조달 영역에서 고도의 관리가 필요하고, 조달 프로세스에서 취약성이 나타날 수 있기 때문이다. 기업들은 조달 부분의 자동화 및 로봇화를 통해 비용 절감, 신뢰성 개선, 속도 및 정확성 향상, 분석 및 보고를 더욱 강화할 수 있다.

소셜미디어는 보다 다양한 실시간 시장 정보를 제공할 것이다. 조달 관리자는 정적인 시장 정보보고서 대신 이를 보완하기 위해 보다 실시간 정보를 제공할 수 있을 것이다. 분기별 공급업체 점수표 검토가 아닌 실시간 공급업체 점수표 검토는 다음 공급업체 비즈니스 검토까지 기다릴 필요가 없다.

떠오르는 주제: 글로벌 비즈니스를 추구하고, 지역에서 사업 성과를 높인다

공급망에서 글로벌화는 자연스러운 현상이다. 그러나 수요 및 카테고리 전략을 글로벌화하여 레버리지를 극대화한다고 해서 실제 지역의 조달 성공을 항상 보장하지는 않는다.

지역별로 비즈니스 지출을 집계하고, 규격을 어느 정도 표준화하여, 볼륨을 예측 가능하게 하는 것은 조달을 성공으로 이끄는 방법이다. 이를 통해 공급업체와 보다 개선된 가치를 창출하는 방안에 대해 논의할 수 있다. [그림 12-3] 십각형 KKR 소싱 옵션을 살펴보면, 10가지 조달 방안이 제시되어 있다. 이 중 표준화 전략의 일부인 볼륨 총괄관리전략과 글로벌 소싱 전략을 살펴보자. 글로벌화와 관련 없는 수요 최적화와 공급 최적화 요인에 주목해야 한다. 전 세계적으로 글로벌 소싱이 나타났지만, 여전히 배송은 현지에서 이루어진다. 그 결과, 구매자가 현지기업과 밀접한 관계를 유지하고, 주요 지역에서 구매자의 요구사항에 대한 가치를 과소평가해서는 안 된다. 이해관계자 관리와 SRM이 중단되지 않도록 관리하는 것은 어려운 일이다.

따라서 글로벌 소싱이 성숙되고 있지만, 그것은 단방향적이고 일차원적일 수밖에 없다. 세계는 글로벌 소싱을 위한 조달활동을 추구하기에 어려움이 많다.

그림 12-3 10각형 KKR 소싱 옵션

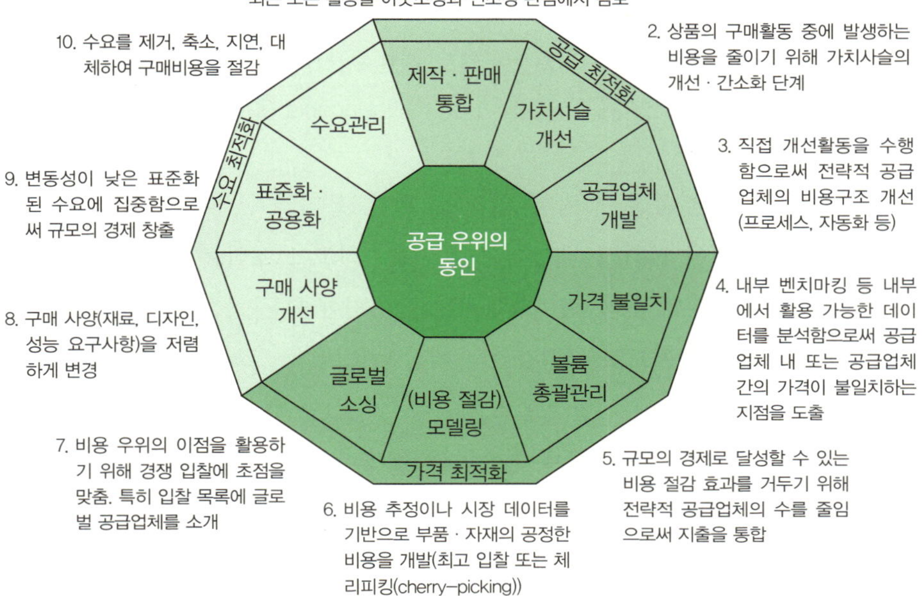

새로운 주제: 평판 리스크와 이해관계자 가치

월트디즈니 컴퍼니의 최고 공급망 책임자이자 치코(Chico)의 SVP 공급망 및 운영 책임자인 존 룬드(John Lund)는 이해관계자 가치에 대해 다음과 같이 얘기했다.

"어떻게 공급망에서 이해관계자 가치를 창출할 것인가"에 대하여 인터넷을 검색하거나 공급망 교과서를 읽으면 수익성 향상, 수익(마진) 개선, 자본 효율화, 공급망에서의 세금 효율화라는 공통적인 해답을 찾을 수 있다. 그리고 이해관계자 가치에 가장 크게 기여하는 요소인 기업 평판을 빼놓을 수 없다. 매년 진행되는 조사에 따르면 평판 위험은 CEO들의 최대 관심사이지만(Serafin, 2015), 이러한 현실을 공급망 이론에 반영하고 실천하는 것은 더딘 실정이다.

기업의 평판은 무형자산으로, 이해관계자들에게 중요하게 다루어져 왔다(Kossovsky, 2010). 무형자산은 본질적으로 물리적이지 않은 자산으로 다음과 같이 정의할 수 있다.

> 기업의 지식재산권에는 무형자산인 특허, 상표, 저작권, 비즈니스 방법론뿐만 아니라 영업권, 브랜드 인지도가 포함되어 있다(Investopedia, 2017).

무형자산은 혁신, 품질, 신뢰성, 안전 및 보안, 윤리와 무결성, 고객 및 공급업체 관계를 포함하여 장기적인 가치 창출을 촉진하고 보호하는 비즈니스 방법론 또는 프로세스에 의해 뒷받침된다. 공급망은 이러한 모든 중요한 비즈니스 프로세스에 큰 영향을 미치므로 무형자산의 핵심 동인이다. 그러나 유형자산과 달리 무형자산은 쉽게 나누어 개별적으로 평가할 수 없다. 대신, 무형자산은 기업의 이해관계자들에 의해 전체적으로 평가된다. 이것이 바로 기업의 평판이다.

아마도 가장 중요한 것은 대부분 공급망 역할의 중요성으로 인해 무형자산이 현재 세계 최대 기업의 시장가치를 지배하고 있다. 효율적인 글로벌 공급망과 대규모 계약제조의 발달로 기업들은 더 이상 그들의 생산 수단을 소유할 필요가 없게 되었다. 애플과 디즈니와 같은 선도적인 글로벌 브랜드는 이제 그들의 제품을 생산하기 위해 계약제조 방식에 전적으로 의존한다. 최근 연구에 따르면 애플(Apple)과 디즈니(Disney)는 회사의 시가총액에서 각각 49.5%, 49.4%의 '평판 배당(reputation dividend)'을 제공하며, 이는 모든 회사들 중 가장 높은 비율이다(The 2015 US Reputation Dividend Report). 이러한 이해관계자 가치의 원동력인 물리적 자산에서 벗어나면서 기업들은 이제 유형자산보다 무형자산에 더 많은 투자를 하고 있다(Monga, 2016).

이러한 변화는 시장이 기업의 가치를 어떻게 평가하는지 명확하게 반영된다. 20세기 대부분 동안, 기업의 시장가치는 주로 유형자산에 의해 좌우되었다. 하지만 20세기 말에 그 추세는 역전되기 시작했다. 오션 토모(Ocean Tomo)(2015)의 추정치에 따르면, 무형자산은 1975년 S&P 500 시가총액의 17%에서 2015년

86%(84%)로 증가했다.

그림 12-4 무형의 투자

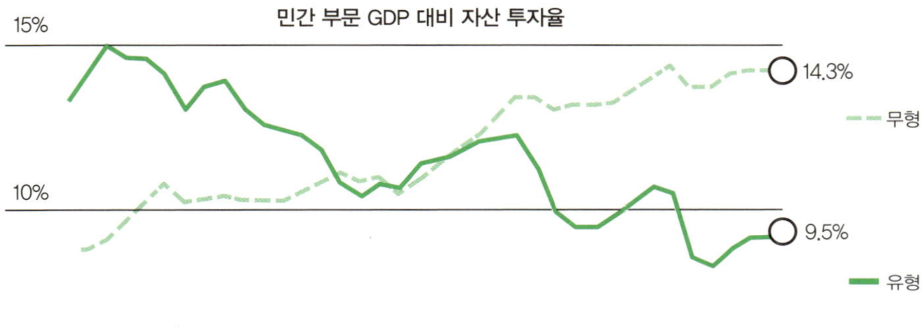

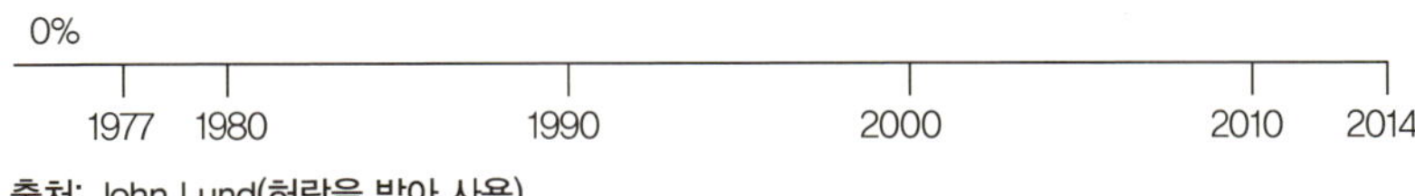

출처: John Lund(허락을 받아 사용)

그림 12-5 S&P 500 시장가치평가의 구성요소

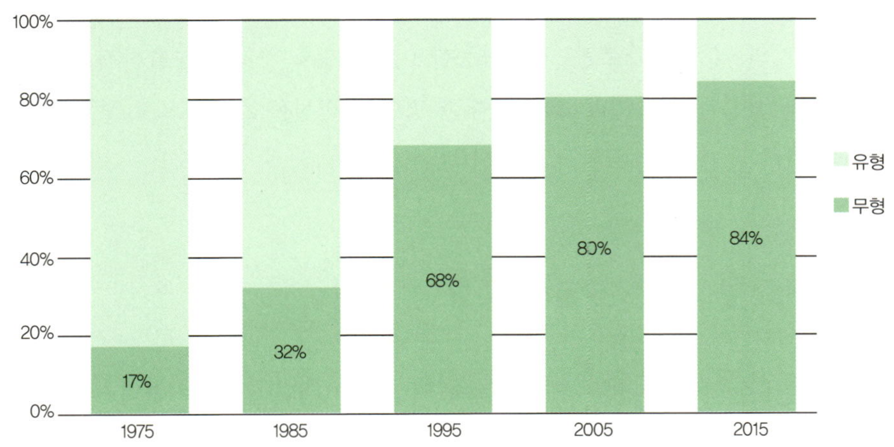

계약제조는 글로벌 브랜드들의 시장가치를 빠르게 성장시킬 수 있게 해주었지만, 글로벌 브랜드들의 평판 위험도 증가시켰다. 공장 내 노동기준(임금, 시간, 아동 노동, 안전)은 방글라데시에서 공장 화재와 붕괴와 같이 비극적으로 묘사된 것처럼 반복되는 문제였다. 가짜 생산 투입물(유럽에서는 말고기, 인도에서는 가짜 '이집트' 면화)을 포함한 품질 문제는 소비자 신뢰를 떨어뜨리고, 심지어 규제 조치를 촉발시켰다. 공급망이 확장됨에 따라 제품의 적시 배송이 중단될 위험이 증가하여 잠재적으로 판매에 타격을 입히고, 고객이 브랜드의 신뢰성에 의문을 품게 되었다. 공급망 생태계에 대한 적절한 감시와 가시성이 없으면, 위험은 기업의 평판과 장기적 시장가치에 실질적인 손상을 줄 수 있다.

지난 25년 동안 나이키의 비즈니스 수행과정은 평판 위험과 공급망 관리의 보상에 초점을 맞추고 있다. 나이키는 확장된 공급망에서의 관행으로 인해 평판을 해친 최초의 주요 브랜드 중 하나가 되었다. 1992년, 언론사들은 나이키 제품을 생산하는 인도네시아 공장에서 최저 임금보다 낮은 임금을 근로자들에게 지급한다고 보도했다. 몇 년 후, 아동 노동법 위반으로 회사의 평판을 더욱 손상시켰고, 한동안 제품 불매운동으로 이어졌다. 그 이후로 나이키는 책임감 있는 공급망 관행을 선도하는 기업 중 하나가 되었다. 나이키의 '올바른 일 하기(doing the right thing)'에 대한 투자가 증가하고, 지속되면서 '평판 배당(reputation dividend)'은 급증했고, 2015년에는 미국 기업 중 가치 있는 회사 7위를 차지했다. 나이키의 경험에 따르면, 지속가능한 이해관계자 가치를 창출하기 위해서는 공급망 관행이 자사 제품과 관행에 대한 평판 건전성을 효과적으로 보호하고 촉진해야 한다는 것을 보여준다.

미래 필요한 기능: 조달의 중요성 증대

12장에서 논의되는 것은 다양한 기술 역량이 없다면 이룰 수 없다. 조달의 밝은 미래와 함께 조달은 인재 관점에서 재창조되어야 할 것이다. 과거에는 조달에 대한 전문 지식 확보가 중요한 목표였을 수 있지만, 점점 더 진입비용이 증가하고 있다. 이해관계자들은 조달에 대해 학습하는 것을 원하지 않는다. 그것은 당신의 일이다. 이해관계자들이 원하는 것은 기업들이 비즈니스 과제를 해결하고 조달기능을 사용하여 비즈니스를 개선하는 것이다. 따라서 조달 관리자의 역할은 미래의 일반관리자(GM: General Managers)와 유사한 특성을 보여준다. 실제로 오늘날 조달 담당 임원들의 채용 공고를 비교해 보면, 최고운영책임자(COO) 및 일반관리자(GM)의 채용 공고와 놀라울 정도로 비슷해지기 시작했다. 조달 진행과정을 성공적으로 이행하기 위해서는 적어도 다음과 같은 사항이 필요하다.

- 강력한 커뮤니케이션 기술
- 비즈니스 문제를 신속하게 이해하고 문제를 해결하기 위한 접근방식을 제안할 수 있는 능력
- 전략적인 사고와 실제 결과의 실행능력
- 내부 및 외부 이해관계자와의 관계기술
- 프로젝트 관리 및 변화 관리능력
- '다른 사람이 따르도록' 이끄는 능력
- 국경과 문화를 넘나드는 관리능력
- 이해당사자의 성과에 대한 공로를 인정받으려 하지 않고, 비즈니스에 기여하는 것에 대한 자부심을 가짐

경영진은 이러한 인재를 조기에 발굴하고, 인재 양성을 위해 경영대학원(비즈니스 스쿨)에 더 적극적으로 참여하고 있다.

일반적으로 조달은 금융, 전략, 마케팅보다 덜 매력적인 것으로 잘못 인식되어 있다. 그러나 조달은 단지 임시적인 임무를 위해서라도 미래에 필요한 재능 있는 인재를 확보하기 위해 관심을 두어야 한다. 조달 분야가 관심을 받고 있는 여섯

가지 이유는 다음과 같다.

- 조달은 손익계산서의 상당 부분에 큰 영향을 미칠 뿐만 아니라 거의 모든 비즈니스 영역에도 영향을 미친다. 생각해보자. 조달은 외부와 밀접한 관계를 맺고 있고, 기업의 비즈니스 프로세스는 조달과 관련되지 않은 부분이 없다. 따라서 조달 전문가들은 기업의 광범위한 부분에서 중요한 역할을 수행하고 있다.
- 조달은 지속가능성과 다양성을 포함해 오늘날 비즈니스 목표를 실현하는 데 영향을 미치는 중요한 요소이다. 공급업체가 공급망의 환경적 영향을 줄이는 역할을 할 수 있으며, 조달은 기업의 지속가능성 야망에 대한 핵심 수단이 될 수 있다. 마찬가지로 다양한 공급업체에 지출을 할당함으로써, 조달은 다양성 목표에 크게 기여할 수 있다.
- 조달은 최고의사결정권자(executive decision-makers)에게 가시적인 투자수익을 제공한다. 조달은 전략적 조달 또는 주요 SRM을 통해 프로젝트를 지휘하는 경영진에게 계량화된 성과를 확인할 수 있게 해준다. 분명히 이러한 사항은 이력서에 전문성을 기재할 수 있을 것이다.
- 조달은 비즈니스를 연속적으로 수행하기 위한 역동적인 프로젝트 환경을 제공한다. 조달은 기업 전체의 모든 지출 영역에 영향을 미치며, 프로젝트를 통해 많은 것을 달성할 수 있는 다양성을 제공한다. 본질적으로 조달 업무는 결코 지루하거나 비슷한 날이 없다.
- 미래의 조달기술(능력)은 미래 일반관리자들이 확보해야 할 기술이다. 효과적인 조달 업무 수행을 위해 필요한 변화관리, 이해관계자 관리, 커뮤니케이션 기술은 일반관리자들이 보다 효과적으로 일처리를 할 수 있게 해줄 것이다. 따라서 당신이 조달 분야에서 일정기간만 일하더라도, 그 경험은 미래에 필요한 전문 기술을 연마하는 데 도움이 될 것이다.
- 조달은 수익 및 혁신뿐만 아니라 공급망에서도 큰 기여를 하고 있다. 진보적인 조달조직은 광범위한 공급망에서 그들의 역할을 확장하여 글로벌 물

류, 지속가능성 및 평판에 긍정적인 영향을 미친다.

몇 가지 더 실용적인 팁

조달 성장 사다리에서 문제점을 극복하기 위해, 조달 전문가가 고려할 수 있는 구체적인 단계와 대응 조치가 있다. [표 12-1]은 조달 성장 사다리의 문제점 및 단계에 대한 사항을 보여준다. 조달 성장 사다리에서 문제점을 해결하기 위해서는 한 번에 한 단계씩 사다리를 오르는 것이 중요하다. 이것은 기업의 조달 프로세스 혁신에 도움이 될 것이다.

표 12-1 실행 팁: 쉬운 시작점

단계	문제점	조치
이해관계자	"우리는 이해관계자가 너무 많다."	• 당신이 실행할 수 있는 것부터 시작하라. • 당신이 그들의 목표 달성에 어떻게 도움이 될 수 있는지 물어보라.
조달	"우리는 제때에 초대받지 못한다."	• 사업계획주기에 따라 해당 연도의 공동 우선순위에 관해 논의하라.
비용 절감	"나의 손익(P&L)에서 비용을 절감할 수 있는 지점은 어디인가?"	• 그것을 비용 절감이라 부르지 말고 사업 보고서의 이점을 얻길 열망하라.
공급업체 위험	"우리가 보지 못하는 것은 볼 수 없다."" "우리의 비즈니스 연속성 계획에는 공급업체의 전화번호가 있다."	• 공급업체에게 그들이 무엇을 보고 있는지 묻고 공동 위험 목록을 작성하라. • 공동의 연속성 계획 및 대응 시나리오를 논의하라.
공급자 관계관리 (SRM)	"우리는 시간이 없거나 기술이 없다." "이해관계자가 참여하지 않는다."	• 조직 전체에 통용되는 업무방식을 구성하라. • 가장 중요한 공급업체가 누구인지 논의하라.
공급업체 지원 혁신 (SEI)	"우리는 추가적인 기술이 필요하다." "공급업체가 우리를 신뢰하지 않는다."	• 먼저 공급업체에게 피드백을 요청하라. • 공급업체에 감사를 표하라.

요약 및 결론

조달은 피터 크랄직(Peter Kraljic)의 서문을 살펴보면, 전략적 중요성을 첫 번째로 언급한 '하버드 비즈니스 리뷰(*Harvard Business Review*)'의 조달에 관한 글 이후 많은 발전이 이루어졌지만, 여전히 조달이 갈 길은 멀다. 우리는 이제 막 조달의 잠재력을 인식하기 시작했다. 대부분 기업들은 조달의 잠재력이 기업의 성장과 성과 창출에 어떤 영향을 미칠지 경험조차 하지 못하고 있다. 12장에서는 조달이 앞으로 나아갈 길, 피해야 할 많은 문제점 및 일련의 새로운 주제를 소개했다. 조달에 대한 새로운 주제 목록이 증가하고 변화하겠지만, 한 가지는 분명하다. 바로 지금이 조달에 있어 관심이 증대되는 시기라는 것이다.

에필로그: 'Shoot Like a Girl'로부터 얻은 조달을 위한 교훈

퍼플 하트 훈장을 받은 것으로부터 얻은 조달 업무를 위한 교훈: 목표 달성을 위해 최선을 다한다면, 존경을 받게 될 것이다

메리 제닝스 헤가(Mary Jennings Hegar) 소령의 책 '*Shoot Like a Girl*'은 그녀의 미국 공군(US Air Force) 복무에 대한 믿을 수 없는 여성 차별 이야기와 군 복무에서 공정한 기회를 얻고 능력을 인정받은 사례를 다루고 있다. 헤가 소령의 공군 복무 교훈은 오늘날 비즈니스에서 조달 전문가들의 업무와 높은 관련성을 가지고 있으며, 그 교훈은 비즈니스 관점에서 고려할 가치가 있다. 그녀의 군 복무 이야기는 미래 조달 관리자들의 재능에 대한 많은 영감을 제공한다. 이 이야기는 조달 관리자의 업무를 보다 전문화하는 데 도움을 줄 것이다.

헤가 소령은 의료용 헬리콥터 조종사(medivac helicopter pilot)로 미국 공군에서 복무했고, 아프가니스탄에서만 세 차례 복무를 하였다. 그녀는 임무를 수행하는 과정에서 탈레반(Taliban)의 총격을 받았지만 계속 비행을 하였고, 그녀와 부대원들이 헬리콥터를 포기해야만 했을 때, 그녀는 환자(부상자)와 모든 부대원들이 구조될 때까지 적들의 사격으로부터 환자(부상자)들을 보호하는 것을 도왔다.

미국 공군에 근무하는 동안, 헤가 소령은 여성이라는 이유로 종종 차별을 받았다. 그녀는 결국 미국 국방부(US Department of Defense)를 상대로 여성 전투 금지를 해제해 달라고 소송을 제기했다. 그녀의 이야기는 군부대 내의 모든 차별과 불공정한 규칙에 반해 봉사 기회를 얻기 위해 열심히 일하려는 놀라운 결심에 관한 이야기이다. 그녀는 함께 일했던 팀원들로부터 존경을 받았을 뿐만 아니라, 아카데미 클래스에서 1등을 하였고, 그녀의 동료 바롤(Valor)과 함께 공군 수훈십자 훈장(DFC: Distinguished Flying Cross)과 퍼플 하트(Purple Heart) 훈장을 받았다. 그녀와 동료의 좌우명은 "다른 사람들과 더불어 잘 살 수 있도록 일을 해야 한다"는 것이었다.

헤가 소령을 통해 공유할 수 있는 주요 내용은 다음과 같다.

- 실전 훈련과 함께 학문적으로 성공하는 것은 절대적인 조건이다. 헤가 소령은 군부대에 배치되어 복무할 기회가 왔을 때를 대비하여 공부하고, 훈련하고, 준비했다.
- 전투에서 여성은 신체적 이점이 있다. 예를 들면, 여성들은 종종 전투에서 목표물을 더 잘 겨냥한다.
- "나의 부대가 다양한 연령, 성별, 기술을 가진 그룹으로 구성되었을 때, 나는 우리 부대가 강한 팀이 될 것이라는 것을 알았다."
- 그녀의 눈부신 리더십 성과는 생도들과 사병들의 존경을 받았다.
- 여성들은 전투에 참가할 수 없었지만, 지휘관들이 여성들을 필요로 하게 되었고, 여성들을 '임시 배치'함으로써 규칙을 준수했다. 그러나 여성들은 다른 팀원들과 함께 훈련할 수 없었고, 보훈처로부터 혜택을 받을 수 없었다.

첫 번째로 중요한 사항을 살펴보면, 조달 전문가들도 똑같이 비즈니스 미팅 요청이 올 때를 대비해서 학문적으로 그리고 실무적으로 준비할 필요가 있다. 비즈니스 미팅에 참석하여 조달이 무엇을 할 수 있는지 또는 어떻게 작동하는지를 파악하지 않고서는 비즈니스를 시작할 수 없다. 조달 전문가들은 서비스를 제공할 준비가 되어 있어야 하며, 기술과 전문 지식을 확보하고 있어야 한다. 이러한 사전 준비는 입장료와 같다. 비즈니스를 위한 사전 준비는 과시용이 아니라 실천을 위해 필요하다.

그러나 오늘날에도 조달 전문가들은 초대되어야 하는 회사의 비즈니스 논의에 초대되지 않는 경우가 많다. 사실, '외부 영향을 받는 지출비율'은 일반적으로 사용되는 성과 측정지표이다. 이것은 조달이 공급업체와 관련된 회사의 자금 지출과 종종 관계가 없다는 것을 알려준다. 그러므로 조달 전문가들은 회사의 다양한 지출 분야에 도움을 제공하기 위해 적극적으로 참여해야 한다. 그리고 조달 전문가들은 그들이 일할 수 있는 공정한 기회를 위해 적극적으로 참여해야 한다. 따라서 모든 의사결정이 이미 내려진 경우, 프로세스가 종료될 때까지 조달 요청을 하지 말아야 한다. 그리고 조달 전문가들이 팀에 계속 참여하지 않고 다른 사람들과 '훈련'을 하지 않았을 때, 거래를 더 잘할 수 있는지 현장을 확인한다. 그리고 의무 기한까지 신뢰를 구축해야 한다.

조달은 국제적 관점, 다른 기능 영역 등 다양한 관점을 고려해 운영되어야 한다. 이를 통해 비즈니스에서 발생하는 문제에 대한 해결책을 도출해야 하고, 필요한 인재 풀을 늘리며, 다양한 변화에 대응하여 미래의 인재에게 필요한 요구사항을 파악해야 한다.

게다가 조달 전문가들은 업무를 지원하는 것에 자부심을 가져야 한다. 비록 조달 전문가들이 예산에 대한 권한을 갖고 있지 않지만, 그들은 비즈니스가 성장하도록 지원해야 한다.

마지막으로 조달 전문가들은 헤가 소령이 그랬던 것처럼 이해관계자의 정치적인 상황과 업무처리 절차에 대해 정통할 필요가 있다. 그녀는 자신의 군 복무 중

대변인을 맡았었을 때, 업무를 잘 처리하도록 규칙을 변경하였다. 조달은 오늘날의 비즈니스에서 중요한 영역이다. 조달은 기업의 관행과 업무 처리 절차에 따라 이루어지며, 이에 따라 기업은 실적을 바탕으로 업무 규칙을 변경할 수 있다. 따라서 미래 조달 팀은 가치를 창출하고 보다 큰 기여를 할 수 있도록 업무 규칙을 변화해야 할 것이다.

헤가 소령은 애틀랜타에서 열린 2017 CSCMP(Council of Supply Chain Management Professionals; 미국 공급망관리전문가협회) 에지 컨퍼런스(2017 CSCMP Edge Conference) 기조연설에서 조달 리더가 고려해야 할 리더십 팁을 전달하기 위해 자신의 경험에 대해 이야기하였다.

- 과도한 이타주의에 의존하지 마라.
- 변화하라.
- 청중에게 '무엇이 이득인지'를 파악해서 알려주어라.
- 적대감이 아닌 공감의 접근을 하라.
- '왜'를 고수하라.

"과도한 이타주의에 의존하지 마라"는 명백히 헤가 소령이 그녀의 복무 경력 동안 직면했던 모든 불공정한 장애물에 의해 영향을 받았다는 것을 알려준다. 우리는 "필요할 때 반드시 연락드리겠습니다"라는 말을 자주 듣는다. 지난 경험으로 볼 때, 여러분은 전화벨이 울리기를 기다리지 말아야 한다. 여러분은 이해관계자들에게 아직 전화하지 않은 몇 주 동안, 그들에게 약속에 대해 상기시켜야 할 것이다.

"변화하라"는 조달 리더의 업무처리와 밀접한 관련성을 가지고 있다. 만약 조달 리더가 조달 부분에서 영향력을 발휘하고 싶다면, 팀원들에게 모범을 보이고, 상황을 개선할 기회를 얻도록 팀원들에게 도움을 주어야 할 것이다. 조달 리더는 팀원들에게 무엇을 하라고 하지 말고, 사무실로 돌아가서 팀원들에게 문을 열어주고, 팀원들을 위한 회의를 마련해주고, 팀원들이 업무를 준비하도록 도와주고,

팀원들이 토론에 참여하도록 도와주고, 팀원들이 공정한 기회를 얻지 못할 때 그것을 쟁점으로 삼아 해결책을 제시해주어라. 이렇게 변화하는 것은 조달 리더의 특권이다.

고객을 이해하고 공감을 이끌어내는 능력은 이해관계자 관리를 위해 조달 관리자(조달 리더)에게 필요한 역량이다. 그리고 조달 관리자들은 조달 팀의 구성원들에게 영감을 주어야 한다. 조달 팀이 이해관계자들의 정치적 논쟁에 관여할 필요는 없다. 조달 팀은 이해관계자의 우려를 해결하는 방식으로 조달 업무를 지원하고, 조달 서비스를 어떻게 제공할 것인지를 명확하게 설명할 수 있어야 한다.

헤가 소령은 그의 경험을 발표하는 동안, 매우 겸손함을 보여주었다. 헤가 소령은 군 복무 중 그녀의 모든 업적에 대해 이야기하지 않았다. 하지만 그 발표에서 청중들은 그녀가 많은 업적이 있다는 것을 느낄 수 있었고, 조달 관리자(조달 리더)에게 교훈을 제공하였다. 조달 관리자(조달 리더)들은 결과를 보여주려고 하지 말고, 결과를 강조하려고 하지 말아야 한다. 조달 관리자들은 조달을 통해 비즈니스를 성공으로 이끌도록 노력해야 한다. 만약 조달 관리자들이 특정 업무에 문제를 제기한다면, 이해관계자들은 그들의 업무 진행에 혼란한 감정을 느낄 것이다. 조달 관리자들은 조달과정에서 이해관계자들과의 협력을 통해 비즈니스를 성공적으로 이끌어야 할 것이다. 중요한 것은 이해관계자들이 당신 회사와 다시 거래하기를 원한다는 것이다. 그렇다면 회사의 조달 관리자들은 이해관계자들과 거리를 두지 말고, 그들의 호의를 정중히 받아들여야 할 것이다.

그리고 마지막으로, 기업의 조달 관리자는 정치인 이슈나 결과 보고에 얽매이지 말고, 본인의 관점을 유지해야 한다. 조달은 사업을 성장시키고 고객과 사회를 위해 더 많은 의미를 제공할 것이다. 기업의 조달 관리자는 다양한 사람들이 혜택을 받을 수 있도록 조달 업무를 추진해야 한다. 조달 관리자가 되는 것은 기업의 업무처리를 위해 중요한 기능을 수행하는 것이며, 특별한 역할을 수행하는 것은 아니다. 조달 관리자들은 헤가 소령의 경험으로부터 교훈을 학습해서 성공적인 업무를 추진할 수 있는 조달 관리자가 되어야 할 것이다.

- Machine Learning(머신러닝, 기계학습) 인공지능의 연구 분야 중 하나로, 인간의 학습능력과 같은 기능을 컴퓨터에서 실현하고자 하는 기술 및 기법

참 • 고 • 문 • 헌

Investopedia (2017) *Intangible Assets*. Available at: www.investopedia.com/terms/i/intangibleasset.asp [accessed 18 December 2017]

Kossovsky, N (2010) *Mission: Intangible: Managing risk and reputation to create enterprise value*, Trafford Publishing, Bloomington, Indiana

Monga, V (2016) Accounting's 21st century challenge: how to value intangible assets, *Wall Street Journal*, 21 March. Available at: www.wsj.com/articles/accountings-21st-century-challenge-how-to-value-intangible-assets-1458605126 [accessed 18 December 2017]

Ocean Tomo (2015) *Intangible Asset Market Value Study*. Available at: www.oceantomo.com/blog/2015/03-05-ocean-tomo-2015-intangible-asset-marketvalue/[accessed 18 December 2017]

Serafin, T (2015) Reputation risk leading company concern in 2015, *Forbes*. Available at: www.forbes.com/sites/tatianaserafin/2015/01/05/reputation-riskleading-company-concern-in-2015/#432007a04ff7 [accessed 18 December 2017]

World Procurement Conference (2016) *Panel discussion*. World Procurement Conference, May, London

| 찾아보기 |

[국문]

[영문]

| 저자 소개 |

카를로스 메나(Carlos Mena) 미시간주립대학교(Michigan State University)와 영국 크랜필드대학교(Cranfield University)의 학부 교수를 거쳐, 현재는 포틀랜드주립대학교(Portland State University)에서 나이키(Nike) 공급망관리 교수로 재직 중이다. 주요 연구 주제는 조달 및 공급망관리 관행이 경제, 사회, 환경적 성과에 미치는 영향이다. 지금까지 자신의 이름으로 80여 편의 저서와 논문 등을 출간했으며, 국제회의에서 정기적으로 발표를 하고 있다.

렘코 반 훅(Remko van Hoek) 아칸소대학교(University of Arkansas), 샘월튼경영대학원(Sam M. Walton College of Business)의 공급망관리학과 교수이다. 몇몇 기업에서 조달 및 공급 관련 사외 고문으로도 활동하고 있다. 과거 월트디즈니(Walt Disney Company)에서 150억 달러 규모의 외부 지출을 담당하는 최고조달책임자를 역임한 것을 비롯해 나이키(Nike), 코플리(Cofely GDF SUEZ), PwC 등 다수의 기업에서 미국과 유럽 간 조달 및 공급망 책임자를 지낸 바 있다. 현재 공급망관리전문가위원회(Council of Supply Chain Management Professionals)의 이사이자 영국 크랜필드경영대학원(Cranfield School of Management)의 초빙 교수이기도 한 그는 '하버드 비즈니스 리뷰(*Harvard Business Review*)'에 기고를 하는 등 다방면에서 활동하고 있다.

마틴 크리스토퍼(Martin Christopher) 영국 크랜필드경영대학원(Cranfield School of Management)의 명예교수로서 30년 넘게 공급망관리 분야에서 선두주자로 활약하고 있다. 그가 받은 수많은 수상 내역이 말해주듯이 공급망관리이론과 실천에 기여한 그의 업적은 매우 크다. 폭넓은 분야에서 많은 학자들이 그의 연구를 인용하고 있으며, 세계적인 학술대회와 산업 행사의 주요 초청 인사이다.

| 공저자 소개 |

파룩 하비브(Farooq Habib)_PhD, MRes, MSc, MBA, BEng, FHEA; farooq.habib@cranfield.ac.uk 영국 크랜필드 베드퍼드셔에 있는 크랜필드대학교 물류 및 공급망관리를 위한 조달 및 공급망관리센터(Procurement and Supply Chain Management Centre for Logistics and Supply Chain Management)의 MSc 부소장이다. 현재 크랜필드대학교(영국과 오만 캠퍼스)에서 전략조달, 산업협상 및 상업계약관리, 재고 및 운영관리, 린 6시그마(Lean Six Sigma) 및 공급 네트워크 탄력성을 가르치고 있다. 또한 영국의 런던대학교 버크벡 칼리지(Birkbeck College)와 버킹엄대학교 그리고 베드퍼드셔대학교(영국과 베트남 캠퍼스)의 경영대학원에서 초빙 교수로 재직했거나 재직 중이다. 이전에는 섬유, 식품, 음료업계의 세계적인 수출지향적(export-oriented) 기업에서 15년 넘게 고위경영진을 지낸 바 있다. 파룩은 여러 학술 논문과 책 그리고 프로젝트 보고서를 공동으로 집필했다. 그가 정기적으로 참여하고 있는 연구는 물류, 조달, 공급망관리 분야의 주요 학술지와 실무 저널에 실리는 것은 물론 여러 컨퍼런스에서 그 가치를 높게 평가받고 있다. 파룩은 주요 학술지의 심사위원으로 활동하고 있다.

리사 엘람(Lisa M. Ellram)_PhD, CPA, CMA, CPM; ellramlm@miamioh.edu 미국 오하이오주 마이애미대학교 옥스퍼드 캠퍼스 파머 비즈니스 스쿨 경영학과의 공급망관리 제임스 리스(James E. Rees) 석좌교수로서 학부와 대학원에서 물류와 공급망관리를 가르치고 있다. 이전에는 애리조나주립대학교의 캐리경영대학원(WP Carey School of Business)에서 공급관리 존 베블링(John Bebbling) 석좌교수였다. 그녀는 100편이 넘는 기사와 6권의 책을 공동으로 집필했으며, 최신 저서로는 '경쟁력과 고객가치를 향상시키는 물류관리(*Logistics Management Enhancing Competitiveness and Customer Value*)'가 있다. 또한 그녀는 ATK 전략적 공급 리더십센터(ATK Center for Strategic Supply Leadership)의 소장으로 재직 중이며, CAPS 리서치(CAPS Research)의 이사회 멤버이다. 그동안 전 세계 20여 개국에서 학생들을 가르쳤으며, 현재 '구매 및 공급관리 저널(*Journal of Purchasing and Supply Management*)'의 선임 편집자이자 여러 최고 학술지의 자문위원으로 활동하고 있다.

사이먼 템플러(Simon Templar)_BSc, MSc, PhD, ACMA, CGMA, FCILT, MCIPS 영국 크랜필드 베드퍼드셔 크랜필드대학교 물류 및 공급망관리센터(Center for Logistics and Supply Chain Management)의 방문 연구원으로 물류 및 공급망관리, 마케팅 전략 및 관리 등 석사과정을 강의하고 있다. 사이먼 템플러는 바나나에서부터 통신업에 이르기까지 20년 넘게 다방면에서 관리직 경험을 쌓은 관리 회계사 출신이다. 그는 크랜필드대학교에 입학하여 2013년에 박사학위(이전가격(transfer pricing)이 공급망관리 의사결정에 미치는 영향 탐구)를 취득했다. 사이먼은 비영리단체인 공급망 금융 공동체(Supply Chain Finance Community)의 창립 멤버로서 개방적이고 협력적인 환경에서 SCF 우수사례와 새로운 연구를 공유하는 것을 목표로 하고 있다. 저서로는 공동으로 집필한 '엔드 투 엔드 공급망 자금 조달: 공급망 금융을 위한 참고 가이드(*Financing the End-to-End Supply Chain: A reference guide to supply chain finance*)'가 있다.

| 역자 소개 |

김대진(yauchee@empal.com) 중앙대 대학원 문화예술경영학과 겸임교수로 재직 중이며, 논문작성을 위한 통계학 및 사회과학방법론 등을 강의하고 있다.

김연권(tom315@hanmail.net) 동양증권에서 주식 및 파생상품투자업무를 수행하였고, 현재는 중앙대 미래교육원에서 경제학, 재무학 등을 가르치고 있다.

임세헌(slimit@sangji.ac.kr) 상지대 경영정보학과 교수로 재직 중이며, 유통 및 물류 분야에서의 4차 산업혁명기술의 응용에 대해 연구하고 있다.

전략적 조달관리: 공급망을 통한 가치 창출

Leading Procurement Strategy: Driving value through the supply chain(2nd ed.)

2022년 3월 25일 1판 1쇄 인쇄
2022년 3월 30일 1판 1쇄 발행

저 자 | 카를로스 메나 · 렘코 반 훅 · 마틴 크리스토퍼
역 자 | 김대진 · 김연권 · 임세헌
발행인 | 이수영
발행처 | 도서출판 청람
서울시 마포구 독막로 288(대흥동, 세양상가 109호)
전 화 | 02)3272-2601(대)~2
팩 스 | 02)3272~2603
이메일 | crbooks@daum.net
홈페이지 | http://www.crbooks.co.kr
등 록 | 2000년 8월 26일 제6-0509호

ISBN 978-89-5972-874-9 93320 [정가 25,000원]